나두공 직렬별 써머리 동영상 강의 5만원 가격파괴

국어+영어+한국사 행정법총론+행정학개론	국어+영어+한국사 행정법총론+교육학개론	국어+영어+한국사 행정법총론+노동법개론
일반행정직(5만원)	교육행정직(5만원)	고용노동직(5만원)
국어+영어+한국사 노동법개론+직업상담심리학개론	국어+영어+한국사 교정학개론+형사소송법개론	국어+영어+한국사 행정법총론+사회복지학개론
직업상담직(5만원)	교정직(5만원)	사회복지직(5만원)

구성 및 특징

핵심이론

시험에 출제되는 핵심 내용만을 모아 효율적인 학습이 가능하도록 구성하였습니다. 반드시 알아야 할 내용에 대한 충실한 이해와 체계적 정리가 가능합니다.

빈출개념

시험에서 자주 출제되는 개념들을 표시하여 중요한 부분을 한눈에 들어올 수 있도록 하였습니다. 합격에 필요한 핵심이론을 깔끔하게 학습하시기 바랍니다.

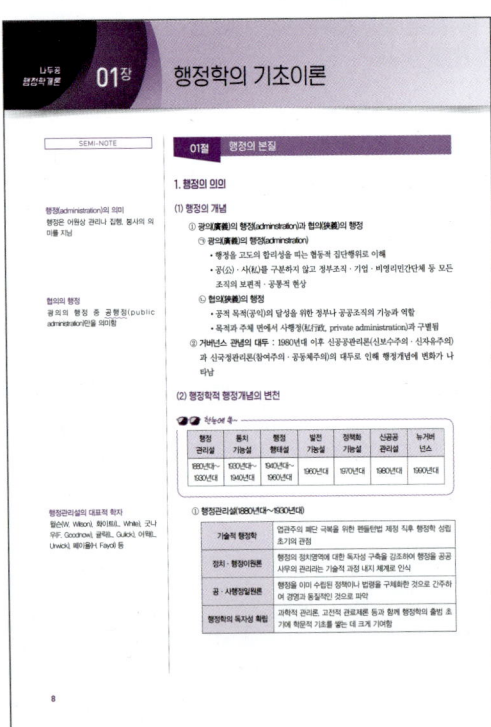

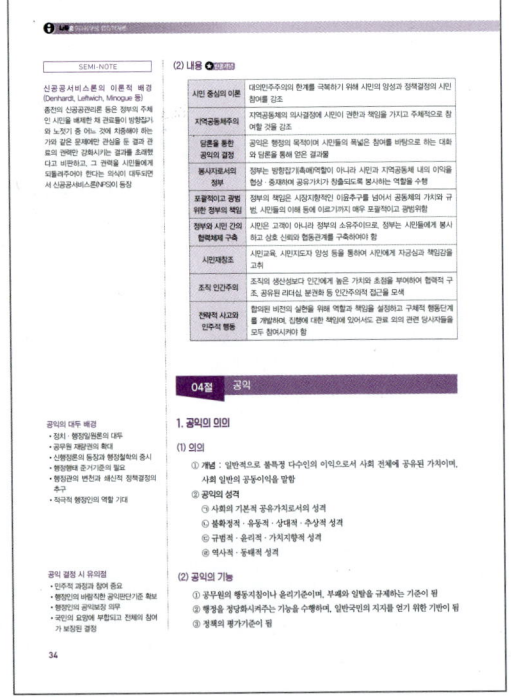

한눈에 쏙~

흐름이나 중요 개념들이 한눈에 쏙 들어올 수 있도록 도표로 정리하여 수록하였습니다. 한눈에 키워드와 흐름을 파악하여 수험에 도움이 되도록 하였습니다.

실력 up

더 알아두면 좋을 내용을 실력 up에 배치하고, 보조단에는 SEMI – NOTE를 배치하여 본문에 관련된 내용이나 중요한 개념들을 수록하였습니다.

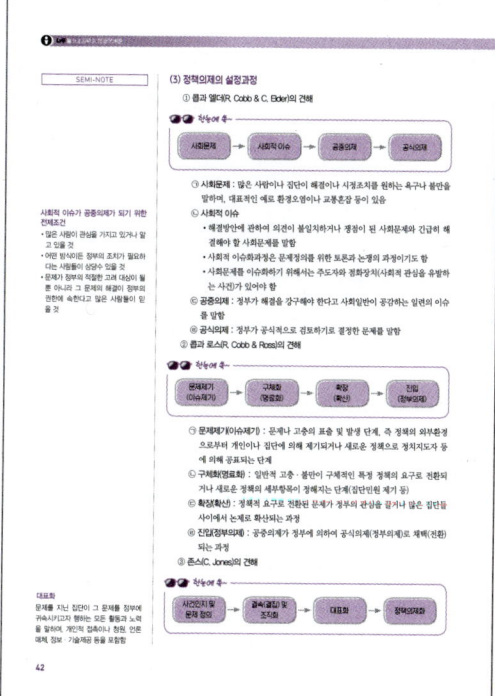

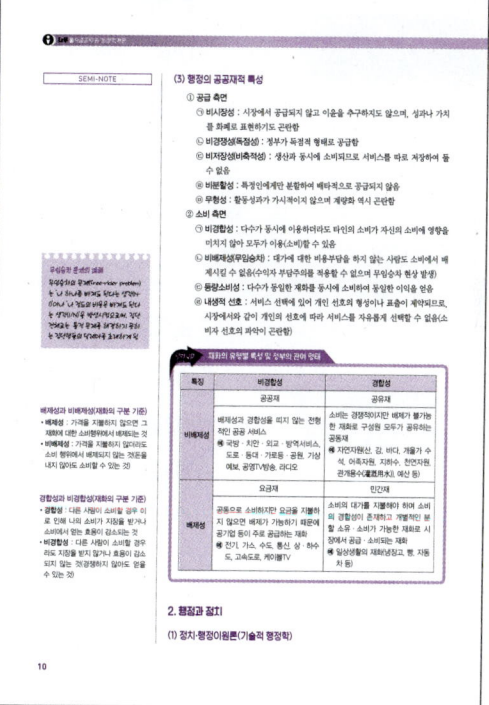

목 차

01장 행정학의 기초이론
- 01절 행정의 본질 ·········· 8
- 02절 현대행정의 이해 ·········· 13
- 03절 행정학의 주요 접근방법 ·········· 23
- 04절 공익 ·········· 34

02장 정책론
- 01절 정책과 정책학의 본질 ·········· 38
- 02절 정책과정 및 기획론 ·········· 40

03장 조직론
- 01절 조직의 본질 및 기초이론 ·········· 78
- 02절 조직의 구조 ·········· 88
- 03절 조직의 관리 ·········· 102
- 04절 조직의 발전과 변동 ·········· 115

04장 인사행정론
- 01절 인사행정의 기초이론 ·········· 122
- 02절 임용 ·········· 134
- 03절 사기앙양 및 공무원 윤리 ·········· 139

05장 재무행정론

- **01절** 예산의 기초이론 ········· 148
- **02절** 예산결정이론 및 예산제도론 ········· 155
- **03절** 예산과정 ········· 163

06장 행정환류론

- **01절** 행정책임 ········· 174
- **02절** 행정통제 ········· 176
- **03절** 행정참여(시민참여) ········· 177

07장 지방자치론

- **01절** 지방자치와 지방행정 ········· 182
- **02절** 지방자치단체 ········· 185
- **03절** 지방재정 ········· 191

9급 공무원
행정학개론

나두공

01장 행정학의 기초이론

01절 행정의 본질

02절 현대행정의 이해

03절 행정학의 주요 접근방법

04절 공익

01장 행정학의 기초이론

SEMI-NOTE

행정(administration)의 의미
행정은 어원상 관리나 집행, 봉사의 의미를 지님

협의의 행정
광의의 행정 중 공행정(public administration)만을 의미함

행정관리설의 대표적 학자
윌슨(W. Wilson), 화이트(L. White), 굿나우(F. Goodnow), 귤릭(L. Gulick), 어윅(L. Urwick), 페이욜(H. Fayol) 등

01절 행정의 본질

1. 행정의 의의

(1) 행정의 개념

① 광의(廣義)의 행정(adminstration)과 협의(狹義)의 행정
  ㉠ 광의(廣義)의 행정(adminstration)
    • 행정을 고도의 합리성을 띠는 협동적 집단행위로 이해
    • 공(公)·사(私)를 구분하지 않고 정부조직·기업·비영리민간단체 등 모든 조직의 보편적·공통적 현상
  ㉡ 협의(狹義)의 행정
    • 공적 목적(공익)의 달성을 위한 정부나 공공조직의 기능과 역할
    • 목적과 주체 면에서 사행정(私行政, private administration)과 구별됨
② 거버넌스 관념의 대두 : 1980년대 이후 신공공관리론(신보수주의·신자유주의)과 신국정관리론(참여주의·공동체주의)의 대두로 인해 행정개념에 변화가 나타남

(2) 행정학적 행정개념의 변천

한눈에 쏙~

행정 관리설	통치 기능설	행정 행태설	발전 기능설	정책화 기능설	신공공 관리설	뉴거버 넌스
1880년대~ 1930년대	1930년대~ 1940년대	1940년대~ 1960년대	1960년대	1970년대	1980년대	1990년대

① 행정관리설(1880년대~1930년대)

기술적 행정학	엽관주의 폐단 극복을 위한 펜들턴법 제정 직후 행정학 성립 초기의 관점
정치·행정이원론	행정의 정치영역에 대한 독자성 구축을 강조하여 행정을 공공사무의 관리라는 기술적 과정 내지 체계로 인식
공·사행정일원론	행정을 이미 수립된 정책이나 법령을 구체화한 것으로 간주하여 경영과 동질적인 것으로 파악
행정학의 독자성 확립	과학적 관리론, 고전적 관료제론 등과 함께 행정학의 출범 초기에 학문적 기초를 쌓는 데 크게 기여함

② 통치기능설(1930년대~1940년대) ★빈출개념

정치·행정일원론 (공·사행정이원론)	• 행정을 통치과정을 수행하여 정책을 결정하고 결정된 정책을 집행하는 일련의 작용으로 이해하는 입장 • 1930년대 시장실패 이후 현대행정국가의 등장과 관련
기능적 행정학	행정을 단순한 기술적 관리과정으로 보지 않고, 정책을 수립·형성하며 가치를 배분하는 기능으로 이해함

③ 행정행태설(1940년대~1960년대 초반)

의의	행정을 인간의 집단적 의사결정을 위한 협동적 집단행동(behavior, 행태)이라 하여 인간의 집단적 행동과 태도에 초점을 두는 이론으로, 사이먼(H. A. Simon)을 비롯한 카네기학파들이 주창함
연구방법	• 연구의 초점을 구조나 제도보다는 인간의 행태에 중점을 두며, 의사결정에 있어 사회심리학적인 방법을 취함 • 가치(정치)와 사실(행정)을 구분하여, 가치판단을 배제하고 순수한 과학성을 추구(논리실증주의)
정치·행정 새이원론 (공·사행정 새일원론)	연구영역이나 대상에 있어 정치영역인 가치를 고려하지 않음
평가	행정의 과학성 향상에 공헌하였으나, 가치를 배제함으로써 사회문제를 해결하지 못하는 한계가 있음(비적실성)

④ 발전기능설(1960년대)

정치·행정 새일원론	행정을 국가발전 목표 달성을 위하여 정책결정과 정책집행, 기획의 기능을 주도하는 과정으로 파악
특성	사회를 의도적·능동적·계획적으로 변화시키는 주체로 보는 행정 강조

⑤ 정책화기능설(1970년대) : 행정의 정책형성기능을 강조하는 입장으로, 행정은 공공정책 형성에 중요한 역할을 하는 정치과정의 일부로 파악(정치·행정일원론, 공·사행정이원론)

⑥ 신공공관리설(1980년대)

정치·행정이원론 (공·사행정일원론)	정부실패 극복을 위한 정부기능 감축을 주장하는 신행정국가의 행정개념으로, 행정을 시장메커니즘에 의한 국가경영으로 파악
특성	행정을 국가에 의한 일방적인 통치나 지배가 아니라 시장원리에 입각한 새로운 공공관리, 즉 시장적 거버넌스로 보고 시장기법의 도입에 초점을 둠
대표적 학자	후드(C. Hood), 오스본(D. Osborne), 게블러(T. Gaebler) 등

⑦ 뉴거버넌스(신국정관리설, 1990년대)

의의	공공문제 해결을 위해 정부와 다양한 비정부조직 간의 신뢰와 협조를 바탕으로 형성된 네트워크나 공동체(공공서비스 연계망)에 의한 행정을 강조
특성	행정을 정부의 독점적 통치나 지배가 아닌 정부와 준정부·비정부조직, 비영리·자원봉사 조직 등 다양한 사회세력에 의한 참여적·협력적 공동생산(co-product)으로 파악
대표적 학자	로즈(R. A. Rhodes), 프레더릭슨(H. G. Frederickson) 등

SEMI-NOTE

통치기능설의 대표적 학자
디목(M. E. Dimock), 애플비(P. H. Appleby), 러너(M. Lerner), 가우스(J. Gaus) 등

행정행태설의 대표적 학자
사이먼(H. A. Simon), 버나드(C. I. Barnard) 등

논리실증주의
행태과학에서 사용한 접근법으로 가설을 세우고 관찰과 실험 등을 통하여 가설을 검증하는 자연과학적인 연구 방법

발전기능설의 대표적 학자
에스만(M. J. Esman), 와이드너(E. W. Weidner) 등

정책화기능설의 대표적 학자
라스웰(H. Lasswell), 샤칸스키(I. Sharkansky), 드로어(Y. Dror), 데이비스(J. Davis) 등

뉴거버넌스(new governance)
뉴거버넌스를 1980년대 시장적 거버넌스와 구분하여 참여적 거버넌스 또는 공동체지향적 거버넌스라 지칭하기도 하며, 넓게 보아 거버넌스(governance)로 통칭하기도 함

(3) 행정의 공공재적 특성

① 공급 측면
- ㉠ 비시장성 : 시장에서 공급되지 않고 이윤을 추구하지도 않으며, 성과나 가치를 화폐로 표현하기도 곤란함
- ㉡ 비경쟁성(독점성) : 정부가 독점적 형태로 공급함
- ㉢ 비저장성(비축적성) : 생산과 동시에 소비되므로 서비스를 따로 저장하여 둘 수 없음
- ㉣ 비분할성 : 특정인에게만 분할하여 배타적으로 공급되지 않음
- ㉤ 무형성 : 활동성과가 가시적이지 않으며 계량화 역시 곤란함

② 소비 측면
- ㉠ 비경합성 : 다수가 동시에 이용하더라도 타인의 소비가 자신의 소비에 영향을 미치지 않아 모두가 이용(소비)할 수 있음
- ㉡ 비배제성(무임승차) : 대가에 대한 비용부담을 하지 않는 사람도 소비에서 배제시킬 수 없음(수익자 부담주의를 적용할 수 없으며 무임승차 현상 발생)
- ㉢ 등량소비성 : 다수가 동일한 재화를 동시에 소비하여 동일한 이익을 얻음
- ㉣ 내생적 선호 : 서비스 선택에 있어 개인 선호의 형성이나 표출이 제약되므로, 시장에서와 같이 개인의 선호에 따라 서비스를 자유롭게 선택할 수 없음(소비자 선호의 파악이 곤란함)

SEMI-NOTE

무임승차 문제의 폐해
무임승차의 문제(free-rider problem)는 '나 하나쯤 빠져도 된다는 생각(1/N)'이나 '나 정도의 비용은 빠져도 된다는 생각(1/N)'을 발생시킴으로써, 집단 전체로는 통적 문제를 해결하지 못하는 집단행동의 딜레마를 초래하게 됨

배제성과 비배제성(재화의 구분 기준)
- **배제성** : 가격을 지불하지 않으면 그 재화에 대한 소비행위에서 배제되는 것
- **비배제성** : 가격을 지불하지 않더라도 소비 행위에서 배제되지 않는 것(돈을 내지 않아도 소비할 수 있는 것)

경합성과 비경합성(재화의 구분 기준)
- **경합성** : 다른 사람이 소비할 경우 이로 인해 나의 소비가 지장을 받거나 소비에서 얻는 효용이 감소되는 것
- **비경합성** : 다른 사람이 소비할 경우라도 지장을 받지 않거나 효용이 감소되지 않는 것(경쟁하지 않아도 얻을 수 있는 것)

실력UP 재화의 유형별 특성 및 정부의 관여 형태

특징	비경합성	경합성
	공공재	공유재
비배제성	배제성과 경합성을 띠지 않는 전형적인 공공 서비스 예) 국방·치안·외교·방역서비스, 도로·등대·가로등·공원, 기상예보, 공영TV방송, 라디오	소비는 경쟁적이지만 배제가 불가능한 재화로 구성원 모두가 공유하는 공동재 예) 자연자원(산, 강, 바다, 개울가 수석, 어족자원, 지하수, 천연자원, 관개용수(灌漑用水), 예산 등)
	요금재	민간재
배제성	공동으로 소비하지만 요금을 지불하지 않으면 배제가 가능하기 때문에 공기업 등이 주로 공급하는 재화 예) 전기, 가스, 수도, 통신, 상·하수도, 고속도로, 케이블TV	소비의 대가를 지불해야 하며 소비의 경합성이 존재하고 개별적인 분할 소유·소비가 가능한 재화로 시장에서 공급·소비되는 재화 예) 일상생활의 재화(냉장고, 빵, 자동차 등)

2. 행정과 정치

(1) 정치·행정이원론(기술적 행정학)

① 의의 : 행정학 태동기의 기술적 행정학의 관점으로, 행정을 정치적 성격이 없는 순수한 관리·기술현상으로 파악
② 성립 배경
  ㉠ 엽관주의 극복의 필요성 : 1829년 이후 나타난 엽관주의의 폐단으로 행정의 독자성과 자주성이 상실되었으며, 비능률이 심화되어 이를 극복하고 행정의 전문성과 자주성을 확보할 필요성이 제기됨
  ㉡ 과학적 관리론의 등장 : 행정을 정치적으로 중립적인 비권력 현상으로 이해하는 정치·행정이원론을 발전시키는 데 결정적인 계기가 됨

(2) 정치·행정일원론(기능적 행정학)
① 의의 : 행정의 정치적 성격을 인정하여 행정을 단순한 정책의 집행이나 관리로 보지 않고 가치배분적인 정책결정을 주도하는 것이라 보는 입장
② 성립 배경
  ㉠ 경제대공황 극복을 위한 뉴딜정책과 제2차 세계대전으로 행정의 확대·강화
  ㉡ 행정의 전문화·기술화에 따른 위임입법의 증대와 행정의 정책결정기능 증대
  ㉢ 시장실패의 치유를 위한 정부의 적극적인 개입의 필요성 대두
  ㉣ 국가와 사회의 일원적 동일화의 인식 확산(국가·사회의 이원적 대립관계 극복)
③ 비판 : 행정의 지나친 비대화를 가져와 재량권을 남용할 여지가 증가함

(3) 정치·행정 새이원론
① 행정행태론
  ㉠ 1940년대 후반 사이먼(H. Simon)을 중심으로 한 행태론자들의 입장
  ㉡ 행정을 합리적인 협동적 집단행동으로 이해하며, 카네기학파에 의해 주창
  ㉢ 가치와 사실을 이원화하는 논리실증주의에 입각하여 경험적 검증가능성이 있는 사실만 연구(가치 배제)
  ㉣ 연구 초점을 인간의 행태(behavior)에 두고 이를 경험적·실증적으로 연구
  ㉤ 원리접근법을 배격하고 행정이론의 과학화를 위해 경험적 과학성 추구
② 신공공관리론 : 1980년대 행정의 탈정치화를 강조하면서 공공부문의 민간화와 행정의 시장화를 중시(정치·행정이원론, 공·사행정일원론의 입장)

(4) 정치·행정 새일원론
① 발전행정론
  ㉠ 1960년대 신생국 발전문제에 관심을 가지면서, 에스만(Esman), 와이드너(Weidner) 등이 주창
  ㉡ 초기 일원론과의 차이 : 신생국은 선진국과 달리 정치나 민간부문이 취약하므로, 행정이 직접 다양한 정책수립의 역할 강조(행정우위적 정치·행정일원론)
  ㉢ 행정 독재국가의 우려가 있다는 비판을 받음
② 신행정론 : 1970년대 등장하였으며, 사회적 형평성 추구를 위한 행정의 적극적 역할 강조함

SEMI-NOTE

정치·행정이원론에 대한 비판
- 행정의 정책결정과 재량권 확대라는 현대 행정의 성격상 정치·행정의 분리는 무의미함
- 행정을 수단으로만 파악하며 행정의 목적성을 간과함
- 기계적 능률관의 강조로 인간적 측면에 대한 경시 우려

기능적 행정학의 영향
- 행정현상을 포괄적으로 파악함
- 행정이론의 범위가 확대됨

행정행태론과 초기 이원론과의 차이
행정연구의 과학화를 위해 방법론적으로 사실문제에 연구범위를 국한하였지만, 행정의 정책형성기능과 가치판단을 부정하는 것은 아님

SEMI-NOTE

행정과 경영에서의 관료제적 속성
행정과 경영은 관료제적 성격을 가지므로 관료제의 순기능과 역기능을 모두 내포하고 있다는 점에서 유사하다. 또한, 정보화 사회의 출현 이후 나타나는 탈관료제적 속성도 공통적으로 지니고 있다.

오늘날 행정과 경영
- 공·사조직의 거대화, 대규모 기업체의 출현, 사기업의 정치성이나 영향력의 증대 등으로 공·사행정의 구별이 점차 불분명해짐으로써 이 양자를 동일한 범주에 포함시켜 연구하는 경향이 증대함
- 제3섹터의 등장 및 확대
  - 제3섹터의 개념 : 민간부문이 비영리활동을 수행하거나, 공공기관이 영리활동을 수행하는 영역
  - 제3섹터의 의의 : 일반적으로 정부 투자 및 출자기관, 민관협동체나 공동출자법인, 민간박물관, 시민단체, 적십자단체, 준정부조직(QUANGO ; Quasi-Autonomous NGO) 등을 총칭하는 개념

3. 행정과 경영

(1) 유사점

목적달성을 위한 수단성(합리성)	추구하는 목표는 다름(공익 vs 사익)
관리기술성·기술성 (인사·재무·조직관리)	목표달성을 위한 인적·물적 자원의 동원·활용
관료제적 성격	전문화·계층제·분업·비정의성(非情誼性)·규칙중시 등을 특징으로 하며 그에 따른 순기능과 역기능(형식주의·동조과잉·인간소외·할거주의 등)을 갖는 조직구조(상대적으로 정부조직이 관료제의 역기능이 강함)
집단적 협동행위, 합리적 의사결정	다수인의 협력체계, 복수의 대안 중 최적안 선택(정책결정성은 차이점)
봉사성	행정은 국민에게 직접적 봉사, 경영은 소비자에게 간접적 봉사(기업의 이윤 추구를 위한 서비스·재화 공급이 간접적으로 소비자의 수요를 충족시킴), 봉사대상은 다름(행정은 일반국민, 경영은 소비자), 행정보다 경영이 고객범위가 명확하며 고객의 요구 파악이 더 용이함
동기부여 방법	경제적 욕구·사회적 욕구·자아실현 욕구 등의 충족을 통한 동기유발(단, 행정부문에서는 공직동기가 작용할 수 있음)
개방체제적 성격	외부환경과의 유기적 상호작용
탈관료제와 지식조직의 활용	지식정보사회, 후기산업사회에서 관료제 구조의 한계를 보완하기 위해 행정과 경영에서 활용

(2) 차이점

구분	행정(공행정)	경영(사행정)
의의	공익이나 공적 목표 달성을 위하여 정치권력을 배경으로 행하는 행정	영리추구를 위하여 행하는 행정
목적	공익, 질서유지 등 다원적 목적(공익)	이윤 극대화의 일원적 목적(사익)
주체	국가 또는 공공기관	민간기업
법적 규제	엄격한 기속행위(법정주의)	재량적·자율적으로 처리
정치적 성격	강함(정치적 중립성이 요구됨)	약함
독점성	강함	약함
경쟁성	약함	강함
능률성	기계적 능률이 곤란 (사회적 능률 추구)	기계적 능률을 추구
공개성	공개(국민의 알 권리)	비공개(비밀 업무활동)
자율성	작다	크다
평등성	평등한 공공재를 제공(비배제성, 무임승차 적용됨)	거래자와의 차별성 인정

활동범위	전 국민에게 광범위하게 영향력	특정 분야(경제분야 또는 특정지역에 국한)
결정의 신속성	결정을 위한 단계가 복잡해 정책결정의 속도가 느림	단계의 간소화로 의사결정 속도가 상대적으로 빠름
기술 변화에 대한 민감성	• 새로운 기술의 변화나 정보에 둔감함 • 대기비용 발생	• 새로운 기술의 변화나 정보에 민감함 • 대기비용 적음

02절 현대행정의 이해

1. 현대 행정국가

(1) 현대 행정국가의 특징

① 일반적 특징
　㉠ 행정이 정치에 대한 수동적 관계에서 탈피하여 정치적 측면에서도 중요한 역할을 담당
　㉡ 단순한 질서유지나 전통수호 역할에 국한하는 것이 아니라 바람직한 사회 변동을 유도·촉진하고 갈등조정의 기능을 수행
　㉢ 국가발전을 위한 적극적인 발전 목표 설정, 국민생활의 질적 향상 추구
　㉣ 행정기능의 확대·강화로 광범위한 분야에서 행정의 재량권이 증대

② 양적 측면의 특징
　㉠ 행정수요의 복잡화·다양화·전문화·기술화에 기인하여 행정기능이 확대·강화됨
　㉡ **파킨슨의 법칙** : 행정기능의 확대, 행정기구·공무원 수 증가 → 재정규모의 팽창
　㉢ 경제·사회 발전과 문제 해결을 위해 공기업 및 제3부문이 증가

③ 질적 측면의 특징
　㉠ 과학기술의 발달과 사회적 분화에 따라 행정의 전문화·기술화·과학화 현상이 대두함
　㉡ 합리적 정책결정 및 기획을 위해 행정조사와 통계가 중시됨
　㉢ 행정기능의 확대·강화, 정보체제의 발달, 국제 긴장의 고조 등으로 지방이 할 수 없는 일을 중앙에 위임하는 신중앙집권화 현상이 대두
　㉣ 행정재량권 확대에 따른 행정부패와 권력남용의 방지를 위해 행정책임과 통제가 중시됨
　㉤ 기존의 행정구역이나 지방자치단체를 초월한 행정수요 문제를 해결하기 위해 행정의 광역화 현상 및 교통과 통신수단의 발달이 촉진됨
　㉥ 불확실한 상황 변화와 사회경제적 위기에 신속하고 적절히 대응할 필요성이 증대하여 행정의 동태화가 강조됨

SEMI-NOTE

행정국가
행정기능의 확대·강화에 따라 정책을 집행하거나 관리하는 것 외에도 정책결정의 기능까지 담당하는 국가로서, 적극국가, 급부국가, 봉사국가, 복지국가, 직능국가라고도 함

파킨슨의 법칙(Parkinson's law)
• 의의 : 본질적인 업무량이나 조직의 구조적 특징과 관계없이 공무원의 수와 업무는 일정한 비율로 증가한다는 법칙
• 내용
　– 부하 배증의 법칙(제1공리) : 공무원은 동일 직급의 경쟁자가 아닌 부하직원의 증가를 원함
　– 업무 배증의 법칙(제2공리) : 공무원은 부하와 같이 일을 하면서 파생적 업무가 창조됨
• 한계
　– 영국의 특수한 환경을 바탕으로 심리적 측면에 초점을 두어 조사하여 보편성이 결여됨
　– 국가 비상시에 행정업무 증가가 공무원 수의 증가를 수반한다는 사실과 사회·경제적 증가 요인을 경시함

ⓐ 정치와 행정의 유기적 연관성이 커져 정책결정기능이 중시되며, 행정의 효과성 제고와 성과 향상을 위해 계획기능이 강조됨
ⓑ 현대 행정은 행정의 재량권 강화에 따라 준입법적 기능(위임입법)이 활성화됨
ⓒ 예산과 계획의 연결 필요성이 증대하고 합리적·종합적 예산의 추구 경향이 두드러짐
ⓓ 정치·행정일원론과 공·사행정의 유기적 연관성이 강조됨(제3의 영역이 중요한 연구 분야로 등장)

(2) 신행정국가의 등장(행정국가의 변천)

① **신행정국가의 개념** : 신행정국가란 전통적인 행정국가에 신자유주의적 요구가 결합되어 국가의 역할이 보다 축소·효율화된 탈행정국가를 의미함
② **등장배경** : 20세기 후반(1970년대 이후)부터 신자유주의 사상의 등장과 정보화 현상이 급진전함을 배경으로 하여 행정국가가 초래한 문제 해결을 위해 새로운 형태의 국가, 즉 신행정국가가 등장
③ **방향** : 신공공관리론(시장적 거버넌스론)과 뉴거버넌스론(참여적 거버넌스론)
④ **일반적 특징**
  ㉠ 행정국가보다 국가의 역할이 상대적으로 감소
  ㉡ 국가기능을 형평성 확보가 아닌 시장 효율성 제고에 중점
  ㉢ 적극적 복지서비스 제공자에서 시장형성자로의 권력 이동
  ㉣ 정보국가, 지식국가, 계약국가, 신자유국가, 그림자국가, 공동(空洞)국가 등으로 지칭
⑤ **행정국가와 신행정국가의 비교**

구분	행정국가	신행정국가
정치적 책임	직접적	간접적
핵심행위자	정당, 공무원, 조합	규제자, 전문가, 판사
정부기능	큰 정부	작은 정부
직업관료제	옹호	비판
지방분권	신중앙집권	신지방분권
재정의 주요 기능	안정화, 자원배분, 소득재분배 (포괄적 기능)	자원배분의 효율화

(3) 행정국가의 기능

① **일반적 기능**
  ㉠ **소극적 기능** : 사회의 안정·유지기능을 말하며, 구체적인 예로 국방·외교·치안·질서·조세징수기능 등이 있음
  ㉡ **적극적 기능** : 사회변동 유도·촉진기능을 말하며, 구체적인 예로 건설, 경제·사회개발·교육사업 등이 있음
② **행정기능의 분류**
  ㉠ 디목(M. E. Dimock)의 행정기능 분류

SEMI-NOTE

의회정체에서 분화정체로의 변화
- 의회정체
  - 단방제 국가(단일의 전국수준 정부가 중앙집권적 권한을 행사)
  - 의회주권과 내각정부(대의민주의를 토대로 다수당이 입법·행정 통제)
  - 장관책임과 중립적 관료제(최종적 결정권을 행사하고 의회와 유권자에 정치적 책임을 짐)
- 분화정체
  - 정책연결망과 정부 간 관계(단방제 국가 해체, 중앙이 없는 정부 간 관계)
  - 공동화(空洞化)국가와 핵심행정부(정부 중심부의 단편화·분산화, 상호의존성 심화)
  - 신국정관리(new governance, 상호 의존하는 조직 간 연결망 강조)

행정기능별 비교
보호기능에서 직접봉사기능으로 갈수록 파생적 기능·현대적 기능·적극적 기능·비권력적 기능·봉사 기능의 성격이 강하며, 직접봉사기능에서 보호기능으로 갈수록 고유 기능·고전적 기능·소극적 기능·권력적 기능·질서 기능의 성격이 강함

보호의 기능	대내적	범죄, 질병, 풍속, 교통, 보건, 천재지변에 있어 개인의 안전 보호 기능 등
	대외적	외교, 국방, 전시 동원 기능 등
규제의 기능	대내적	독점 및 물가통제, 오염 규제, 인·허가, 노동조합 규제, 의약품·식품 통제 기능 등
	대외적	이민규제, 출입국 규제, 관세 규제, 외환 기능 등
원호의 기능	대내적	구호, 보험, 구빈(救貧), 연금, 사업 보조 등
	대외적	교포원호 및 외국원조, 국제기구와의 협력 기능 등
직접봉사의 기능	대내적	교육사업, 체신·철도·주택·병원·도서관·공원 건설 등
	대외적	교포 관련 봉사, 국제우편 및 전신, 후진국 개발 기능 등

ⓒ 케이든(G. Caiden)의 국가발전단계에 따른 행정기능 분류 : 케이든은 국가발전 단계에 따라 전통적 기능에서 환경통제기능으로 행정기능의 중점이 이동한다고 봄

전통적 기능	사회안정화기능(법과 질서 유지, 외교, 국방, 치안, 공공사업, 과세 등)
국민형성기능	국가적 통일감, 국민적 일체감, 국민적 사회화, 국가 상징조작
경제관리기능	국가경제의 기획과 관리, 경제산업 발전, 경제규제, 공기업 운영, 보조금, 기술 원조
사회복지기능	사회조장, 교육, 보건위생, 연금 등을 통한 삶의 질 향상
환경통제기능	자연자원이나 환경의 보존·유지, 국토의 효율적 이용

ⓒ 보수주의와 진보주의의 정부관

구분		보수주의 정부관	진보주의 정부관
이념		자유방임적 자본주의, 최소한의 정부(소극국가, 야경국가), 기독교적 보수주의	개혁주의, 규제된 자본주의, 사회주의, 평등주의, 혼합자본주의 국가, 복지국가
인간관		• 오류의 가능성이 없는 인간 • 합리적 이기적인 인간(경제인간)	욕구, 협동, 오류의 가능성이 있는 인간
시장관		• 자유시장에 대한 신념이 강함(시장주의자) • 정부개입은 정부실패를 초래 : X-비효율 등	• 시장의 결함과 윤리적 결여 인지 • 시장실패는 정부개입에 의해 치유가능
가치 판단	정의	교환적(평균적) 정의(거래의 공정성)	배분적 정의(부의 공정한 분배)
	평등	기회의 평등(기회균등)과 경제적 자유 강조-형식적 평등	결과의 평등 증진을 위한 실질적인 정부 개입 허용-실질적 평등
	자유	간섭이 없는 소극적 자유, 정부(국가)로부터의 자유 강조 → 보수적 자유주의	자유를 열렬히 옹호-무엇인가 할 수 있는 적극적 자유, 정부(국가)에로의 자유 → 진보적 자유주의

SEMI-NOTE

행정기능의 변천

- 시간적 변천 : 과거에는 소극적 사회안정기능이 중시되었으나, 현대 행정국가에서는 적극적인 사회변동 유도·촉진기능이 중시
- 공간적 변천 : 선진국의 경우 사회안정기능이 중시되어 소극적·수동적·사후적 관리기능이 강조되나, 후진국의 경우 사회변동 유도·촉진기능이 중시되어 적극적·능동적·사전적 예방기능이 강조

X-비효율

법 규정으로 명시할 수 없는 행정이나 관리상의 심리적 요인에 의해 발생하는 비효율을 말하며, 행정이 경쟁 압력에 노출되지 않고 적절한 통제장치가 없기 때문에 발생

평균적 정의

개인 상호 간의 급부와 반대급부의 균형을 이루게 하는 것. 예를 들어 근로에 대하여는 이에 상응하는 대가를 주고, 절도에 대하여는 그 손해에 상응하는 배상을 지급하게 하는 것

배분적 정의

단체가 개인을 그 능력(能力) 및 공적(功績)에 따라서 취급하는 것

2. 시장실패와 정부실패

(1) 시장실패

① 의의
  ㉠ 시장 기능이 제대로 작동하지 않음으로써 자원배분이 효율적이지 못하거나 형평성이 달성되지 못하는 상태를 말함
  ㉡ 시장이 불완전하여 완전경쟁시장에서의 '파레토 최적' 상태를 이루지 못하는 것을 의미함

② 시장실패의 근거이론
  ㉠ 죄수의 딜레마
    • 두 명의 죄수가 각자의 입장에서 보다 낮은 형량을 받기 위해 합리적인 선택(자백)을 하지만, 결과적으로는 모두 자백을 하게 되어 모두 자백을 하지 않은 경우보다 높은 형량을 받게 되는 것을 설명한 이론
    • 개인의 사적 이익의 지나친 추구는 공익의 파멸로 귀결된다는 이론으로, 시장실패 원인의 출발점이자 합리적 선택이론의 한 지류를 형성
  ㉡ 공유지의 비극
    • 공유지에서 농민이 양을 많이 사육할수록 개인의 이익은 늘어나지만 과중한 방목으로 목초지가 황폐되어 비극적인 손실을 초래함을 설명한 이론
    • 개인의 합리적 선택이 타인이나 사회 전체에 부정적 외부효과를 초래할 수 있다는 것을 보여줌
  ㉢ 구명보트의 윤리 배반 현상
    • 구명보트에 너무 많은 사람이 탑승하여 더 태울 수 없음에도 불구하고 물에 빠진 사람을 더 태워 결국 보트가 가라앉게 된다는 것을 설명하는 이론
    • 공유지의 비극이론과 같이 개인의 합리성 추구가 반드시 전체적 합리성 보장으로 이어지는 것이 아님을 보여주는 이론

③ 시장실패의 원인
  ㉠ **불완전 경쟁(독과점)** : 생산자(공급자) 1인 또는 소수가 시장을 점유하여 경쟁이 결여되는 경우 이들에 의해 가격이 좌우되므로 시장실패가 발생하게 됨
  ㉡ **공공재의 존재 및 공급 부족** : 공공재는 비배제성과 비경합성이 높은 재화와 서비스를 말하는데, 이는 시장에 맡겨두었을 때 충분히 공급되지 못하여 시장실패를 초래함
  ㉢ **외부효과의 발생** : 외부효과란 특정 경제주체의 행위가 다른 경제주체에게 중요한 영향을 미침(외부경제, 외부불경제)에도 불구하고 그 영향에 대한 대가의 청산(지불)이 이루어지지 않는 현상을 말하는데, 외부효과가 존재하면 시장은 자원을 효율적으로 배분하는 역할을 하지 못함
  ㉣ **정보의 비대칭성(불완전 정보)** : 거래 일방만이 정보를 가지고 있는 정보의 편재가 존재하는 경우 문제가 발생하므로 이를 시정하기 위한 정부의 개입 요구
  ㉤ **규모의 경제 존재** : 규모의 경제로 인해 해당 산업의 평균비용은 감소하고 평균수익은 증가하게 되어 독점현상이 발생하게 되므로 정부의 개입이 요구됨

SEMI-NOTE

시장실패(넓은 의미의 시장실패)
• **경제적 시장실패(좁은 의미의 시장실패)** : 시장이 제대로 작동하지 못하여 완전경쟁 상황을 달성하지 못함으로써 발생하는 시장실패
• **사회적 시장실패** : 시장기능이 제대로 작동을 한다 하더라도 시장 자체가 본래적으로 해결할 수 없는 문제점(빈부격차 등 시장기능의 부작용)이 발생하여 이상적인 소득분배 상태를 이루지 못하는 경우의 시장실패

외부효과(external effect, 외부성)의 분류
• **외부경제(external economy)** : 제3자에게 대가를 받지 않고 이익을 주는 것으로, 시장기능에만 맡길 경우 과소 공급되는 경향이 있음 예) 과수원 옆집의 양봉업자, 무상의무교육 등
• **외부불경제(external diseconomy)** : 제3자에게 손해를 끼치면서도 아무런 비용을 지불하지 않는 것으로, 방치하는 경우 과다 공급되는 경향이 있음 예) 환경오염, 쓰레기 투기, 스팸메일, 불법주차 등

대리 손실(agency loss)
정보의 불균형(비대칭성·격차·편재)에 의하여 발생하는 것으로, 일반적으로 대리인은 많은 정보를 가지고 있는 반면, 주인은 정보가 부족해 대리인을 잘못 선택하거나 대리인을 제대로 감시·통제할 수 없기 때문에 손해(대리손실)를 보게 되는 것

ⓗ **소득분배의 불공정성(형평성의 부재)** : 시장메커니즘은 능률성을 추구하므로 계층이나 지역, 산업 간의 소득 불균형이 발생할 수 있는데, 이를 규제하고 경제적 약자를 보호하기 위해 정부의 규제가 수반됨

ⓘ **경제의 불안정(물가불안 및 고용불안)** : 시장경제에 맡겨 두면 인플레이션과 디플레이션 등으로 물가불안과 고용불안, 무역적자 등이 야기되는데, 개별 경제주체의 독립된 행위의 결과로 발생하는 이런 경기불안정을 조절하는 정부의 개입이 필요함

④ 시장실패에 대한 정부의 대응방식

㉠ 정부의 개입 수단

공적 공급(조직)	정부가 조직을 구성하여 시장 개입수단으로 활용
공적 유도(유인)	정부가 조세감면, 보조금 지급 등의 경제적 유인책을 시장 개입 수단으로 활용
공적 규제(권위)	정부가 법적·제도적 권위나 규제, 부담금 부과 등을 시장 개입 수단으로 활용

㉡ 시장실패 원인별 개입 방식

구분	공적 공급(조직)	공적 유도(유인)	공적 규제(권위)
공공재의 존재	○		
불완전 경쟁(독과점)			○
자연 독점	○		○
외부효과의 발생		○ (외부경제)	○ (외부비경제)
정보의 비대칭성		○	○

(2) 정부실패

① **정부실패의 의미** : 시장실패를 치유하기 위한 정부활동이 본래 의도한 결과를 나타내지 못하거나 기존의 상태를 더 악화시키는 경우

② **정부실패의 원인**

㉠ 정부개입의 수요 측면 특징
- **행정수요의 팽창** : 정치사회의 민주화와 민권의 신장, 시장 결함에 대한 사회적 인식의 증가 등으로 정부기능은 지속적으로 팽창함
- **왜곡된 정치적 보상체계** : 사회에서의 재정문제가 있을 때, 무책임한 정치적 보상 약속이 정부활동을 확대하고 재정적 어려움을 가중시킴
- **정치인의 단기적 안목** : 정치인의 짧은 재임기간으로 인해 장기적 이익과 손해의 현재가치보다 단기적 이익과 손해를 더 높게 평가함

㉡ 정부개입의 공급 측면 특징
- **정부성과의 무형성** : 정부산출이나 성과는 정의 및 측정이 어려움
- **독점적 생산구조로 인한 문제** : 경쟁의 부재와 무사안일에 의한 X-비효율성과 소비자의 선호 반영이 어려움

SEMI-NOTE

정부팽창 요인
- **도시화와 바그너(Wagner)의 법칙** : 도시화의 진전과 사회의 상호의존관계 심화는 정부개입의 강화를 촉진
- **전위효과와 대체효과** : 전위효과(문지방효과)는 전쟁이나 경제공황과 같은 비상적 재난 및 위기상황에서는 국민들의 조세부담 허용수준이 높아진다는 것을 뜻하며, 이러한 위기가 종료된 후에도 한번 증액된 조세나 재정규모는 감소하지 않고 새로운 사업추진에 대체되는 효과를 대체효과(단속효과)라 함
- **정부서비스의 노동집약적 성격** : 정부나 공공부문의 노동집약적 성격과 낮은 생산성으로 양적 팽창을 지속하며 감축이 어려움
- 이익집단의 영향
- 과학기술의 비약적 발달
- 관료제의 발달(Kaufman의 정부조직 불멸론 등), 사회복지제도의 확산 등

SEMI-NOTE

정부실패의 두 측면
- 민주성 측면 : 정부가 국민의 선호를 정확하게 대변하지 못하여 정부실패가 발생
- 효율성 측면 : 정부가 국민의 선호를 정확하게 대변한다 하더라도, 정부 관료제의 비효율적인 속성으로 인해 정부실패가 발생

정부실패 요인별 대응방식

구분	규제 완화·폐지	정부보조 축소·중단	민영화
사적 이익의 추구			○
X-비효율성	○	○	○
파생적 외부효과		○	○
권력배분의 불평등	○		○

- 생산기술의 불확실성 : 생산기술(생산함수)이 존재하지 않거나 정부부문의 생산성과 효율성을 높이기 위해 어떤 측면에서의 개선이 요구되는지를 파악하기 어려움
- 최소수준과 정책종결 메커니즘의 결여 : 활동이 부진하고 효과성이 없는 정부기관을 해체시킬 수 있는 종결 메커니즘도 없음
- 관료들의 예산극대화 동기(Niskanen) : 자기 자신이나 부서의 이익 극대화에 치중

ⓒ 내부목표와 사회목표와의 괴리 : 정부조직은 시장과 같은 명확한 성과기준이 없으므로 활동의 기준으로서 내부조직목표가 필요한데, 행정 활동에 관한 목표·기준을 설정하는 데 있어서 관료 자신의 사적 차원의 이익을 우선적으로 고려함으로써 사회 전체의 목표와 조직 내부목표의 괴리가 발생

ⓔ 관료의 예산증액 추구 성향(W. Niskanen의 예산극대화 모형) : 관료들이 자기 이익을 위하여 예산을 극대화하는 형태를 취하여 정부실패현상이 초래됨

ⓜ 최신 기술에 대한 집착 : 정부조직은 비용을 고려하지 않고 대체로 새로운 기술, 최신의 기술과 복잡한 첨단 과학기술을 추구

ⓑ X-비효율성 : X법 규정으로 명시할 수 없는 행정이나 관리상의 심리적 요인에 의해 발생하는 비효율(행정이 경쟁 압력에 노출되지 않고 적절한 종결장치가 없기 때문에 발생)

ⓢ 공공재의 파생적 외부효과 : 시장실패를 치료하기 위한 정부개입이 초래하는 의도하지 않은 잠재적 부작용을 말하며, 주로 정치적 개입에 의한 졸속행정이 원인이 되어 발생함

ⓞ 소득배분의 관여와 권력배분의 불평등 : 분배정의를 실현하기 위한 정부의 직접 개입 시 오히려 각종 보조금이나 세제상의 우대조치, 특정 산업의 보호·육성 등으로 분배의 불공평을 초래할 수 있으며, 공공서비스의 제공과정에서 특정집단에 대하여 권력을 부여하고 다른 집단으로부터는 박탈하는 일이 발생할 수 있음

ⓩ 비용과 편익의 절연 : 특정 정책으로 인한 이익이 특수한 소수집단에 집중적으로 귀속되는 반면 그에 대한 비용은 불특정 다수 국민이 부담하게 될 때 이익을 노리는 소수집단이 정치적 조직화와 로비를 통하여 자신의 주장을 관철(포획, 지대추구 등)하여 정부실패가 발생

ⓧ 복지국가의 폐단 : 의존성 심화와 국가 재정위기 등을 초래

(3) 정부실패의 대응방안

① 작은 정부
  ㉠ 의의 : 단순히 규모를 줄이는 것이 아니라 정부의 공권력에 의한 시민의 권리 침해 방지, 기능의 재정립, 효율적인 관리를 하는 것 등을 포괄하는 개념
  ㉡ 구현 방향

권력 통제를 통한 민주화	• 입법부의 행정통제와 사법부에 의한 권리보장의 수단 확보 • 내부 감사기능을 통한 행정 재량의 남용과 불법·비리에 대한 감독기능 강화

민간기능 활성화를 통한 행정기능 재정립	• 정부규제의 최소화 · 합리화를 통한 민간부문의 창의성과 경쟁력 확보 • 불필요하고 중복된 기능을 철폐, 행정권한 및 기능의 갈등에 대한 정책조정 등 정부기능의 재조정 • 민간화 · 민영화를 통한 재정 적자 감축(시장성 평가가 요구됨) • 행정 만능적 사고와 행정 편의주의의 배격 • 민간의 전문성과 자율성 보장을 위한 민간 공동생산(co-production) 영역의 확대

② 감축관리
  ㉠ 방법 및 수단
   • 조직 · 인력의 축소 및 정비 : 불필요한 기구나 인력 축소, 적정한 정원배치, 총정원제, 임시적 해고
   • 사업의 축소 : 사업축소 및 사업시행의 보류
   • 정책종결제도 : 기능적 종결(사무, 인력, 예산의 감축)과 구조적 종결(대국대과주의, 조직동태화, 조직개편 등)
   • 행정절차의 간소화 및 행정규제, 감독의 완화 · 폐지, 업무의 정비
   • 정부기능의 공기업화 또는 민간화(민간 이양 및 민간 영역의 확대), 생산성의 제고
   • 자발적 조직에 대한 공익 사업의 이관
   • 영기준예산(ZBB) 및 일몰법(Sun-set Law) 도입을 통한 예산감축
   • 총액예산제도의 도입
   • 조직구조 · 과정의 개선에 의한 비용절감
   • 자료의 구매가격과 서비스 수준의 하향 조정
  ㉡ 저해요인
   • 조직의 존속 지향성과 조직구성원의 심리적 저항
   • 새로운 대안에 따른 과다한 비용 · 손실
  ㉢ 방향
   • 행정조직의 전반적 효율성 제고
   • 행정의 변동관리능력의 확보
   • 조직원의 사기를 고려하여 획일적 · 기계적 감축 지양
   • 가외성의 고려

③ 공공부문의 민영화
  ㉠ 민영화의 방식

정부기능의 민간 이양	정부기능을 완전히 민간으로 이양하여 시장이 완전하게 재화를 공급 · 생산하는 방법
주식이나 자산의 매각	정부보유 주식이나 자산을 민간에 매각하는 방식으로 소유권의 이전
협의의 민간위탁 (contracting-out)	• 정부가 위탁계약을 통해 민간부문에 서비스의 생산을 맡기는 대신, 정부가 서비스 생산 비용 전액을 현금으로 지불하고 그 서비스에 대하여 일정한 책임을 지는 방식 • 서비스 구입자는 국민이 아니라 정부

SEMI-NOTE

감축관리
특정 정책이나 사업, 조직이나 기구 등을 의도적 · 계획적으로 축소 · 정비하여 조직 전체의 효과성 제고를 추구하는 관리전략(행정개혁의 실천적 접근방법의 하나)

영기준예산(ZBB)
기존 사업과 새로운 사업을 구분하지 않고 매년 모든 사업의 타당성을 영기준에서 분석하고 예산을 편성하는 제도를 말함

일몰법(Sun-set Law)
3~7년마다 국회에서 재보증을 얻지 못하는 사업은 자동폐기 되도록 하는 입법제도

가외성
위기에 대비하기 위한 여유분으로 감축관리와 상반되거나 충돌되는 개념으로 해석되어서는 안 됨

민영화
정부기능의 전부나 일부를 민간으로 이양하는 것으로서, 넓은 의미에서는 정부규제의 완화도 포함

민간위탁의 개념 범위
일반적으로 민간위탁은 contracting-out을 의미하지만 광의의 민간위탁에 협의 민간위탁(계약방식 ; contracting-out), 면허, 보조금, 바우처, 자원봉사, 자조, 규제 및 조세 유인 등을 포함시키는 견해도 있음

SEMI-NOTE

바우처(Vouchers)
공공서비스 생산을 민간부문에 위탁하면서 시민들의 서비스 구입 부담을 완화시키기 위해 금전적 가치가 있는 구입증서(voucher)를 제공하는 방식. 시민들은 바우처를 활용해 서비스 제공기관을 자유롭게 선택할 수 있음

복대리인(復代理人) 이론
공기업 운영 시 국민-정치인-정부-공기업으로 연결되는 중층구조의 복대리인(대리인의 대리인) 관계에서 정보의 비대칭성에 따라 실제로 주인이 없는 상황에 처하게 되어 도덕적 해이가 심화됨. 그러므로 민영화를 통해 재산권 주체를 찾아주면 관리자에게 비용절감에 대한 강력한 유인을 부여하므로 도덕적 해이 현상이 감소될 것이라는 주장으로 민영화를 지지함

면허(franchise)	• 독점적 허가 : 한 기업에만 서비스공급권을 부여하는 방법(예 차량 견인, 폐기물 수거·처리) • 경쟁적 허가(license) : 다수의 기업에게 서비스공급권을 부여하는 방법(예 택시사업 면허)
보조금	• 장점 : 공공서비스에 대한 요건을 구체적으로 명시하기 곤란하거나 서비스가 기술적으로 복잡하고 서비스의 목표를 어떻게 달성할 것인지 불확실한 경우에 사용, 이용자의 부담 경감, 정부 비대화 방지 • 단점 : 보조금 횡령·유용 등 대리손실(도덕적 해이) 발생 가능, 정치적 목적의 악용, 자율적 시장가격 왜곡 우려
규제 및 조세 유인	• 특정 서비스의 민간 생산을 장려하기 위해 규제 완화 및 조세 감면·세율 인하 등 유인을 제공하는 방식 • 보조금 지급과 동일한 효과를 창출하면서도 직접 지출비용은 상대적으로 적게 소요되는 장점이 있음
바우처(Vouchers)	공공서비스 생산을 민간부문에 위탁하면서 시민들의 서비스 구입 부담을 완화시키기 위해 금전적 가치가 있는 구입증서(voucher)를 제공하는 방식
자원봉사방식	직접적인 보수는 받지 않으면서 서비스 생산과 관련된 현금지출(실비)만 보상받고 정부를 위해 봉사하는 사람들을 활용하는 방식
자급·자조	공공서비스 수혜자와 제공자가 같은 집단에 소속되어 서로 돕는 형식으로 활동하는 것
기타	• 대여제도(Lease) : 정부가 기업을 소유하되 외부기관이 일정기간동안 정부 소유의 시설과 장비를 임차하여 운영하는 것 • 제3섹터 활용(준정부조직·NGO 활용, 공동생산 등) • 민자유치(BOO, BOT, BTO, BTL, BLT)

ⓒ 민영화의 필요성(이점)
- 정부규모의 적정화와 작은 정부 실현
- 효율성(능률성)의 제고
- 업무의 전문성 제고
- 근린행정의 구현
- 정부재정의 건전화
- 서비스의 질적 수준 향상(대응성 향상)
- 민간경제의 활성화
- 행정수요의 변화에 대응한 신축성·대응성 확보
- 자본시장 및 통화의 안정적 관리
- 복대리인(復代理人) 이론
- 임금 인상 요구의 억제

실력up 민간투자 유치 방식

- **방식별 개념**

구분	내용
BOO(Build-Own-Operate)	민간자본으로 민간이 직접 건설(Build)하여 소유하고(Own), 직접 운용(Operate)하면서 투자비용을 회수하는 방식
BOT(Build-Operate-Transfer)	민간자본으로 민간이 건설(Build)하여 직접 운용(Operate)하여 투자비용을 회수한 이후 소유권을 기부채납 형식으로 정부에 이전(Transfer)하는 방식
BTO(Build-Transfer-Operate)	민간자본으로 민간이 건설(build)하여 완공 후 소유권을 정부에 이전(Transfer)하고 민간(사업시행자)이 운용(Operate)하여 투자비용을 회수하는 방식
BTL(Build-Transfer-Lease)	민간자본으로 민간이 건설(Build)하여 완공 후 정부에 소유권을 이전(Transfer)하며, 정부는 협약 기간 동안 시설 임대비용을 지불하고 임대(Lease)하여 운영하며 투자비용을 회수하는 방식
BLT(Build-Lease-Transfer)	민간이 건설(Build)하여 정부가 시설을 임대(Lease)하여 운영한 후, 운영종료 시 소유권을 정부에 이전(Transfer)하는 방식

- **방식 간의 비교**

구분	BOO	BOT	BTO	BTL	BLT
운영주체	민간	민간	민간	정부	정부
운영 시 소유권	민간	민간	정부	정부	민간
투자비 회수방법	사용료 등	사용료	사용료	임대료	임대료
소유권 이전시기	이전없음	운영종료 시	준공 시	준공 시	운영종료 시

(4) 준정부조직

① 개념 : 준정부조직이란 법적으로는 민간의 조직형태를 취하면서 정부의 대리인 자격으로 공공부문에 해당하는 공적인 기능을 수행하는 기관을 말함. 대리정부, 계약국가, 그림자국가, 공유된 정부, 감추어진 공공영역 등이라고도 부름

② 우리나라의 준정부조직
  ㉠ 공공기관의 운영에 관한 **법률상 공공기관** : 공기업, 준정부기관, 기타공공기관
  ㉡ 지방공기업법상 지방공사, 지방공단

③ 특징
  ㉠ 민간과 공공의 영역이 연속성이 있음을 보여 줌
  ㉡ 법적인 면에서 민간부문의 조직형태를 취하므로 권력적 행정에서 간접적 지원 행정으로의 전환을 의미함
  ㉢ 정부로부터 독립해 준자율적으로 운영됨. 그러나 정부의 통제나 재정상 지원을 받음

SEMI-NOTE

민영화의 한계(폐단)
- 행정통제 및 책임 확보 곤란, 책임성의 저하
- 형평성의 저해
- 안정성의 저해
- 역대리인 이론(도덕적 해이)
- 저렴한 서비스의 제약
- 부패의 발생가능성
- 취업기회 위축
- 크림스키밍(cream skimming)

크림스키밍(cream skimming)
공기업 민영화 과정에서 민간이 흑자 공기업만 인수하려 하므로 적자 공기업은 매각되지 않고 흑자 공기업만 매각되는 현상

준정부조직을 칭하는 용어
- QUANGO : Quasi-Autonomous Non-Governmental Organizations. 정부조직이 아니면서 어느 정도의 자율성을 가지고 정부에 준하는 공공기능을 수행하는 조직
- QUAGO : Quasi-Governmental Organizations. 정부조직에 준하는 공공기능을 하는 점에 초점. 자율성 정도에 따라 비자율적 준정부조직과 준자율적 준정부조직으로 구분하기도 함

ㄹ 공공부문의 팽창을 억제하며 민간의 전문성을 활용해 경영의 능률성을 높임
ㅁ 관료제의 경직성을 극복하고 조직의 신축성과 자율성을 유지함
④ 문제점
  ㉠ 관료의 잠재적 이해관계에 따라 관료의 퇴직 후 자리보장을 위한 수단이 되기도 함. 또한 행정활동의 가시성을 낮춤으로써 정부팽창의 은폐수단이나 정부책임 회피수단이 되기도 한다는 문제점을 지님
  ㉡ 공적인 공간에 의해 사적 이용이 정당화될 가능성 있음. 민·관 공동협력 방식이지만 실제로는 영리를 추구하는 경향이 지배적이라는 것임
  ㉢ 책임소재가 불분명하며 경영이 부실할 경우 그 원인을 서로에게 전가함으로써 경영의 책임성을 구현하기 어려움

(5) 비정부기구(NGO)

① 개념
  ㉠ 정부 이외의 기구로서 국제사회의 사회적 연대와 공공의 목적 실현을 위한 자발적 공식 조직
  ㉡ 비영리를 목적으로 자발적인 회원활동과 분권화된 조직구조를 바탕으로 국가의 서비스 전달기능을 수행하는 기구
② 개념적 특징(M. Salamon)
  ㉠ 비영리 조직(non-profit distributing) : 이윤 획득이 아닌 공익을 추구하는 조직
  ㉡ 공식적 조직(formal) : 어느 정도 지속성을 지님(비공식 조직 아님)
  ㉢ 사적 조직(private) : 정부의 간섭을 받지 않는 민간 조직(공적 조직이 아님)
  ㉣ 자치적 조직(self-governing) : 자기 통치성을 지닌 조직
  ㉤ 자발적 조직(voluntary) : 구성원들이 자발적으로 모인 조직
③ 비정부기구의 역할 및 기능
  ㉠ 정책제언자(governance) 또는 정책파트너
  ㉡ 정부나 시장에 대한 감시·견제·통제의 역할 수행
④ 비정부기구와 정부의 관계이론

대체적 관계	정부실패로 인해 정부가 공급하기 어려운 공공재에 대한 수요를 NGO가 대체하여 충족시킬 수 있음
보완적 관계	정부-NGO관계가 복지국가로서의 확장된 정부 역할을 수행하는 하나의 동반자로서 NGO의 협력적 기능을 포괄한다는 점 강조
적대(대립)적 관계	NGO는 다양한 방법을 통해 정부의 정책결정과정에 참여하여 정책 변화를 유도하거나, 정부의 책임성을 높이기 위한 감독자 역할을 수행하면서 정부와 상호견제적·갈등적 관계
의존적 관계	정부가 지지나 지원의 필요성 때문에 특정한 NGO 분야의 성장을 유도해 온 경우 나타나는 관계로서 개도국에서 많이 나타남

⑤ 비정부기구의 문제점
  ㉠ 재정 및 활동상의 제약과 어려움으로 인한 관변단체화의 우려
  ㉡ 전문성이 높지 않으며, 정책적 영향력이나 구속력 등이 부족
  ㉢ 순수한 본래의 의도를 잃고 정치적·정파적 성격의 조직으로 변질될 우려

SEMI-NOTE

비정부기구의 발생 및 성장배경
- 시장실패의 극복 및 정부실패 극복을 위한 작은 정부의 구현
- 행정환경의 변화(세계화·지방화·정보화·민주화·민간 중심)
- 다양한 수요에 대한 공급 보충·보완의 필요
- 구조적 요인으로 발생한 소외계층의 이익 대변
- 공공재의 공급

NPO와 NGO의 비교
- 비영리단체(NPO)
  - 비영리성에 초점을 둔 개념
  - 미국에서 공식적으로 사용
  - 자발성, 자율성, 공익성, 이익의 비배분성
- 비정부조직(NGO)
  - 비정부성에 초점을 둔 개념
  - UN, 유럽이나 제3세계 국가에서 보편적으로 사용
  - 자발성, 비영리성, 공익성

실력up 코스턴(Coston, 1998)의 모형

코스턴은 다원주의의 수용여부와 양자관계의 공식화 정도 그리고 양자 간 권한관계의 대칭성이라는 3대 기준을 변수로 정부와 NGO관계를 8가지로 유형화함

다원주의의 수용여부	대칭성	공식화	모형	특징
다원주의 거부형	비대칭	공식 또는 비공식	억압형	NGO 불인정
			대항형	쌍방적인 대항관계(NGO는 등록·규제 대상)
		비공식	경쟁형	정부가 원하지 않는 경쟁관계
다원주의 수용형	비대칭	공식	용역형	정부서비스를 위탁받아 제공하는 관계
			제3자형	비교우위에 따라 양자 간 분업관계
	대칭	비공식	협력형	기본적으로 정보를 공유하는 관계
			보충형	기술적·재정적·지리적 보충관계
		공식	공조형	상호 협조적 관계

SEMI-NOTE

살라몬(M. Salamon)의 NGO 실패모형(1987)
- 박애적 불충분성 : NGO는 내·외부에 대한 강제성이 없기 때문에 활동에 절대적으로 필요한 충분한 양의 자원을 지속적이고 안정적으로 획득하는 데 많은 어려움이 있음
- 박애적 배타주의 : 특정 종교, 인종단체 등을 배경으로 한 NGO는 활동영역과 서비스 공급 대상이 한정되어 있는 경우가 많아 도움이 필요한 모든 대상에게 전달되지 않음
- 박애적 온정주의 : NGO의 활동내용과 방식은 NGO에게 가장 많은 자원을 공급하는 사람·집단의 결정에 의하여 좌우될 수 있으므로 몇몇 지역 유지의 의지를 반영
- 박애적 아마추어리즘 : 사회문제의 해결이나 서비스의 제공은 전문적인 지식을 필요로 하는 경우가 많아 도덕적·종교적 신념에 바탕을 둔 일반적 도움은 한계가 있음

03절 행정학의 주요 접근방법

1. 과학적 관리론

(1) 과학적 관리론의 의의 및 성립배경

① 의의
  ㉠ 절약과 능률을 실현할 수 있는 표준화된 업무절차를 만들어 업무의 양을 설정하고 생산성과 능률성을 향상시키고자 하는 방법에 관한 관리기술을 말함
  ㉡ 최소의 투입비용으로 최대의 산출을 올릴 수 있는 방법을 탐구하는 것

② 성립배경
  ㉠ 19세기 말 초기 산업자본주의의 폐해를 시정하고 산업기술발달에 기인한 경영합리화의 필요성에서 대두
  ㉡ 테일러(F. W. Taylor)를 비롯한 여러 경영관리론자들이 새로운 관리방법을 모색하기 위해 기계적 능률관에 입각한 과학적 관리기법을 확립

(2) 발전과정

① 테일러(Taylor)이론(과업관리) ★ 빈출개념
  ㉠ 의의 : 동작연구와 시간연구, 생산과정의 분업화·표준화를 통하여 생산성 향상을 도모하려는 것
  ㉡ 과업관리(테일러시스템)의 원리
  • 요소별 시간연구·동작연구를 통해서 합리적인 일일 과업을 설정

과학적 관리론
테일러(F. W. Taylor)에 의해 체계화되어 '테일러시스템'이라고도 하며, 정치·행정이원론과 기술적 행정학, 행정능률주의의 발달을 촉진

테일러의 기업관리 4대 원칙
- 작업을 통한 진정한 과학원칙의 발견
- 노동자의 과학적인 선발과 교육
- 노동자의 과학적 관리
- 관리자와 노동자의 협력관계 인식

- 업무나 작업여건, 공구의 표준화
- 표준화에 따른 노동자의 선발 및 교육
- 과업달성에 따른 차별적 성과급(경제적 보상이나 불이익)의 지급(최초로 성과급 보수제도 도입)
- 관리층은 예외적인 사안만 담당하고 일상·반복적 업무는 부하에 일임

② 포드(Ford)이론(포드시스템, 동시관리)
   ㉠ 생산의 표준화와 유동식 조립방법(conveyer system, 이동 조립법)을 실시하였고, 이를 위하여 생산의 표준화, 부품의 규격화, 공장의 전문화, 작업의 기계화와 자동화(4대 경영원리)를 강조
   ㉡ '저가격 고임금' 원칙에 근거하여 경영을 사회에 대한 봉사로 표명하였으나, 소위 '백색사회주의'라 하여 인간관계론자들로부터 비판을 받음

③ 페이욜(Fayol) 이론 : 조직의 관리가 생산성에 미치는 영향을 종합적으로 파악·관리하고자 14대 관리원칙을 주장

④ 과학적 관리론의 특성 및 영향
   ㉠ 행정의 전문화·객관화·과학화·합리화에 기여
   ㉡ 행정을 권력현상이 아닌 관리현상으로 파악하여 정치·행정이원론의 성립에 영향을 미침
   ㉢ 업무의 배분을 중심으로 하는 공식적 구조를 중시
   ㉣ 인간을 경제적·합리적으로 가정하는 X이론적 인간관에 근거함
   ㉤ 기계적 능률관을 강조
   ㉥ 행정조사 및 행정개혁운동의 원동력(능률촉진운동)이 됨

⑤ 한계
   ㉠ 인간의 기계화·부품화에 따라 사회적으로 인간의 소외현상 초래
   ㉡ 인간을 지나치게 경제적 인간으로만 파악하는 편향성을 지님
   ㉢ 조직 내 인간변수나 인간관계의 중요성, 내면적·심리적·사회적 요인 경시
   ㉣ 폐쇄적인 체계로서 환경적 요인을 무시
   ㉤ 비공식집단이나 조직을 소홀히 취급
   ㉥ 노동자에 대한 연구만 있고 관리자에 대한 연구가 없음(관리자를 위한 인간조정기술의 성격을 지님)
   ㉦ 과학적 관리론의 능률개념을 행정에 획일적으로 적용하는 데는 많은 어려움이 따름

2. 인간관계론

(1) 의의 및 주요 내용

① 의의
   ㉠ 조직의 생산성 향상을 위하여 인간의 정서와 감정적·심리적 요인에 역점을 두는 관리기술 내지 방법에 관한 이론
   ㉡ 관리상의 민주화·인간화를 강조하며, 오늘날 행태과학으로 발전

SEMI-NOTE

페이욜(Fayol)의 14대 관리원칙
- 분업의 원칙
- 권한과 책임의 원칙
- 규율의 원칙
- 명령일원화의 원칙
- 지휘일원화의 원칙
- 개인이익의 전체종속의 원칙
- 종업원 보상의 원칙
- 집권화의 원칙
- 계층적 연쇄의 원칙
- 질서의 원칙
- 공정성의 원칙
- 고용안정의 원칙
- 창의력 개발의 원칙
- 단결의 원칙

인간관계론의 성립배경
- 과학적 관리론과 강압적 관리방식에 대한 반발
- 새로운 관리기법의 필요성
- 사회적 능률관의 등장
- 호손(Hawthorne) 실험의 영향

② 주요 내용
  ㉠ 생산성은 인간의 동태적 요인인 소속감·집단규범에 따라 결정됨
  ㉡ 구성원의 귀속감, 대인관계, 팀워크, 의사소통 등을 중시
  ㉢ 구성원의 욕구충족에 따라 인간적·민주적 관리를 중시
③ 특징
  ㉠ 근로자들은 집단구성원으로서 사회적 규범을 중시
  ㉡ 경제적 유인뿐만 아니라 격려나 칭찬, 고충처리, 상담 등 다양한 비경제적 요소를 중시
  ㉢ 비공식조직·집단을 중시하며, 비공식적 리더의 역할이 강조
  ㉣ 참여와 동기부여를 강조하는 민주적 리더십을 중시
  ㉤ 조직과 구성원의 관계에 있어서 비공식적·동태적 관계를 강조
  ㉥ 기계적 능률보다 인간적이고 민주적인 능률을 나타내는 사회적 능률을 중시

(2) 한계
① 공식·비공식조직과 인간의 합리적·비합리적 측면을 지나치게 대립적으로 파악(이원론적 조직관 및 인간관)
② 비공식적 측면과 비합리적인 측면을 강조한 나머지 조직의 능률을 저해하였고, 감정적 측면과 사회적 인간관을 지나치게 강조하여 경제인관을 경시
③ 조직과 환경과의 상호작용을 고려하지 않음(폐쇄체제이론)
④ 인간 간의 협동만을 중시할 뿐 갈등적 요인을 등한시
⑤ 관리자를 위한 인간 조종의 기술에 불과하며, 그 적용에 한계가 있음
⑥ 인간관계의 안정성을 지나치게 중시하여 보수주의 경향을 띰

(3) 과학적 관리론과의 비교
① 차이점

구분	과학적 관리론	인간관계론
중점	직무(구조) 중심	인간 중심
조직관	공식적 조직관	비공식적 조직관
능률관	기계적 능률	사회적 능률
인간관	인간을 기계의 부품화로 인식, 정태적 인간관(X이론, 합리적·경제적 인간)	인간을 감정적 존재로 인식, 동태적 인간관(Y이론, 사회적 인간)
행정에 대한 기여	능률 증진에 기여	민주성 확립에 기여
조직목표와 인간 욕구	자연스러운 균형을 이룸	인간적인 면을 고려할 때 균형을 이룸
유인동기	경제적 동기(경제적 욕구충족)	비경제적 동기(사회적 욕구충족)
보수 체계	성과급	생활급
연구방법	테일러시스템(시간·동작연구 등)	호손실험

SEMI-NOTE

과학적 관리론의 4대 비인간화
- 직업으로부터의 비인간화 : 기계부품화
- 소유로부터의 비인간화 : 소유·경영의 분리
- 직장으로부터의 비인간화 : 감시체계
- 동료로부터의 비인간화 : 경쟁체제

인간관계론의 영향
- 조직관의 변화
- 인간관의 변화
- 행정의 인간화·민주화
- 민주적 리더십
- 집단 중심의 사기 중시
- 행태과학 및 동기부여이론의 발달에 공헌

호손효과(Hawthorne effect)
실험집단으로 선정된 근로자들은 자신들이 관심을 받고 있음을 인식하게 되며, 이로 인해 동기가 유발되어 생산성이 증가되는 결과가 초래되는 현상을 말함. 호손효과는 실험결과를 왜곡시켜 실험의 타당성을 저해시키는 요인의 하나가 됨

| SEMI-NOTE |

행정행태론
1940년대 대두되어 사이먼(H. Simon)에 의해 체계화되었으며, 대표적 학자로는 마치(J. G. March), 버나드(C. I. Barnard), 사이어트(R. Cyert) 등이 있음

행태론의 방법론적 개체주의
행태론은 인간의 사고나 의식은 그가 속한 집단의 고유한 속성에 의해 규정되는 것이 아니라, 각자에 따라 다르다고 보는 방법론적 개체주의의 접근방법에 입각하고 있음

사이먼(H. Simon) 행태론의 종합적 성격
- 인간관 : 행정인(경제인과 사회인의 절충)
- 능률관 : 종합적 능률(기계적 능률과 사회적 능률의 절충)
- 합리성 : 제한된 합리성(절대적 합리성과 비합리성의 절충)
- 조직관 : 구조론적 접근(공식구조와 비공식구조의 절충)

② 유사점
  ㉠ 조직목표와 개인목표의 양립성(교환) 인정
  ㉡ 관리자를 위한 연구이론
  ㉢ 생산성·능률성 향상의 추구
  ㉣ 외재적 동기부여 및 인간행동의 피동성, 수단화된 인간가치
  ㉤ 환경을 고려하지 않은 폐쇄체제이론

3. 행정행태론

(1) 의의 및 특징

① 의의
  ㉠ 행정을 합리적·협동적 집단행위로 규정하는 접근방법으로, 행정에 내재한 인간의 행태(행동이나 태도 등의 외면적 행태)를 중심으로 행정현상을 과학적·체계적으로 설명하는 이론
  ㉡ 행정의 과학화와 행정학의 정체성위기를 극복하는 데 기여(정치·행정 새이원론)

② 특징
  ㉠ 행정의 과학적 연구를 위해 자연과학을 행정학에 적용(객관적 측정방법 등을 강조)
  ㉡ 연구 초점을 인간의 행태(behavior)에 두고 이를 경험적·실증적으로 연구(인간행태의 경험적 입증과 행태의 통일성·규칙성·유형성 발견에 치중)
  ㉢ 논리실증주의를 토대로 가치(목표)와 사실(수단)을 구분하여 가치를 배제(가치중립성), 경험적 검증가능성이 있는 사실 연구에 치중
  ㉣ 집단의 고유한 특성을 인정하지 않는 방법론적 개체주의를 택하며, 복잡인관의 입장을 취함
  ㉤ 종합과학적·연합학문적 성격을 지님(사회학·심리학·경제학 등을 다룸)

(2) 사이먼(H. Simon)의 행태론

① 특징
  ㉠ 논리실증주의에 입각한 경험주의와 과학적 방법론을 중시
  ㉡ 행정을 집단적 의사결정행위로 파악해 목표의 집행뿐만 아니라 결정을 담당하는 과정으로 봄
  ㉢ 정치·행정이원론, 공·사행정일원론의 입장
  ㉣ 연구대상은 인간의 반복적 행위나 행동이어야 함
  ㉤ 행정에서 인간의 합리성은 심리적인 자극·반응에 의해 결정된다고 봄
  ㉥ 행정문화를 중시
  ㉦ 사회학, 심리학, 경제학 등을 다루는 종합과학적 성격을 지님
  ㉧ 인간관·능률관·조직관·합리성 등에 있어 과학적 관리론과 인간관계론의 통합을 시도

② 후기 행태론(탈행태론)

배경	기존의 가치중립적인 행태주의 등이 1960년대 미국사회의 당면문제(인종갈등, 흑인폭동, 월남전에 대한 반전 운동 등)를 해결하는 데 아무런 기여를 하지 못한다는 비판에 직면하면서 이러한 문제 해결을 위해 대두
발전	• 1960년대 말에 이스턴(Easton)이 후기 행태주의(post-behavioralism)가 시작되었음을 선언한 이후 신행정론자들을 중심으로 후기 행태주의 접근방법이 도입되기 시작 • 신행정론은 1960년대 중반 이후 존슨(Johnson) 행정부가 위대한 사회의 건설이라는 기치를 내걸고 하류층 및 소외계층의 복지 향상을 위하여 사회복지정책을 추진하면서 이와 관련된 행정이론으로 등장
내용	• 후기 행태주의적 접근법은 사회의 급박한 문제 해결을 위해 가치중립적인 과학적·실증적 연구보다는 가치판단적·가치평가적인 정책 연구를 지향 • 행정학 분야에서도 정책지향적인 연구, 가치판단의 문제, 바람직한 사회를 위한 정책목표에 관한 문제, 새로운 행정이념으로서의 사회적 형평성 등의 문제에 많은 관심을 갖게 됨

③ 행태론과 후기 행태론의 비교

행태론	후기 행태론
• 가치중립적 • 설명적·서술적 • 정치·행정 새이원론, 공·사행정 새일원론 • 과학성 강조 • 논리실증주의	• 가치지향적 • 응용적·처방적 • 정치·행정 새일원론, 공·사행정 새이원론 • 기술성 강조 • 반(反) 논리실증주의

SEMI-NOTE

후기행태주의의 성격(D. Easton)
이스턴(Easton)은 〈정치학의 새로운 혁명(1969)〉에서 후기행태주의의 시작을 선언하고 그 성격을 '적실성(relevance)의 신조'와 '실천(action)'이라고 주장

4. 행정생태론

(1) 행정생태론의 이론

① 가우스(J. Gaus)의 이론 : 행정에 영향을 미치는 생태적·환경적 요인으로 국민, 장소, 물리적 기술, 사회적 기술, 욕구와 이념, 재난, 개성(인물)의 7가지를 제시
② 릭스(F. Riggs)의 이론
  ㉠ 사회이원론(1961) : 《행정의 생태학》에서 농업사회(미분화사회·융합사회), 산업사회(분화사회)의 2가지 생태모형을 제시
  ㉡ 사회삼원론(1964) : 사회이원론이 발전도상국의 과도기적 사회를 설명하지 못한다는 비판이 제기되자 농업사회를 융합사회로, 산업사회를 분화사회로 파악하고, 여기에 융합사회에서 분화사회로 이행되어 가는 전이사회에 해당하는 프리즘적 사회를 추가

(2) 평가

① 영향 및 기여
  ㉠ 행정과 환경과의 관계를 최초로 분석(행정을 개방체제로 처음 파악한 이론)
  ㉡ 행정을 하나의 유기체로 이해하고 거시적 이론 형성에 기여

행정생태론의 의의
• 유기체와 그 환경의 상관관계를 밝히려는 이론으로서, 행정조직을 유기체로 간주하고 그것을 둘러싸고 있는 환경과의 상호작용을 규명하려는 거시적 이론
• 행정과 환경과의 관계에 있어 생태론은 행정이 환경으로부터 영향을 받는 종속변수적 성격을 강조한 이론이며, 행정과 환경과의 관계를 다룬다는 점에서 개방체제이론에 해당한다고 할 수 있음

관료 권한의 양초점성(兩焦點性, bi-focalism)
관료의 권한은 법규상 제한·제약되고 있으나 실제로는 그 영향력이 크며, 고객에 따라 이중적인 태도를 보이는 등 일관성이 없다. 이로 인해 공식적 통제는 잘 이루어지지 않고 비공식적 사회세력에 의한 통제가 주로 이루어진다.

SEMI-NOTE

ⓒ 행정의 특수성 인식을 통해 후진국 행정현상의 설명에 기여하고, 비교행정의 방향을 제시
ⓔ 여러 학문과의 다양한 상호교류를 통하여 종합적 연구활동을 촉진
② 비판
㉠ 행정의 환경에 대한 적극적이고 주체적인 역할을 경시하고 수동적으로 파악(환경결정론적 입장)
㉡ 행정현상을 환경과 관련시켜 진단과 설명은 잘 하지만, 내부적으로 행정이 추구해야 할 목표나 방향을 전혀 제시하지 못함(내부문제를 경시)
㉢ 행정의 동태적 사회변동기능을 설명하기 곤란하며, 발전을 선도하는 엘리트를 경시(정태적 균형이론)
㉣ 특정 국가의 환경만을 고려·연구함으로써 일반이론화가 곤란

실력up 프리즘적 사회

- 프리즘적 사회의 구분

구분	융합사회	프리즘적 사회	분화사회
사회구조	농업사회(agraria)	전이·굴절·과도 사회(transitia)	산업사회(industria)
분화 정도	미분화	분화가 이루어지지만, 통합이 미흡	분화 활성화
관료제 모형	안방 모형(chamber model) : 공사(公私)의 미분화	사랑방 모형(sala model) : 공사(公私)의 분화·미분화가 혼재	사무실 모형(office model) : 공사(公私)의 분화

- 프리즘적 사회의 특징
  - 공·사 기능의 중첩, 고도의 이질성(전통적 요인과 분화적 요인의 혼재)
  - 법제상 제약된 관료의 권한이 현실적으로는 큰 영향력 행사(양초점성)
  - 연고 우선주의, 다분파주의, 신분과 계약의 혼합양상(법적 관계와 신분관계 혼합)
  - 형식주의(형식과 실제의 괴리)
  - 상용성(相容性, 현대적 규범과 전통적 규범의 공존), 다규범성, 무규범성
  - 가격의 불확정, 무정가성(無定價性)
  - 권한과 통제의 불균형 및 괴리
  - 천민기업가, 의존 증세(권력자도 기업가의 재력에 의존)

프리즘적 사회의 구분
- 농업사회를 융합사회로, 산업사회를 분화사회로 두고 그 중간의 전이·과도사회로 프리즘적 사회를 둠
- 각 사회의 관료제 모형으로 융합사회에는 공·사가 구분되지 않는 '안방 모형'을, 프리즘적 사회에는 공·사가 불명확하게 구분되는 '사랑방 모형'을, 분화사회에는 공·사가 구분되는 '사무실 모형'을 제시함

5. 체제론적 접근(행정체제론)

(1) 의의
① 행정체제론 : 행정을 하나의 체제로 파악하고 행정을 둘러싸고 있는 환경과의 상호작용과 행정체제 내의 하위체제 간 상호관계를 체계적으로 밝히는 이론
② 샤칸스키(I. Sharkansky)의 체제론

체제론의 특징(오석홍 등)
- 연합학문적 연구(학제적 성격)
- 총체주의적 관점
- 목적론적 관점
- 계서적 관점(상·하위체제로 구성)
- 추상적·관념적 관점
- 시간적 차원의 중시(시간선상에서의 순환적·동태적 변동)

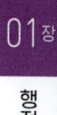

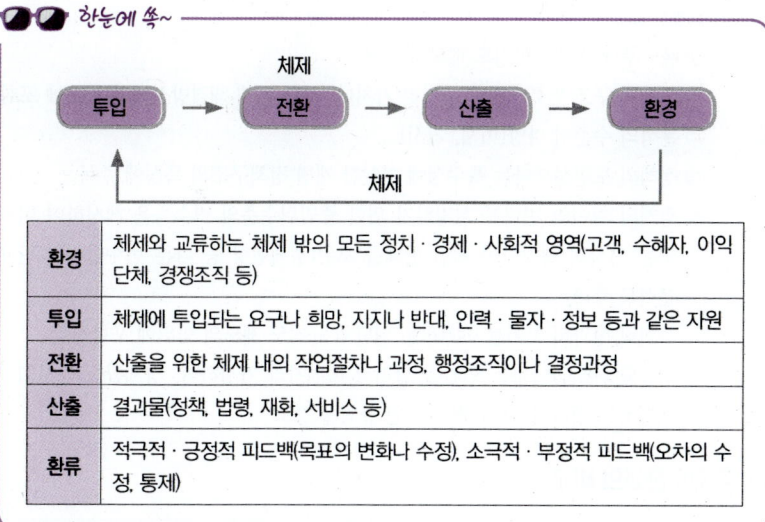

환경	체제와 교류하는 체제 밖의 모든 정치·경제·사회적 영역(고객, 수혜자, 이익단체, 경쟁조직 등)
투입	체제에 투입되는 요구나 희망, 지지나 반대, 인력·물자·정보 등과 같은 자원
전환	산출을 위한 체제 내의 작업절차나 과정, 행정조직이나 결정과정
산출	결과물(정책, 법령, 재화, 서비스 등)
환류	적극적·긍정적 피드백(목표의 변화나 수정), 소극적·부정적 피드백(오차의 수정, 통제)

(2) 체제의 유형 비교

① 폐쇄체제와 개방체제

폐쇄체제	개방체제
• 환경과의 관계를 고려하지 않음(상호작용이 없음) • 체제 내부에만 관심을 기울임 • 주어진 목표의 능률적 집행에 관심 • 예측 가능성이 높음 • 엔트로피의 증가 • 정태적 균형론	• 환경과의 관계를 고려함 • 체제 외부에 관심을 기울임 • 환경에 어떻게 적응하냐의 생존에 관심 • 환경으로부터의 투입 및 전환, 환경으로 산출이라는 연속과정을 지님 • 부정적 엔트로피의 존재(조직이 해체·소멸, 무질서로 움직여가는 엔트로피 현상을 부정) • 동태적 균형성, 등종국성을 지님

② 합리체제와 자연체제
- ㉠ **합리체제** : 구체적 목표를 집합적으로 추구하며 공식화된 사회구조를 갖는 체제(조직)로, 목표와 그 목표의 달성을 위한 인적·물적 수단의 논리적·체계적 연결(기능적 합리성)이 강조됨
- ㉡ **자연체제** : 구성원의 심리·사회적 욕구를 강조하며 목표 달성보다는 조직의 생존과 조직 내 비공식성·비합리성 등에 중점을 두는 체제(조직)

6. 신제도론적 접근(신제도주의) ★빈출개념

(1) 의의 및 특성
① **의의** : 제도를 법으로 규정된 공식적 요소로 한정하지 않고 인간행위와 사회현상 등의 다양한 변수를 포함한 공식·비공식 요소의 결합으로 인식하며, 규범(norm)이나 절차, 규칙(rule), 균형점 등을 포함하는 개념으로 파악

SEMI-NOTE

체제의 특징(T. Parsons)
- **분화·통합** : 체제는 다양한 상·하위 체제로 분화되고, 동시에 목표 달성을 위해 유기적으로 상호 조정·통합됨
- **경계성과 균형성** : 각 체제는 경계에 의해 다른 하위체제나 환경과 구별되며, 투입·산출을 통해 환경과 균형을 유지함
- **전체론적 인식** : 체제는 부분이 아니며, 공동목표를 위한 전체론적 통일적 유기체임
- **개방체제** : 현대의 체제는 환경과의 상호작용을 하는 개방체제임
- **균형성·항상성(homeostasis)** : 체제는 구성요소 간에 동태적 균형성과 항상성을 지님

신제도론의 발생배경

신제도론은 제도를 정태적으로 연구한 구제도론이나 인간의 행태를 미시적으로 연구한 행태주의를 비판하고 그 한계를 극복하기 위해 대두된 것으로, 1960년대 이후 행태주의와 방법론적 개체주의의 논리에 대한 반발로 경제학·사회학·정치학 분야에서 등장함

SEMI-NOTE

② 특성
   ㉠ 유·무형의 제도까지도 제도로 다룸
   ㉡ 조직의 구조적 특성뿐만 아니라 가치나 규범, 문제 해결방식까지 제도에 포함
   ㉢ 분석의 수준이 다양(미시, 거시)
   ㉣ 정책의 보편성보다는 특수성에 기인한 개별 정책구조의 특성에 주목
   ㉤ 정책의 차이와 변화를 설명하기 위한 중범위수준의 변수들을 제시하여 미시 또는 거시적 행정학이 지닌 한계를 보완(정책현상 등 다른 변수들과의 관계 분석도 추구)
   ㉥ 사회적 성과의 차이를 야기하는 일단의 규칙도 제도의 범위에 포함시킴
   ㉦ 생산활동에 참여하는 인간을 합리적 행위자라 가정하며, 경제활동과 사회를 지배하는 정치적·사회적 제도인 규칙을 강조

제도의 핵심 요소
- 규칙(rule) : 사회 내의 행위자들의 관계를 규율하는 것(따르지 않을 경우 제재가 수반된다는 공통적 이해나 사회적 제약)
- 규범(norm) : 행위자들의 선호와 행위를 제약하는 판단기준(행위의 적절성에 대한 공유된 인식이나 통념)
- 균형점(equilibrium) : 합리적 상호작용의 결과로 나타난 어떤 규칙이나 질서(균형상태, 질서)를 말하며, 행위자들의 관계를 규율하고 선호와 행위를 제약함으로써 다양한 거래행위에 있어서 안전성과 예측가능성을 부여함

(2) 구제도론과의 비교

구분	구제도론(1880~1920년대)	신제도론(1980년대 이후)
제도의 의의	• 정부에 의해 만들어진 일방적·공식적인 법제나 기관 • 가시적이고 구체적인 조직(통치체제나 구조, 행정기구 등) • 인간 행위나 사회현상을 제도의 범위에서 제외	• 제도와 인간 간의 상호 작용으로 형성·공유된 공식적·비공식적 규범 • 공식적으로 표명되지 않은 조직이나 문제해결기제까지도 제도로 봄 • 인간 행위나 사회현상을 제도의 범위에 포함
형성	외생적 요인에 의해 일방적으로 형성	제도와 인간 간의 상호작용으로 형성
특성	• 공식적, 구체적 • 개별제도의 정태적 특성을 서술 • 거시적 접근법(인간을 고려하지 않음) • 규범적·도덕적 • 행태주의의 비판을 받음	• 비공식적, 상징적, 문화적 • 다양한 제도의 동태적 관계를 중시(분석적) • 거시적인 제도와 미시적인 인간행동의 연계 • 경험적·실증적·분석적 • 행태주의를 비판
연구	• 각국 제도의 차이를 설명하기 위한 정태적 연구 • 행위자를 배제(사회현상을 설명하지 못함)	• 제도와 행위자의 상호작용에 따른 정책 내용과 효과의 차이를 설명하기 위한 동태적 연구 • 제도와 행위자의 동태적 상호관계 연구(사회현상을 설명)
학문적 토대	정치학적 기술	행정학적 기술

합리적 선택의 신제도주의 특징
- 집단행동의 딜레마에 대한 해결책으로서 제도를 형성(제도의 의도적 설계)
- 개인과 제도의 전략적 상호작용을 강조

역사적 신제도주의 특징
- 방법론적 전체주의(전체주의의 입장)
- 독립변수이자 종속변수로서의 제도
- 내생적 선호
- 인과관계의 다양성과 맥락성
- 권력관계의 불균형(불균등성) 강조
- 제도의 지속성과 경로의존성(path-dependence) 강조

(3) 신제도론의 유파

구분	합리적 선택의 신제도주의	역사적 신제도주의	사회학적 신제도주의
제도의 개념	개인의 합리적(전략적) 계산	역사적 특수성(맥락)과 경로의존성	사회문화 및 상징, 의미 구조

제도의 측면	공식적 측면	공식적 측면	비공식적 측면
제도의 범위	좁음	넓음	넓음
학문적 기초	경제학	정치학	사회학
초점	개인 중심(개인의 자율성)	국가 중심(국가의 자율성) 제도의 상이성 설명	사회 중심(문화의 자율성) 제도의 유사성 설명
개인의 선호	외생적	내생적	내생적
인간행동	임의론과 제도적 결정론 절충	제도적 결정론 성격(선호가 제도의 영향을 받음)	

> **SEMI-NOTE**
>
> **사회학적 신제도주의 특징**
> - 내생적 선호
> - 제도의 인지적 측면과 비공식적 측면의 강조
> - 조직이나 제도 변화를 제도적 동형화(isomorphism) 과정으로 파악
> - 모든 상황에 적용되는 보편적 제도의 추구를 부정
> - 해석학, 귀납적 방법론의 적용

7. 신공공관리론(NPM)

(1) 의의 및 특징

① 의의 : 1970년대부터 공공선택론자 등에 의해 전통적 관리론이나 관료제조직에 대한 비판이 고조되면서 어코인(Aucoin)과 후드(Hood)에 의해 제기된 공공분야에 대한 합리적 관리방식

② 특징
  ㉠ 공공부문의 시장화, 정부기능의 대폭적 축소·민간화 및 계약에 의한 민간 위탁 강조
  ㉡ 경쟁 및 개방, 고객 서비스 지향
  ㉢ 정부의 감독·통제 완화, 정부규제의 개혁과 권한위임, 융통성 및 관리자의 재량권 확대
  ㉣ 권한 확대 및 재량에 대한 책임의 강조(행정의 정치적 성격 인정)
  ㉤ 결과·성과 중심의 행정체제로의 전환
  ㉥ 성과급의 도입과 근무성적평정제도의 대폭적 강화를 강조
  ㉦ 경력직 공무원의 축소 및 유능한 인재의 개방적 채용을 선호함(계약직에 의한 임용)
  ㉧ 생산성 향상을 위해 절차·과정보다 결과·성과를 강조

③ 정부혁신의 방향 및 내용

작지만 효율적인 정부	거대 정부의 비효율성으로 인한 정부실패를 치유하기 위해 대대적 감축관리를 추진함
촉진적 정부	집행 및 서비스 전달은 민간에 이양하고 목표 및 전략기능에 역량을 집중
성과 중심의 정부	명확한 목표의 설정과 조직구성원의 자율적 참여에 의한 성과 중심의 정부를 지향
사명지향적 정부	일하는 방식을 지시하기보다 성취할 목표를 지시하며, 규칙과 규제에 얽매이기보다는 목표와 사명에 따라 혁신적으로 활동

> **신공공관리(NPM)의 개념(범위)**
> - **최협의의 개념** : 민간경영기법의 도입을 통한 행정성과 및 고객만족을 제고하려는 신관리주의(내부개혁운동)
> - **일반적 개념** : 신관리주의에 시장주의(신자유주의적 관리)를 추가한 개념
> - **최광의의 개념** : 일반적 개념의 신공공관리에 참여주의·공동체주의를 추가한 개념으로, 오스본과 게블러(Osborne & Gaebler)가 '정부재창조'에서 주장한 기업형 정부가 여기에 해당

SEMI-NOTE

임파워먼트(empowerment)의 효능 (오석홍)
- 참여관리・신뢰관계를 촉진하고 창의적 업무수행을 촉진
- 관리의 지향성을 권한중심주의에서 임무중심주의로 전환
- 조직은 조정통제에 필요한 인력과 비용을 절감
- 하급자들에게 권력을 이양함으로써 관리자들의 권력은 오히려 증가

임무
임무(mission)란 기관의 존재이유를 말하며 NPM은 전통 관료제에 비하면 임무중심적이지만 후술할 거버넌스에 비하면 상대적으로 임무보다는 고객 중심적

거버넌스(governance)의 특징
- 파트너십(partnership)의 중시
- 유기적 결합관계의 중시
- 공식적・비공식적 요인의 고려
- 정치적 특성의 강조
- 세력연합・협상・타협의 중시
- 행정조직의 재량성 중시

기업가적 정부	생산성 향상을 위해 이미 효과가 검증된 우수한 민간경영기법을 행정에 도입
분권화된 정부	신뢰를 바탕으로 의사결정권을 최대한 위임(empowerment)하여 구성원들의 책임과 역량강화를 모색하고 조직 전체 차원의 문제 해결능력을 증대하고, 조직 간에도 권한이양
시장지향적 정부	정부가 경쟁원리를 핵심으로 하는 시장화를 지향하고 민간부문의 생산성을 향상시키기 위하여 각종 규제를 완화 또는 철폐
고객지향적 정부	시민을 정부의 고객으로 인식하고 정부나 공무원들의 편의보다 시민의 요구와 평가를 반영함으로써 시민 만족을 최우선으로 추구

(2) 기업가적 정부운영의 10대 원리(Osborne & Gaebler) ★빈출개념

전통적 관료제		기업형 정부(NPM)	기업형 정부의 10대 원리
노젓기	→	방향키 역할	촉매적 정부
직접 해줌(service)	→	할 수 있도록 함 (empowering)	시민소유 정부
독점 공급	→	경쟁 도입	경쟁적 정부
규칙중심 관리	→	임무중심 관리	임무지향 정부
투입중심	→	성과중심	결과지향 정부
관료중심	→	고객중심	고객지향 정부
지출지향(지출절감)	→	수익창출	기업가적 정신을 가진 정부
사후치료	→	예측과 예방	예견적 정부
집권적 계층제 (명령과 통제)	→	참여와 팀워크 (협의와 네트워크 형성)	분권화된 정부
행정메커니즘	→	시장메커니즘	시장지향 정부

(3) 거버넌스(governance)

① 의의 : 신공공관리론에서 강조하는 국가행정이론으로서, 시장화와 분권화, 기업화, 국제화를 지향하는 행정
② 거버넌스의 유형

구분	의의	이론 유형
국가 중심 거버넌스	국가가 주도적으로 관리하는 관리주의적 입장의 거버넌스	신공공관리론, 좋은 거버넌스, 신축적 정부모형, 탈규제적 정부모형 등
시장 중심 거버넌스	시장이 국정을 주도하는 시장주의적 거버넌스	시장적 정부모형, 최소국가론 등
시민사회 중심 거버넌스	시민사회가 주도하는 참여주의적・공동체 주의적 거버넌스	신공공서비스(NPS), 참여적 정부모형, 기업 거버넌스 등

③ 피터스(G. Peters)의 뉴거버넌스모형

시장적 정부모형 (시장지향모형)	민간부문과 마찬가지의 공공부문도 관리 및 서비스 전달 문제에 직면해 있으므로, 이를 해결하기 위해 시장에서와 동일한 기법이 적용될 수 있다고 주장
참여적 정부모형	계층제적 구조에 비판적 입장을 취하여 대내외 구성원들의 광범위한 참여를 통한 협의나 협상을 중시하는 모형
신축적 조직모형 (연성정부)	종래 조직의 경직성(항구성)을 문제시하는 모형으로, 조직구조와 인력 및 예산관리 등에 있어 탈항구성과 유연성, 융통성을 추구하는 신축적 모형
탈규제적 정부모형 (저통제·탈규제 모형)	정부에 대한 내부통제·규제의 완화나 철폐를 통해 정부의 잠재력과 창의력에 대한 속박을 풀고 이를 분출시켜야 한다고 주장함

(4) 탈신공공관리론

① 의의 : 재집권과 재규제를 통하여 신공공관리론의 한계를 보완하기 위한 일련의 조치를 통칭하는 개념(거버넌스와 신공공서비스를 포함하는 개념)

② 신공공관리론과 탈신공공관리론의 비교

구분	신공공관리론	탈신공공관리론
정부시장 관계	시장지향주의 규제완화(탈규제, 탈정치)	정부 역량 강화(재규제, 재정치, 정치적 통제 강조)
행정가치	능률·성과 등 경제적 가치를 강조	민주성·형평성 등 전통적 가치도 고려
정부규모	정부규모의 감축, 시장화·민영화	민간화·민영화의 신중한 접근
기본모형	탈관료제 모형	관료제와 탈관료제의 조화
조직구조	유기적, 비계층적, 임시적, 분권적	재집권화, 분권과 집권 조화
조직개편	소규모의 준자율적 조직으로 분절화	구조적 통합을 통하여 분절화 축소(총체적·합체적 정부)
통제	결과·산출중심 통제	과정과 소통 중심
인사	경쟁적·개방적 성과중심 인사관리	공공책임성 중시
재량	넓음	재량 필요, 제약·책임
관리	자율, 경쟁	자율, 책임

8. 신공공 서비스론(New Public Service)

(1) 의의

1990년대 후반부터 전통적 행정이론과 신공공관리론의 지나친 시장주의와 시민의 객체화 등에 대한 반작용(대안)으로 주인인 시민의 권리를 회복하고 지역공동체 의식을 회복하는데 초점을 둠

SEMI-NOTE

신공공관리론의 한계
- 공공부문과 민간부문의 차이를 경시
- 직업공무원제 약화
- 모든 계층에 대한 대표성을 확보하지 못해 민주성이 훼손될 우려
- 정부기관 외의 공공서비스 공급은 윤리적·관리적 책임문제를 일으킴
- 모든 계층에 대한 대표성을 확보하지 못해 민주성이 훼손될 우려가 있음
- 성과급 등 금전적 보상체계로 인해 단기적·가시적 성과에 대한 집착현상, 동기부여의 편협성, 인간관계 악화 및 갈등 등이 초래
- 성과 중심 행정의 지나친 강조로 참여 등 절차적 정당성이 경시되며, 창조적·창의적 사고를 저해

탈신공공관리론의 특징
- 재집권화와 재규제의 주창
- 총체적 정부 또는 합체적 정부의 주도
- 역할모호성의 제서 및 명확한 역할권계의 안출
- 민관파트너십 강조
- 환경·역사·문화·맥락적 요소에의 유의

(2) 내용 ★빈출개념

시민 중심의 이론	대의민주주의의 한계를 극복하기 위해 시민의 양성과 정책결정의 시민 참여를 강조
지역공동체주의	지역공동체의 의사결정에 시민이 권한과 책임을 가지고 주체적으로 참여할 것을 강조
담론을 통한 공익의 결정	공익은 행정의 목적이며 시민들의 폭넓은 참여를 바탕으로 하는 대화와 담론을 통해 얻은 결과물
봉사자로서의 정부	정부는 방향잡기(촉매)역할이 아니라 시민과 지역공동체 내의 이익을 협상·중재하며 공유가치가 창출되도록 봉사하는 역할을 수행
포괄적이고 광범위한 정부의 책임	정부의 책임은 시장지향적인 이윤추구를 넘어서 공동체의 가치와 규범, 시민들의 이해 등에 이르기까지 매우 포괄적이고 광범위함
정부와 시민 간의 협력체제 구축	시민은 고객이 아니라 정부의 소유주이므로, 정부는 시민들에게 봉사하고 상호 신뢰와 협동관계를 구축하여야 함
시민재창조	시민교육, 시민지도자 양성 등을 통하여 시민에게 자긍심과 책임감을 고취
조직 인간주의	조직의 생산성보다 인간에게 높은 가치와 초점을 부여하여 협력적 구조, 공유된 리더십, 분권화 등 인간주의적 접근을 모색
전략적 사고와 민주적 행동	합의된 비전의 실현을 위해 역할과 책임을 설정하고 구체적 행동단계를 개발하며, 집행에 대한 책임에 있어서도 관료 외의 관련 당사자들을 모두 참여시켜야 함

04절 공익

1. 공익의 의의

(1) 의의
① 개념 : 일반적으로 불특정 다수인의 이익으로서 사회 전체에 공유된 가치이며, 사회 일반의 공동이익을 말함
② 공익의 성격
  ㉠ 사회의 기본적 공유가치로서의 성격
  ㉡ 불확정적·유동적·상대적·추상적 성격
  ㉢ 규범적·윤리적·가치지향적 성격
  ㉣ 역사적·동태적 성격

(2) 공익의 기능
① 공무원의 행동지침이나 윤리기준이며, 부패와 일탈을 규제하는 기준이 됨
② 행정을 정당화시켜주는 기능을 수행하며, 일반국민의 지지를 얻기 위한 기반이 됨
③ 정책의 평가기준이 됨

SEMI-NOTE

신공공서비스론의 이론적 배경 (Denhardt, Leftwich, Minogue 등)
종전의 신공공관리론 등은 정부의 주체인 시민을 배제한 채 관료들이 방향잡기와 노젓기 중 어느 것에 치중해야 하는가와 같은 문제에만 관심을 둔 결과 관료의 권력만 강화시키는 결과를 초래했다고 비판하고, 그 권력을 시민들에게 되돌려주어야 한다는 의식이 대두되면서 신공공서비스론(NPS)이 등장

공익의 대두 배경
- 정치·행정일원론의 대두
- 공무원 재량권의 확대
- 신행정론의 등장과 행정철학의 중시
- 행정행태 준거기준의 필요
- 행정관의 변천과 쇄신적 정책결정의 추구
- 적극적 행정인의 역할 기대

공익 결정 시 유의점
- 민주적 과정과 참여 중요
- 행정인의 바람직한 공익판단기준 확보
- 행정인의 공익보장 의무
- 국민의 요망에 부합되고 전체의 참여가 보장된 결정

④ 주관적 가치를 객관적 가치로 전환시켜 주는 역할을 수행

2. 공익의 본질에 관한 학설

(1) 실체설

의의	• 사회나 국가는 하나의 유기체로서 개인의 속성과 다르고 개인의 단순한 집합과 다른 실체가 있으므로, 공익도 사익과 별도로 공공선(common good)으로서 규범적으로 존재한다고 봄 • 공익은 사익의 단순한 총화가 아닌 실체적·적극적 개념이며, 사익과는 질적으로 다른 전혀 별개의 개념
특성	• 공익과 사익이 상충되는 경우 사익은 당연히 희생됨(공익 우선). 공익은 대립적 이익들을 평가할 수 있는 기준을 제시할 수 있으므로 집단이기주의에 대응할 수 있음 • 공익의 실체를 규정하는 엘리트와 관료의 적극적 역할 강조
한계	• 단일적 가치가 있다고 주장하나 인간의 규범적 가치관에 따라 공익관이 달라지므로, 통일적 공익관 도출 곤란 • 공익개념이 추상적이며 객관성·구체성 결여 • 이념적 경직성이 강해 공익 개념 해석에 융통성이 부족하며 국민 개개인의 주장이나 이익을 무시할 수 있음
대표학자	플래턴(Platon), 롤스(Rawls), 칸트(Kant) 등

(2) 과정설

의의	공익은 실체적 내용이 선험적으로 존재하지 않으며, 사익 간 경쟁·대립을 조정하는 과정에서 형성된다고 봄. 다양한 이해관계가 조정을 통해 공익이 되는 점에서 다원화된 사회의 특성을 반영
특성	• 공익의 유일성·선험성 부정. 공익관념은 다수성·복수성과 가변성을 지님 • 공익은 사익의 총합 또는 사익 간 타협·조정의 결과임. 공익은 제도나 절차·과정을 통해 형성되고, 사회집단 간 타협·협상·투쟁을 통해 내용이 변형됨. 공익은 상호경쟁적·대립적인 이익이 조정과 균형된 결과임. 절차적 합리성을 중시하며 적법절차를 강조
한계	• 도덕적·규범적 요인 경시, 국가이익이나 공동이익의 존재를 고려하지 않음 • 토의·협상·경쟁과정이 발달되지 못한 신생국에서는 적용 곤란
대표학자	슈버트(Schubert), 하몬(Harmon), 린드블룸(Lindblom) 등

(3) 절충설

의의	사익의 집합이 아닌 공익의 존재를 인정하면서 사익과 관련시켜 이해하는 입장으로, 사익과 관련된 사회이익을 공익으로 파악
특성	실체설과 과정설의 조화(공익은 사익의 집합체나 타협의 소산도 아니며 사익과 전혀 별개의 것도 아님)
한계	공익에 대한 정의보다 사익 간 공통점·일치점에 공익을 찾으려 하며, 공익의 적절한 평가·판단 기준이 없음

SEMI-NOTE

공익 결정의 변수
가치관, 정치이념, 정치발전 및 민주화의 수준, 경제체제 및 사회체제, 정책유형

공익의 실체설과 과정설 비교

실체설	과정설
적극설	소극설
절대설	상대설
전체주의, 권위주의	개인주의, 다원주의
선험적	경험적
공익≠사익의 합	공익=사익의 합
공익과 사익 간 갈등 없음	갈등이 존재
합리모형	점증모형
후진국	선진국

절충설의 대표학자
헤링(Herring), 뷰캐넌(Buchanan), 털록(Tullock) 등

9급공무원

행정학개론

나두공

02장 정책론

01절 정책과 정책학의 본질

02절 정책과정 및 기획론

02장 정책론

SEMI-NOTE

학자들별 정책의 개념
- 로스웰(H. Lasswell) : 목적가치와 실행을 투사한 계획
- 드로어(Y. Dror) : 매우 복잡하고 동태적인 과정을 거쳐 주로 정부기관에 의하여 만들어지는 미래지향적인 행동지침
- 이스턴(D. Easton) : 사회 전체를 위한 가치의 권위적 배분의 결과
- 린드블롬(C. Lindblom) : 상호타협을 거쳐 여러 사회집단이 도달한 결정
- 샤칸스키(I. Sharkansky) : 정부의 중요한 활동

포크배럴(pork barrel)
노예들에게 소금에 절인 돼지고기 통을 주었을 때, 그것을 얻기 위해 싸우는 것을 표현한 것에서 유래. 정치인·국회의원들이 정치적 생색을 내기 위해 자기 지역구나 특정 지역 주민의 환심을 사려는 교량건설, 고속도로, 부두, 댐 등과 같은 지역개발사업에 정부예산을 끌어오는 이기적인 행위를 지칭

로그롤링(log-rolling)
통나무를 운반할 때 서로 협력하여 굴리는 데서 유래. 자신이 선호하는 이슈에 대한 지지를 얻는 조건으로 자신은 선호하지 않지만, 타인이 선호하는 이슈를 지지해주는 거래를 하는 것

01절 정책과 정책학의 본질

1. 정책의 개념 및 유형

(1) 정책(Policy)의 개념
① 공익 또는 공적 목표를 위한 정부·공공기관의 행정지침이나 주요 결정 및 활동
② 정책목표와 이를 달성하기 위해 필요한 정책수단에 대하여 권위 있는 정부기관이 의도적·공식적으로 결정한 장래에 대한 기본방침

(2) 정책의 유형

① 로위(T. Lowi)의 분류 ★ 빈출개념

분배정책	국민에게 권리나 편익·재화·서비스를 제공하는 정책 예 보조금 지급, 국공립학교 교육서비스, SOC(사회간접자본) 구축, 주택자금 대출, 국유지 불하(拂下) 등
재분배정책	사회 내 개인이나 집단에 대해 부, 권리 등과 같은 각종 가치배분의 재조정에 관한 정책 예 누진세, 사회보장지출, 종합부동산세, 임대주택건설, 부(負)의 소득세, 통합국민건강보험정책, 국민기초생활보장법 등
구성정책	주로 정부기구의 구조와 기능의 변화와 관련되며, 정치체제에서 투입을 조직화하거나 체제의 구조와 운영에 관련된 정책 예 정부기관 신설·폐지·변경, 선거구조정, 선거, 공직자 보수, 군인퇴직연금 등
규제정책	어떤 개인이나 집단의 활동을 통제·제한하여 다른 개인이나 집단을 보호하려는 정책 예 환경오염이나 독과점 방지, 최저임금의 보장, 식품첨가물 규제(안전규제), 각종 인·허가 등

② 알몬드와 파웰(G. Almond & Powell)의 분류

추출정책 (동원정책)	국내적·국제적 환경에서 물적·인적 자원이나 수단을 확보하는 것과 관련된 정책 예 조세정책, 병역(징집)정책, 성금모금, 인력 동원, 토지·물자수용 등
규제정책	개인·집단의 활동이나 재산에 대해 정부가 통제나 일정 제한을 가하는 정책
분배정책 (배분정책)	정부가 각종 재화나 서비스, 지위·권리, 이익, 기회 등을 정책대상에게 제공하는 정책
상징정책	국민의 순응과 정부의 정통성·신뢰성을 확보하기 위해 정부가 가치나 규범, 상징·이미지 등을 만들어 사회나 국제적 환경에 유출하는 것과 관련된 정책

③ 리플리와 프랭클린(R. Ripley & G. Franklin)의 분류

경쟁적 규제정책	다수의 경쟁자 중에서 소수의 개인이나 집단에게만 재화나 서비스의 공급·사용권을 허가하는 정책
보호적 규제정책	사적 활동에 제약을 가하거나 허용 조건을 규정함으로써 일반 대중을 보호하는 것을 목적으로 하는 정책
분배정책	정책대상에게 재화나 서비스, 지위, 권리 등을 제공하는 정책
재분배정책	재산이나 권리를 많이 소유한 집단에서 적게 소유한 집단으로 이전시키는 것과 관련된 정책

2. 정책결정요인이론

(1) 정책결정요인이론의 의의와 한계

① 의의 : 정책을 종속변수로 보고 정책의 내용을 결정하는 요인(원인변수)이 무엇인지를 규명하는 이론

② 한계

㉠ 변수 선정상의 문제 : 사회경제적 변수를 지나치게 과대평가하고, 정치적 변수에 대한 고려가 부족

㉡ 단일방향적인 영향만을 고려한 문제 : 사회경제적 변수와 같은 정책환경 요인들이 일방적으로 정책과 정치체제에 영향을 미치는 것으로 생각하고 있으나, 정책이나 정치체제가 환경에 영향을 미친다는 점을 고려하지 못함

㉢ 정책수준이나 구조적 차이를 간과 : 지나친 상위수준의 정책을 연구 대상으로 하여 연구의 정확성이 부족

㉣ 개인의 중요성 간과 : 결정은 사회경제적 변수가 아니라 개인에 의해 행해지며, 특히 권력엘리트의 역할이 중요하다는 점을 간과

(2) 정책결정이론 논쟁의 전개 양상

① 발생 초기의 정치·행정학자들의 환경연구 : 키와 록카드(Key & Lockard)의 참여경쟁모형 등 초기의 정책결정요인론은 정치학자들의 영향으로 정치적 요인(변수)을 더욱 중시

② 경제·재정학자들의 환경연구 : 1960년대 도슨(Dawson), 로빈슨(Robinson) 등의 경제자원모형은 사회경제적 요인을 중시(재정지출의 결정요인 등 사회경제적 요인을 과대평가하고 정치적 요인을 배제)

③ 후기 정치학자들의 연구 참가 : 다시 정치학자들이 연구에 참여하게 되면서 사회경제적 요인뿐만 아니라 정치적 요인(정치체제)도 정책내용에 영향을 미친다는 것을 규명

SEMI-NOTE

정책결정요인이론의 한계

- 변수선정상의 문제
  - 사회경제적 변수를 지나치게 과대평가하고, 정치적 변수에 대한 고려가 부족
  - 계량화가 곤란한 중요한 정치적 변수들이 배제되고, 중요하지 않은 변수가 선정
- 단일방향적인 영향만을 고려한 문제
  - 사회경제적 변수와 같은 정책환경 요인들이 일방적으로 정책과 정치체제에 영향을 미치는 것으로 생각하고 있으나, 정책이나 정치체제가 환경에 영향을 미친다는 점을 고려하지 못함(정책이나 정치체제를 종속변수로, 정책환경을 독립변수로만 파악)
  - 정책환경이 정책에 영향을 미치는 경로 파악이 불분명
- 정책수준이나 구조적 차이를 간과 : 지나친 상위수준의 정책을 연구 대상으로 하여 연구의 정확성이 부족
- 개인의 중요성 간과 : 결정은 사회경제적 변수가 아니라 개인에 의해 행해지며, 특히 권력엘리트의 역할이 중요하다는 점을 간과함

SEMI-NOTE

정책과정의 전개
- **정책의제설정** : 사회문제를 정책 문제화하여 의제로 전환하는 과정(갈등이 빈발한 과정)
- **정책결정** : 정책목표 설정 후 정책대안을 비교·분석(정책분석)하여 이를 탐색·선택하는 과정(규범적 가치판단이 요구되는 과정)
- **정책집행** : 정책이 잘 수행되고 환경에 바르게 실현하는 과정(저항 발생)
- **정책평가** : 정책의 모든 과정을 평가하고 정책 집행상의 결과를 판단
- **정책종결** : 정책을 의도적으로 중지하거나 종식하는 과정

공중·공식의제의 학자별 구분
- **아이스톤(Eyestone)**
  - 채택 이전 : 공중의제
  - 채택 이후 : 공식의제
- **콥과 엘더(Cobb & Elder)**
  - 채택 이전 : 체제의제
  - 채택 이후 : 제도의제
- **앤더슨(Anderson)**
  - 채택 이전 : 토의의제
  - 채택 이후 : 행동의제

02절 정책과정 및 기획론

1. 정책의제(policy agenda)의 설정

(1) 정책의제설정의 의의

① **개념** : 정책의제의 설정이란 사회문제가 정책문제가 되어 정부의 관심 대상으로 전환되는 과정 즉, 정부가 정책적인 해결을 추구하고자 사회문제를 공식적 정책의제로 채택하는 것

② **대두배경** : 1960년대 초 미국의 흑인폭동을 계기로 특정 사회문제가 정책문제로 전환되는 이유나 과정 등에 대한 관심이 높아지면서 대두됨

③ **특성**
  ㉠ 문제해결의 첫 단계로, 가장 많은 정치적 갈등이 발생하며, 정책의제의 설정에 있어 일반적으로 가장 중요한 변수 또는 기준은 '문제의 해결 가능성'임
  ㉡ 정책대안의 실질적인 제한과 범위의 한정이 이루어지는 단계
  ㉢ 주도집단의 이해관계나 주관이 개입되어 복잡성과 다양성, 역동성을 띰
  ㉣ 반드시 합리적·객관적 과정을 거치는 것은 아니며, 주관적·자의적·인공적 판단이 개입됨
  ㉤ 대안이 훌륭하고 바람직한 정책효과가 나타났다 해도 정책문제를 잘못 인지하여 정책문제가 해결되지 못하는 근원적인 오류(제3종 오류)가 발생할 수 있음

④ **유형**

공중의제 - 공식의제	• 공중의제 : 정부에 의해 공식적으로 채택되기 전이지만, 관심이 집중되어 정부에 의해 해결되어야 한다고 생각되는 의제(체제의제, 토의의제, 환경의제) • 공식의제 : 정부에 의해 공식적으로 채택된 의제(제도의제, 행동의제, 기관의제)
강요의제 - 선택의제	• 강요의제 : 재량의 여지없이 정책결정권자가 의무적으로 고려해야 할 의제 • 선택의제 : 의제선택의 재량권이 인정된 의제
제안의제 - 협상의제	• 제안의제 : 문제 정의에서 더 나아가 문제해결책과 관련되어 제기되는 의제 • 협상의제 : 의제에 대한 지지가 강력히 요구되는 의제

> **실력UP 정책오류(policy error)의 유형**
> - **제1종 오류(Type I error, 알파 오류)** : 실제로는 정책대안이 효과나 인과관계가 없는데, 있다고 잘못 평가하여 잘못된 대안을 채택하는 오류
> - **제2종 오류(Type II error, 베타 오류)** : 실제로는 정책대안이 효과나 인과관계가 있는데, 없다고 잘못 평가하여 올바른 대안을 기각하는 오류
> - **제3종 오류(Type III error, 메타 오류)** : 가설 검증이나 대안선택에서는 오류가 없었으나, 정책문제 자체를 잘못 인지하거나 정의하여 발생하는 근원적 오류로, 주로 정책의제설정과정에서 발생

(2) 정책의제의 설정에 영향을 주는 요인

① 정책문제의 성격

문제의 특성이나 중요성	영향을 받는 집단이 크고(많고) 문제의 내용이 대중적이고 중요한 것일수록 의제가 될 가능성이 커짐
사회적 유의성	사회 전체에 주는 충격의 강도가 클수록 의제가 될 가능성이 커짐
쟁점화의 정도	관련 집단들에 의하여 예민하게 쟁점화된 것일수록 갈등해결의 필요성이나 중요성이 크므로 의제가 되기 쉬움
시간적 적실성	문제의 시간적 적실성이 높을 때 의제로 설정될 가능성이 큼
문제의 복잡성	• 문제가 단순할수록(복잡성이 낮을수록) 정부의제로 채택될 가능성이 커지며, 이해관계가 복잡할수록 채택가능성은 낮아짐 • 기술적 복잡성이 높아 해결가능성이 낮을 경우 의제채택 가능성이 작음
문제의 구체성	문제가 추상적(포괄적)일수록 의제가 될 가능성이 크다는 견해와 문제가 구체적일수록 의제 형성이 용이하다고 보는 견해가 있음
문제의 내용적 특징	전체적인 이슈로서 전체적 편익을 주면서 부분적 비용을 수반하는 문제는 비용부담자의 조직적 저항으로 채택이 어려움
선례와 정형화 여부	선례가 있는 문제는 표준운영절차(SOP)에 따라 쉽게 의제로 채택되며, 일종의 유행이 되어 있는 정형화된 문제들도 쉽게 의제가 될 가능성이 큼
해결책의 유무	해결책이 존재하고 해결이 쉬울수록 쉽게 의제가 됨

② 주도집단과 참여자

영향력의 결정 기준	대상집단의 규모나 응집력·영향력, 의제설정자의 가치관 및 성향 등
문제인지집단	문제인지집단이 크고 응집력이 강할수록, 인지집단의 자원이 풍부하고 자원과 영향력이 클수록 의제채택 가능성이 커짐
의제설정자	상부기관의 영향력이 크고 지시가 구체적일수록, 하위조직원의 참여도가 높을수록 의제가 될 가능성이 커짐

③ 정치적·경제적·사회적 요인

정치적 요인	• 정치이념이나 정치체제 : 사회주의에 비해 자유주의 국가일수록 의제화 논의가 활발하고 개방적임 • 정부의 정책 : 현재 정부가 어떤 정책을 펴는가에 따라 그에 합당한 사회문제가 의제화되기 쉬움 • 정치적 사건의 존재 : 사회적 관심을 유발하는 사건은 의제설정과정에서 점화장치가 됨 • 정치인의 관심 정도나 속성 등
사회적·경제적 요인	사회문화적 상황, 경제발전 정도, 재원마련 가능성 등이 영향을 미침

SEMI-NOTE

정책의제의 설정을 좌우하는 요인(J. Kingdon)
- 정부문제의 성격 : 사회적, 유의성, 문제의 시간성과 구체성, 복잡성, 선례성 등
- 주도집단의 정치적 자원 : 집단의 규모, 재정력, 응집력, 구성원의 지위·명망 등
- 정치적 상황 : 정치체제의 구조, 정치이념과 정치 문화, 정책 담당자의 태도, 정치적 사건 등

정책문제의 정의 및 고려 요소
- **정책문제의 정의** : 정책문제의 구성요소, 원인, 결과 등을 규정하여 무엇이 문제인지를 밝히는 것으로, 이를 위해서는 정책문제 관련 요소와 역사적 맥락, 인과관계 등을 파악하고 관련자들이 원하는 가치가 무엇인지 판단하여야 함
- **정책문제의 올바른 정의를 위한 고려 요소**
  - 관련 요소의 파악 : 첫 번째로 고려해야 할 요소로서, 정책문제를 유발하는 사람들과 사물의 존재, 상황요소 등을 찾아내는 작업을 말함
  - 가치 판단 : 문제의 심각성과 피해계층·피해집단을 파악함으로써 관련된 사람들이 원하는 가치가 무엇인가를 판단
  - 인과관계의 파악 : 관련 요소(변수)들의 관계를 원인, 매개, 결과로 나누어 파악
  - 역사적 맥락의 파악 : 관련 요소(변수)들의 역사적 발전 과정, 변수들 사이의 관계의 변화 과정 파악

(3) 정책의제의 설정과정

① 콥과 엘더(R. Cobb & C. Elder)의 견해

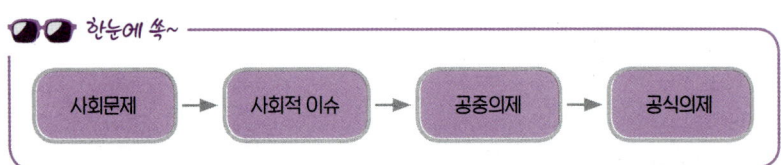

- ㉠ 사회문제 : 많은 사람이나 집단이 해결이나 시정조치를 원하는 욕구나 불만을 말하며, 대표적인 예로 환경오염이나 교통혼잡 등이 있음
- ㉡ 사회적 이슈
  - 해결방안에 관하여 의견이 불일치하거나 쟁점이 된 사회문제와 긴급히 해결해야 할 사회문제를 말함
  - 사회적 이슈화과정은 문제정의를 위한 토론과 논쟁의 과정이기도 함
  - 사회문제를 이슈화하기 위해서는 주도자와 점화장치(사회적 관심을 유발하는 사건)가 있어야 함
- ㉢ 공중의제 : 정부가 해결을 강구해야 한다고 사회일반이 공감하는 일련의 이슈를 말함
- ㉣ 공식의제 : 정부가 공식적으로 검토하기로 결정한 문제를 말함

② 콥과 로스(R. Cobb & Ross)의 견해

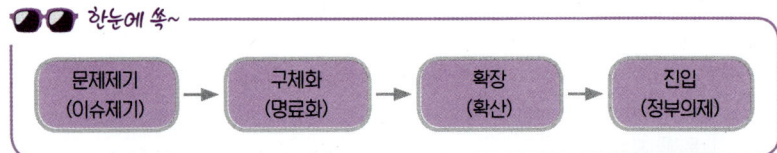

- ㉠ 문제제기(이슈제기) : 문제나 고충의 표출 및 발생 단계, 즉 정책의 외부환경으로부터 개인이나 집단에 의해 제기되거나 새로운 정책으로 정치지도자 등에 의해 공표되는 단계
- ㉡ 구체화(명료화) : 일반적 고충·불만이 구체적인 특정 정책의 요구로 전환되거나 새로운 정책의 세부항목이 정해지는 단계(집단민원 제기 등)
- ㉢ 확장(확산) : 정책적 요구로 전환된 문제가 정부의 관심을 끌거나 많은 집단들 사이에서 논제로 확산되는 과정
- ㉣ 진입(정부의제) : 공중의제가 정부에 의하여 공식의제(정부의제)로 채택(전환)되는 과정

③ 존스(C. Jones)의 견해

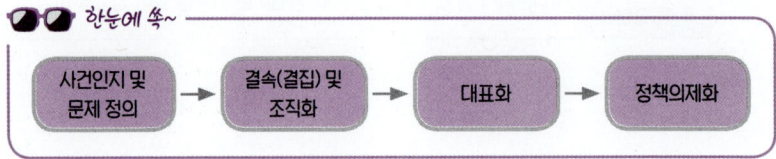

(4) 정책의제설정 모형

① 콥과 로스(R. Cobb & Ross)의 모형

구분	외부주도형	동원형	내부접근형
개념	외부집단이 주도하여 사회문제에 대해 정부가 해결해 줄 것을 요구하고 정부의제로 채택하도록 하는 과정	정부조직 내부에서 주도되어 거의 자동적으로 공식의제화하고, 행정PR을 통하여 공중의제가 되는 모형	정부조직 내의 집단 또는 정책결정자에게 쉽게 접근할 수 있는 외부집단에 의하여 문제가 제기되고 정부의제가 되도록 충분한 압력을 가하는 모형
특성	정책과정 전반을 사회문제 당사자인 외부집단이나 다양한 행위자가 주도하고 협상과 타협 등 진흙탕 싸움, 즉 외부집단 간의 경쟁으로 인하여 점진적인 해결에 머무르는 수가 많음	• 전문가의 영향력이 지대함 • 분석적인 설정과정 • 정책내용이 종합적 · 체계적 · 장기적 • 카리스마적 지도자에 의해 주도될 가능성이 큼	• 이슈가 공중에게 확산되기를 원하지 않음 • 호의적 결정과 성공적인 집행의 가능성이 높음 • 부와 지위가 집중된 사회, 엘리트계층에 의해 발생될 가능성이 높음

② 메이(P. May)의 모형(1991)

㉠ 구분기준

대중적 지지 \ 논쟁의 주도자	사회적 행위자들	국가
높음	외부주도형	굳히기형
낮음	내부주도형(내부접근형)	동원형

㉡ 모형의 유형

외부주도형	비정부집단 등의 사회행위자들이 주도하여 사회문제를 이슈화하여 이를 공중의제로 만든 다음, 다시 정부의 공식의제로 채택되도록 하는 모형
내부주도형(내부접근형)	정책결정자에게 쉽게 접근할 수 있는 영향력 있는 집단들이 정책을 주도하는 모형
굳히기형	대중적 지지가 필요하나 대중적 지지가 높을 것으로 기대될 때, 정부가 의제설정을 주도하여 의제설정을 명확히 하는 모형
동원형	대중적 지지가 낮을 때 정부에서 주도하여 공식의제화하고 행정PR(공공관계 캠페인)이나 상징 등을 활용하여 대중적 지지를 높이는 모형

(5) 의제설정에 관한 이론

① 의제설정과 국가론

㉠ 의의 : 정책의제의 설정을 누가 주도하는가는 국가의 성격을 어떻게 규정하느냐에 따라 다르므로, 국가론은 정책이론의 기본 가정이자 전제적 이론이 됨

SEMI-NOTE

내부접근형의 예
율곡사업 등 무기구매계약, 마산 수출자유지역 결정, 관주도의 경제개발 및 국토개발사업, 고속도로사업, 금강산관광, 대북지원 사업, 집권자의 공약 실천 등

외부주도형
비정부집단의 이슈 제기 → 공중의제화 → 공식적인 제도적 의제화

내부주도형
사회문제 → 공식적 의제화(이슈화나 정책경쟁이 생략되는 모형)

동원형
사회문제에 대한 이슈제기 → 공식의제화 → 공중의제화

SEMI-NOTE

포자모형
곰팡이 포자가 적당한 환경이 조성되지 않으면 균사체로 발전하지 못하는 것과 같이, 영향력이 없는 집단이 주도하는 이슈의 경우 이슈 촉발계기(triggering device)가 없으면 정부의제로 발전하지 못한다는 모형

흐름모형
사회적 이슈가 어떤 계기로 사회적 환경에서 정부의 공식의제로 채택되느냐와 관련하여, 흐름모형은 능동적 참여자와 의제·대안의 논의과정이 의제형성에서 중요하다고 보는 모형. 이러한 모형의 대표적인 유형으로는 흐름창모형과 쓰레기통모형이 있음

유럽의 대표적인 고전적 엘리트론
- 모스카(G. Mosca)의 지배계급론 : 조직화된 소수의 지배계급이 다수의 피지배계급을 지시·통제
- 파레토(V. Pareto)의 엘리트 순환론 : 사회구성원을 엘리트계층과 비엘리트 계층으로 구분하고 엘리트계층을 다시 통치엘리트(정책과정에 참여)와 비통치 엘리트(정책과정에 비참여)로 구분한 후, 엘리트계층 간의 순환과정이 자연스럽게 이루어진다고 주장
- 미헬스(R. Michels)의 과두제의 철칙(Iron law of oligarchy) : 정당의 내부구조에 대한 연구를 통해 민주적 조직이 불가피하게 과두제의 방식으로 조직화되어(과두제화) 구성원의 이익이 아닌 지배계급의 이익을 대표하게 됨 (목표–수단의 전환)

ⓒ 의제설정이론의 접근방법
- 주도권자에 따른 분류

국가 중심적 접근방법	국가주의(statism), 조합주의(corpratism)
사회 중심적 접근방법	다원주의(pluralism), 엘리트주의(elitism, 선량주의), 마르크스주의(marxism)

- 권력의 집중·분산 여부에 따른 분류

권력균형론(권력분산론)	다원주의
권력불균형론(권력집중론)	국가주의, 조합주의, 선량주의, 마르크스주의

② 엘리트이론과 다원론의 논쟁
ⓐ 논쟁의 의의
- 두 이론 간의 논쟁은 단순한 정책문제에만 국한된 것이 아니라 정치제도의 실질적 지배자에 대한 논쟁으로서의 의미를 지님
- 미국의 엘리트이론은 정책문제 채택에 대한 엘리트집단의 영향력에 대한 이론으로서 그 의의가 크며, 정책의제 설정이론도 사실상 이들의 이론전개에 의해 개발됨

ⓑ 논쟁의 전개과정

> 고전적 민주주의 → 고전적 엘리트론(19세기 말) → 미국의 엘리트론(1950년대) → 고전적 다원론(초기다원론, 1950년대) → 다알(R. Dahl)의 다원론(1960년대) → 신엘리트론(무의사결정론, 1960년대) → 신다원론(수정다원론, 1980년대)

③ 엘리트이론
ⓐ 의의 : 사회는 권력을 가진 자와 이를 가지지 못한 일반대중으로 나뉘며, 소수 관료나 저명인사 등 사회지배계급(엘리트)에 의하여 정책문제가 일방적으로 채택된다는 이론

ⓑ 전개

고전적 엘리트론 (19세기 말)	• 미국의 고전적 민주주의에 대한 비판으로 유럽에서 전개 • 소수의 동질적·폐쇄적 엘리트(정치지도자)가 대중을 지배 • 엘리트는 자율적이고 다른 계층에 대해 책임지지 않으며, 중요한 정치적 문제는 전체의 이익과 관계없이 자신들의 이해관계를 고려해 해결
미국의 엘리트론 (1950년대)	엘리트 이론가들은, 미국사회를 지배하는 엘리트는 정치적으로 중요한 기관의 지도자라는 밀스(C. Mills)의 지위접근법과, 사회적 명망가가 결정한 것을 대중은 수용할 뿐이라는 헌터(F. Hunter)의 명성접근법을 토대로 미국도 엘리트사회라고 주장(다원론자들을 자극)
신엘리트론 (1960년대)	바흐라흐(Bachrach)와 바라츠(Baratz)의 무의사결정론이 대표적

④ 신엘리트이론(무의사결정론)
ⓐ 의의 : 지배엘리트(집권층, 의사결정자)의 권력과 이해관계와 일치되는 사회

문제만 정책의제화된다는 이론
- ⓒ 특징 : 주로 의제설정·채택과정에서 일어나지만 넓은 의미의 무의사결정은 정책의 전 과정에서 발생
- ⓒ 행사 방법(수단)
  - 폭력 등의 강제력 행사
  - 권력에 의한 특혜의 부여·회유(특혜의 제공이나 이익을 통한 매수 등)
  - 편견의 동원(지배적 규범·절차를 강조해 정책요구를 억제하는 간접적 방법)
  - 편견의 강화나 수정(지배적 규범·절차 자체를 수정·보완하여 정책요구를 봉쇄하는 가장 간접적·우회적 방법)
  - 문제 자체의 은폐 및 지연

⑤ 다원론(pluralism)
- ⓐ 의의 : 민주주의 사회에서의 정치적 영향력이나 권력은 사회 각 계층에 널리 분산되어 있다는 이론
- ⓑ 특징
  - 민주사회를 정치적 시장으로 보며, 여러 사회집단들이 선거를 통해 의견을 나타내는 정치시스템으로 간주
  - 정치인들은 정치적 지지를 얻기 위하여 경쟁(당선된 공직자가 정책결정에 가장 큰 영향을 미치게 된다는 정치논리)
  - 정책과정의 주도자는 이익집단이며, 정부는 갈등적 이익을 조정하는 중재인, 규칙의 준수를 독려하는 심판자로서의 역할을 수행
- ⓒ 전개

고전적 민주주의 (매디슨 다원주의)	민주주의에 대한 낙관적 입장
고전적 다원론 (이익집단론, 초기의 다원론, 집단과정이론)	정치과정의 핵심은 이익집단의 활동이며, 이익집단의 자유로운 활동(협상·타협)을 통해 정책문제가 채택된다는 이론
다알(R. Dahl)의 다원론 (다원적 권력이론)	엘리트론과 달리 엘리트집단 전체가 대중의 선호나 요구에 민감하게 움직인다는 점에서 미국 도시가 다원적 정치체제를 지닌다고 봄
신다원론(수정다원론)	특정 엘리트집단의 영향력은 누적적으로 쌓일 수 있으며 특정집단이 다른 집단에 비하여 강한 영향력을 행사할 수 있으므로 특정 엘리트집단이 정부와 사회를 주도할 수 있다고 봄

- ⓓ 한계
  - 집단의 중요성을 지나치게 강조하며 정부나 관료의 독자적 결정능력을 간과
  - 정책과정에서 정책결정 요인으로 작용하기도 하는 이데올로기의 역할을 고려하지 못함
  - 외적 환경이나 구조적 제약이 정책에 미치는 영향을 고려하지 못함
  - 잠재집단이나 정부부처 간의 견제·균형으로 특수한 이익이 지배하지 못할 것이라는 점도 설득력이 약함

SEMI-NOTE

무의사결정론의 발생 원인
- 지배계급의 가치나 신념체계에 대한 도전의 부정, 기득권 침해 예방
- 지배엘리트들에 대한 행정관료의 지나친 충성심(과잉충성)
- 정치문화에 부정적으로 작용하는 문제의 억제
- 정치체제가 특정 문제에 편견이 있거나 구조화·경직성이 심한 경우
- 관료의 이익과 상충되거나 관련 정보·지식·기술이 부족한 경우

다원론의 시사점
- 정책결정과정이 특정 계층이나 집단에 독점되어 있지 않고 분권화되어 있으며, 정책결정과정은 유동적이며, 정치적 균형은 갈등과 타협의 결과
- 이익집단은 정책과정에 영향력의 차이는 있지만 동등한 접근 기회를 가짐
- 이익집단은 전체적으로는 상호 견제와 중복회원 등의 이유로 균형을 유지하고 있음
- 이익집단들은 상호 경쟁을 하고 있지만 게임의 규칙에 대한 합의를 토대로 하므로, 경쟁은 순화될 수 있고 정치체제의 유지에 순기능적 역할을 수행함

벤틀리와 트루먼(A. Bentley & D. Truman)의 이익집단론에 대한 반발 이론
- 이익집단자유주의론 : 이익집단이 자유로운 활동에서는 조직화된 활동적 소수의 이익만 반영되고 침묵하는 다수의 이익은 반영이 곤란하다는 이론
- 공공이익집단론 : 특수 이익보다 공익에 보다 가까운 주장을 펴는 집단의 이익이 정책에 반영된다고 보는 이론

SEMI-NOTE

신마르크스주의
- 경제를 지배하고 있는 자본가 계급이 국가를 장악한다고 보는 이론
- 국가가 어느 정도 자율성을 가진다는 것을 강조하는 점에서 정통 마르크시즘과 구별되며, 민간부문이 실질적 결정권을 장악한다는 점에서 신베버주의와 구별됨

- 잠재집단이 집합적으로 만나지도 않고 자원도 부족하므로 실제 조직화는 곤란함

⑥ 기타 국가론

㉠ 유럽 중심의 이론

계급이론	사회가 지배계급과 피지배계급으로 나뉜다고 보고, 경제적 부를 독점하는 지배계급이 엘리트화하여 정책과정을 담당한다는 이론
베버주의	국가나 정부관료제의 절대적 자율성과 지도적·개입적 역할을 인정하는 이론
신베버주의	이익집단이나 지배계급뿐만 아니라 국가나 정부도 자율적 의사결정주체라 보는 이론
조합주의이론	• 다원주의에 대한 반발로 나타난 국가주의의 일종으로, 사회 전체를 국가에 종속되는 조합들로 구성하려는 이론 • 대표적 유형으로, 제3세계나 후진 자본주의에서 국가가 일반적으로 주도하는 국가조합주의와 서구 선진자본주의에서 이익집단의 자발적 시도로 발생한 사회조합주의가 있음

㉡ 제3세계 국가 중심의 이론

종속이론	후진국의 저발전 문제가 주변부(후진국)에서 중심부(선진국)로 유출되는 경제적 잉여 때문이라 보는 이론
관료적 권위주의	서구의 경우 사회경제의 근대화가 정치적 민주주의를 실현시키지만, 제3세계에서는 오히려 강력한 권위주의 정권을 초래한다고 봄
신중상주의	우리나라 등 동아시아의 신흥 공업국가를 중심으로 경제발전 과정에서 국가의 역할을 논의한 이론(경제성장제일주의, 안보제일주의)

2. 정책분석과 미래예측

(1) 정책분석(PA)

문제의 인지 및 정책목표의 설정 → 정책대안의 탐색·개발 → 정책대안의 비교·분석과 평가 → 최적대안의 선택

① 의의 : 정책분석은 정책결정의 핵심단계로서, 각종 대안에 대한 비교·평가를 통해 의사결정자의 합리적 판단을 도와주는 지적·인지적 활동

② 특징
  ㉠ 결정자의 역할을 대체하는 것이 아니라 합리적 판단을 도와주는 활동임
  ㉡ 대안의 결과를 예측·비교·평가하는 합리적·상식적 활동이며, 협상과 타협이나 권력적 관계에 의존하는 정치적 활동이 아님
  ㉢ 정책분석은 어디까지나 상식적인 것으로 정책 전문가뿐만 아니라 누구나 할 수 있는 작업임
  ㉣ 경제적, 기술적 합리성 외에도 정치적 변수, 사회적 합리성, 사회적 형평성, 초합리성 등을 고려(합리모형 + 점증모형 + 최적모형)

정책분석의 의의
정책분석(PA)쪽으로 갈수록 정치적인 고려가 많은 상위차원의 분석으로 공공부문에 적합하며, 관리과학(OR)쪽으로 갈수록 기술적·계량적 분석으로서 민간부문에 적합함

③ 한계
　㉠ 목표 설정의 곤란
　㉡ 문제의 복잡·다양성
　㉢ 정보와 자료의 부족
　㉣ 분석결과 활용능력 및 권력의 제약
　㉤ 계량화와 객관적 분석의 곤란
　㉥ 지나친 정치적 고려
④ 정책분석의 세 가지 차원

(협의의) 정책 분석(PA)	• 체제분석에 가치나 사회적 배분, 정치적 효과 등을 고려 • 당위성차원의 분석 • 정책의 기본방향(where) 결정이 분석의 초점 • 정책대안의 실행가능성 및 정책목표의 최적화 등 정치적 요인 고려
체제분석(SA)	• 관리과학에 직관·통찰력 등을 보완 • 능률성이나 실현성 차원의 분석 • 능률적 정책대안(what) 결정이 분석의 초점 • 부분적 최적화 추구(비용편익·효과분석, 관리과학기법)
관리과학(OR)	• 정책집행을 위한 관리결정의 계량적 기법 • 경제적 합리성(능률성) 차원의 분석 • 경제적 달성방법(how) 선택(집행·운영계획의 수립)이 초점 • 수단의 최적화, 계량화 추구(선형계획, 모의실험, PERT 등)

(2) 체제분석(SA)
① 의의 : 문제 해결을 위하여 총체적 대안을 검증적·실증적(통계학적) 분석을 통하여 합리적인 대안을 선택하는 것으로 정책결정자의 합리적·경제적 대안선택을 돕기 위한 체계적이고 과학적인 접근법
② 특징
　㉠ 정책분석의 기초로서 결정자의 합리적 판단에 기여(문제 해결을 위한 대안을 발견하고 각 대안의 비교·검토를 통해 합리적 결정을 위한 기초를 제공)
　㉡ 비교분석을 통한 합리적·계량적 분석기법(합리모형의 기법) 강조
　㉢ 대안 검토의 기순으로 능률성이나 경제적 합리성을 중시
　㉣ 동시적 분석보다는 부분적 분석으로 최적화를 추구
　㉤ 체제의 개방성을 전제하여 불확실한 환경 요인까지 고려
　㉥ 비용편익분석과 비용효과분석이 핵심수단
③ 한계
　㉠ 환경적 요인의 영향으로 분석의 불완전성 극복 곤란
　㉡ 계량적 분석만을 중시하여 비합리적 요인과 가치적·질적 요인 및 분석을 경시
　㉢ 문제의 명확한 파악과 목표의 계량적 측정이 곤란하며, 목표 달성도 측정이 어려움
　㉣ 객관성·과학성으로 인하여 복잡한 문제의 분석에 한계가 있음
　㉤ 인간의 불완전성으로 미래예측에 한계가 있음

SEMI-NOTE

(협의의) 정책분석(PA)의 특성
- 가장 상위차원의 분석으로 목표설정, 정책의 기본방향, 정의 등 규범성·당위성을 고려(정치적 변수 고려)
- 분석이 포괄적이므로 복잡하고 광범위한 문제들도 다룸
- 경제적·합리적 분석모형과 정치적 점증모형을 혼합한 분석 방법
- 광의의 합리성, 초합리성을 고려하며, 계량적·질적 분석 모두를 강조
- 비용·편익의 크기 외에도 사회적 배분이나 형평성도 고려
- 정책대안의 쇄신을 강조하여 자기발견적 방법(heuristic method)에 의한 새로운 대안 발견을 중시
- 여러 학문분야의 전문적인 활동에 의존하는 지적이고 분석적인 활동으로, 체제분석을 토대로 함

SEMI-NOTE

체제분석과 정책분석의 공통점
- 문제와 대안을 넓은 체제적 관점에서 고찰
- 예상결과를 측정·비교·검토하기 위한 과학적 분석기법
- 보다 나은 명백한 최적대안을 탐색하는 행위
- 체제분석을 토대로 활용

비용과 편익의 추계(추정)
- 비용 : 기회비용의 개념이며, 매몰비용은 무시하고 미래비용만 고려
- 편익 : 소비자 잉여개념, 총체적 실질비용·편익을 측정
- 비용·편익은 내·외부적인 것, 직·간접적인 것, 유·무형적인 것을 모두 고려
- 실질적 비용과 편익만 포함하며 금전적 비용·편익은 제외

내부수익률의 한계
- 사업기간이나 규모가 다른 복수사업을 비교할 경우나 예산 제약이 있는 경우에는 IRR 기준 적용 곤란
- 초기에 비용이 발생하고, 편익 발생기간이 지난 후 다시 비용이 발생하는 사업이나 사업 종료 후 또 다시 투자비가 소요되는 변이된 사업의 경우 복수의 IRR이 도출되어 적용기준이 모호해짐

비용효과분석의 한계
- 사회복지와 조직구성원의 만족도를 순편익 개념으로 측정하기는 곤란함
- 효과를 화폐단위로 측정하지 않기 때문에 계량화가 곤란함

---

④ 정책분석과의 비교

구분	정책분석(PA)	체제분석(SA)
기준	비용·효과의 사회적(외적) 배분 고려(형평성 고려)	자원배분의 내적 효율성 중시
성격	정치적 합리성과 공익성, 실현가능성	경제적 합리성
분석방법	계량분석·비용편익분석 외에 질적·비계량적 분석 중시	계량분석·비용편익분석 위주
가치 및 분석	가치문제 고려, 목표분석	가치문제 무시, 수단분석
정치성	정치적·비합리적 요인 고려	정치적·비합리적 요인 무시
최적화	정책목표와 최적화 추구	부분적 최적화 추구(경제적 측면에서만 대안의 최적화를 추구)
관련 학문	정치학·행정학·심리학·정책과학 활용	경제학(미시경제)·응용조사·계량적 결정이론

⑤ 체제분석의 기법

㉠ 비용편익분석(CBA, B/C분석) ★빈출개념

> 대안의 식별 → 사업의 수명결정 → 비용·편익의 확인 및 측정 → 할인 → 민감도 분석 → 대안 우선순위 제시

- 의의 : 공공사업에 대한 정책대안의 편익과 비용을 계량적으로 비교·평가하여 사업의 경제적 타당성과 자원배분의 우선순위를 결정하는 기법
- 평가기준

순현재가치 (NPV)	• 가장 일차적인 기준, '순현재가치 = 편익의 현재가치(B) - 비용의 현재가치(C)' • NPV(B-C)가 0보다 크면 사업 타당성이 있음
편익비용비 (B/C)	• 편익비용비 = 편익의 현재가치 ÷ 비용의 현재가치 • B/C가 1보다 크면 사업 타당성이 있음
내부수익률 (IRR)	• 편익의 현재가치와 비용의 현재가치가 같도록 해주는 할인율(순현재가치를 0으로 만드는 할인율)을 말함 • 내부수익률이 기준할인율(사회적 할인율)보다 크면 사업타당성이 인정됨, 즉 IRR이 클수록 경제적 타당성이 큰 좋은 대안이 됨(IRR은 투자의 수익률과 의미가 같음)
자본회수기간 (투자회임기간)	• 투자비용을 회수하는 데 소요되는 시간으로, 이 기간이 짧을수록 우수한 사업임 • 낮은 할인율은 장기투자에 유리하고 높은 할인율은 단기투자에 유리(할인율이 높을 때에는 초기에 편익이 많이 나는 사업이 상대적으로 유리)

㉡ 비용효과분석(CEA, E/C분석)
- 의의 : 전체비용과 전체효과를 비교하여 최선의 대안을 선택하는 분석기법
- 선택기준 : 대안은 최소비용과 최대효과의 기준에 따라 선택

- 비용편익분석과의 비교

비용편익분석(CBA, B/C분석)	비용효과분석(CEA, E/C분석)
경제적 합리성·타당성·능률성(효율성) 분석, 양적 분석	기술적(도구적) 합리성, 효과성 분석
• 비용·편익을 화폐가치로 표현 • 계량화·통계화가 가능	• 비용은 화폐가치로 계량화하나, 효과는 재화나 서비스의 단위, 기타 측정 가능한 단위로 표현하므로 쉽게 적용 가능 • 계량화·통계화 곤란
사업의 타당성에 중점	자원이용의 효율성에 중점
가변비용과 가변효과의 분석에 사용	고정 비용과 고정효과의 분석에 사용
외부경제에 부적합	외부경제에 적합, 질적·무형적 분석에 적합
수력발전, 관개, 관광, 교통, 인력개발, 도시개발 등의 영역에 사용	국방, 경찰행정, 운수, 보건, 기타 영역에 사용

ⓒ 계층화분석법(Analytical Hierarchy Process, AHP)
- 의의: 대운하, 새로운 공항, 지하철, 도로 등 기반시설 사업의 타당성 여부 판별에 비용편익분석과 더불어 가장 많이 쓰이는 분석기법
- 분석단계

제1단계	문제를 몇 개의 계층 또는 네트워크 형태로 구조화함
제2단계	각 계층에 포함된 하위목표 또는 평가기준으로 표현되는 구성 요소들을 둘씩 짝을 지어 바로 상위계층의 어느 한 목표 또는 평가기준에 비추어 평가하는 이원비교(쌍대비교)를 시행함
제3단계	각 계층에 있는 요소별 우선순위를 설정하고 숫자로 전환한 다음 전체적으로 종합하여 최종적인 대안간 우선순위를 설정함

(3) 미래예측

① 미래예측기법

델파이 기법 (delphi method)	문제의 예측·진단·결정에 있어 전문가집단으로부터 반응을 수집해 체계적·통계적으로 분석·종합하는 주관적·비계량적 예측기법
브레인스토밍 (brainstorming)	자유로운 상태에서 대면접촉을 유지하며 전문가의 창의적 의견이나 아이디어를 즉흥적이고 자유분방하게 교환·창출하는 집단자유토의 기법

㉠ 델파이 기법(delphi method)

구분	전통적 델파이(일반델파이)	정책델파이
의의	참여 전문가들의 익명성을 계속 유지하며 서로 의견을 제출·교환하는 과정을 반복하여 문제를 해결	초기 단계에서는 익명성을 유지하나 어느 정도 대안이나 논쟁이 표면화된 후 참여자들이 공개적으로 토론

SEMI-NOTE

계층화분석법의 원리
- 동일성과 분해의 원리: 문제를 계층 별로 분해해서 관찰하고 그들이 관찰한 것을 전달할 수 있는 능력
- 차별화와 비교판단(이원비교/쌍대비교)의 원리: 관찰한 요소들 간의 관계를 설정하고 요소들의 상대적 강도와 효용을 차별화
- 종합의 원리: 이들 관계를 총체적으로 이해할 수 있도록 종합화

일반델파이의 방법
- 격리와 익명성 확보: 직접 대면 및 상호 토론 배제, 서면제출 방식의 활용
- 반복성과 환류: 제출된 의견을 취합·회람한 후, 각자 의견을 수정 및 제시하는 과정을 반복
- 통계분석과 합의: 수차례의 회람 후 통계적 분석절차를 거쳐 전문가들의 최종 합의(consensus)를 도출

SEMI-NOTE

정책델파이의 기본절차
문제의 명확화 → 전문가 선정 → 질문지 설계와 배포 → 1차 결과의 분석 → 2차 질의서의 작성 → 회의 소집(입장 평가) → 최종보고서의 작성

특징	익명성의 유지, 질문의 반복과 회람(주제에 대한 지속적 관심과 사고를 촉진), 통제된 환류 등	선택적 익명성, 질문의 반복과 회람, 통제된 환류, 의도적 갈등 조성, 의견 차이를 부각시키는 이원화·양극화된 통계 처리
적용	일반적·기술적 문제에 대한 예측	정책문제(특히 정책수단의 영향)에 대한 예측
응답자	동일 영역의 일반전문가	정책전문가, 이해관계자 등 식견과 통찰력 있는 다양한 대상자 채택
익명성	철저한 익명성과 격리성(토론 없음)	선택적 익명성 보장(나중에 회의 및 상호토론 허용)
응답결과	의견의 대표적인 평균치 중시	의견 갈등을 부각시키는 양극화이론
통계처리	의견의 대푯값이나 평균치(중위값) 중시	의견차나 갈등을 부각하는 양극화·이원화된 통계처리
합의	근접된 의견이나 합리적 다수의견 또는 합의 도출	구조화된 갈등(의견차와 대립을 부각)
공통점	주관적·질적 미래예측기법, 전문가 참여, 익명성, 반복조사, 통계처리	

ⓒ 브레인스토밍(brainstorming)

의의	자유로운 상태에서 대면접촉을 유지하며 전문가의 창의적 의견이나 아이디어를 즉흥적이고 자유분방하게 교환·창출하는 집단자유토의기법
특징	• 현장에서의 상호 비판을 금하고 자유로운 상상을 허용 • 질보다 양을 중시하여 많은 아이디어를 얻는 것을 목적으로 함 • 타인의 아이디어를 결합하거나 수정·추가해 새로운 아이디어를 만들 수 있음(편승기법)

② 불확실성과 미래예측
  ㉠ 불확실성의 의의 : 예측하려는 사건이나 그 진행경로에 대한 지식이 결여되어 있는 상태로서 미래의 사태에 대한 예측불가능성
  ㉡ 미래예측의 유형(W. Dunn)
    • 예견(예언) : 이론적·인과관계적·양적 예측
    • 투사(project) : 연장적·보외적(補外的) 예측
    • 추측(conjecture) : 직관적·주관적·질적 예측
  ㉢ 불확실성의 대처방안

일반적 방안	• 표준화·공식화 추구(회사모형) : 표준운영절차(SOP)에 의한 불확실성 회피 • 완화된 합리성 추구 : 인지능력의 한계 등을 고려해 완화된(제한적) 합리성 추구 • 문제인지적 탐색 : 발견적 접근(시행착오를 통해 순차적 문제 해결을 추구하는 자기발견적 접근)
적극적 대처 방안	• 불확실성을 유발하는 환경·상황의 통제 • 결정을 늦추어 필요한 정보의 충분한 획득을 추구(관련 변수에 대한 정보획득 확대) • 모형이나 이론의 개발·적용(정책실험, 정책델파이, 브레인스토밍 등)

예견 기법
경로분석, 회귀분석, 선형회귀분석, 상관분석, 인과분석, 투입산출분석, 선형계획, 구간(간격)추정, 이론지도, PERT(계획의 평가검토 기법), CPM(경로공정관리법) 등(양적·과학적 기법)

투사 기법
시계열분석, 외삽법(外揷法), 흑선 기법, 구간외추정, 선형경향추정, 최소자승경향추정법, 지수가중법, 자료변환법, 격변방법 등

추측 기법
델파이 기법(전통적 델파이, 정책델파이), 브레인스토밍, 교차(상호)영향분석, 실현(실행)가능성 분석, 역사적 유추 등

소극적 대처 방안	• 보수적 접근 : 최악의 상황(불확실성)을 전제로 대안을 예측하는 보수적 안을 말하며, 대표적 방안으로 최소극대화(maximin)기준이 있음 • 민감도 분석(sensitivity analysis) • 악조건 가중분석 • 분기점 분석(break-even analysis) • 상황의존도 분석 • 복수대안 제시 • 중복 및 가외성 장치 • 한정적 합리성의 확보

② 불확실한 상황에서의 의사결정(대안선택)기준
- 라플라스(laplace) 기준(평균기댓값기준) : 환경에 의해 정해지는 각 상황의 발생 확률이 모두 동일하다고 가정하고 각 대안의 평균기댓값을 구하여 그중 최선의 대안(최대기댓값)을 선택하는 것
- 낙관적 기준 : 최선의 상황이 발생한다는 가정에서 최선의 조건부 값을 비교하여 최적의 대안을 선택하는 것
  - maximax(최대최대치기준, 최대극대화기준) : 편익(이익)의 최대치가 가장 최대인 대안을 선택하는 것
  - minimin(최소최소치기준, 최소극소화기준) : 비용(손실)의 최소치가 가장 최소인 대안을 선택하는 것
- 비관적 기준 : 최악의 상황이 발생한다는 가정에서 최악의 조건부 값을 비교하여 최적의 대안을 선택하는 것
  - maximin(최대최소치기준, 최소극대화기준) : 편익(이익)의 최소치가 가장 최대인 대안을 선택
  - minimax(최소최대치기준, 최대극소화기준) : 비용(손실)의 최대치가 가장 최소인 대안을 선택
- 후르비츠(Hurwicz) 기준
  - 낙관적 기준과 비관적 기준을 절충한 모형으로, 낙관적일 때와 비관적일 때의 확률을 가중평균하여 선택(극단적인 값들 간의 중간값만 낙관계수에 의하여 도출·비교하는 방식)
  - 최댓값과 최솟값에 속하지 않는 다른 중간 조건부 값들을 전혀 고려하지 못하는 문제가 있음
- 새비지(Savage) 기준 : 미래의 상황을 잘못 판단함으로써 가져오는 손실 혹은 비용의 최소화를 추구하여 선택하는 것

3. 정책결정

(1) 정책결정의 의의 및 유형

① 정책결정의 의의
  ㉠ 개념 : 정책결정은 공익의 추구나 공적 문제 해결을 위하여 합리적이고 바람직한 정부의 대안을 탐색·선택하는 일련의 동태적 과정을 의미함

SEMI-NOTE

최소극대화(maximin) 기준
편익의 최소치가 가장 최대인 대안을 선택하는 것으로, 최악의 불확실성을 가정하고 대안을 모색하는 비관적·보수적 방안

정책결정의 정의
이스턴(Easton)은 정책결정을 "가치의 권위적 배분과정"이라 정의하였고, 드로어(Dror)는 "정부가 공익을 위하여 내리는 의사결정"으로 정의함

SEMI-NOTE

정책결정의 특성
- 공공성 공익을 추구하며, 인본주의적 성격을 지님
- 가치지향성 · 규범성과 정치성 최적대안을 선택하기 위한 과정이며, 정치 · 행정일원론에서 중시
- 강제성과 구속성 정부에 의해 결정되는 과정이므로 강제력을 지님
- 미래지향성 미래의 바람직한 행동대안의 선택과정
- 행동지향성 정부의 단순한 의도나 감정이 아닌 구체적 행동을 초래함
- 동태성 · 복잡성 여러 변수가 작용하며, 많은 갈등과 이해관계의 상호작용 과정
- 합리성 경제적 · 정치적 합리성을 중시하는 과정

가치결정과 사실결정
가치결정은 전략적 결정과, 사실결정은 전술적 결정과 연결됨

정책네트워크와 정책산출 예측
정책네트워크 모형에서의 정책산출 예측은 구체적인 모형에 따라 차이가 있으나 전반적으로 볼 때 정책산출은 각종 이해관계자나 참여자들 간 상호작용에 의하여 처음 의도했던 정책내용과 달라질 수 있으므로 이러한 동태적 현상에 의하여 정책산출에 대한 예측이 용이하지 않다는 점을 강조함

ⓒ 의사결정과의 관계

구분	정책결정	의사결정
주체	정부 · 공공기관	정부 · 기업 · 개인
성격	공적	공 · 사적
영향력	광범위한 영향	부분적인 영향
강제성	강함	약함
계량화	곤란함	대체로 용이함
근본이념	공익성	공익, 사익
결정사항	정부활동 지침	대안의 합리적 결정

② 정책결정의 유형
  ㉠ 정형적 결정과 비정형적 결정(H. Simon)
    - 정형적 결정(프로그램적 결정) : 선례나 프로그램 등 이미 정해진 형태에 따라 행하는 기계적 · 반복적 결정으로, 하위층에서 하는 단기적이며 예측 가능한 결정
    - 비정형적 결정(비프로그램적 결정) : 선례나 프로그램 없이 행하는 고위층의 결정으로, 장기적이며 예측이 불확실한 결정 등 고도의 판단력과 통찰력이 요구되는 결정
  ㉡ 전략적 결정과 전술적 결정
    - 전략적 결정 : 조직의 목표 설정이나 존속 · 발전과 같은 중요한 전략적 문제에 대한 결정으로, 무엇(what)을 하는가에 관한 결정
    - 전술적 결정 : 전략적 결정을 실천에 옮기기 위한 결정으로 일상적 업무처리방식의 선택과 같은 수단적 성격을 띠며, 어떻게(how)에 관한 결정
  ㉢ 가치결정과 사실결정
    - 가치결정 : 목표나 방향의 설정 등 윤리와 선, 당위에 관한 결정. 에치오니(Etzioni)의 통합적 결정에 해당
    - 사실결정 : 수단이나 방법의 채택 등 경험적으로 관찰 및 검증이 가능한 결정. 에치오니의 수단적 결정에 해당

(2) 정책네트워크 모형
① 의의 : 정책네트워크 모형은 정책과정에 다양한 공식 · 비공식 참여자 간 상호작용을 중심으로 정책과정을 분석하는 모형으로, 다원론과 엘리트이론, 조합주의에 대한 대안으로 등장
② 특징

정책영역별 · 문제별 형성	사안(문제)별로 형성하여 정책을 부분화 · 전문화함
다양한 공식적 · 비공식적 참여자	정부부문과 민간부문의 개인이나 조직인 공식적 참여자와 비공식적 참여자로 구성되어 있음

참여자간 교호작용을 통한 연계	연계는 정책선호에 관한 의사표시, 전문지식 기타의 자원교환, 상호 신뢰 구축의 통로가 되며 다소 간의 의존관계와 교환관계를 매개	
경계의 존재	참여자와 비참여자를 구분하는 경계가 있으며 경계의 제한성과 명료성은 상황에 따라 다름	
제도로서의 특성	개별구조라기보다 참여자들의 상호작용을 규정하는 공식적 · 비공식적 규칙의 총체(제도)	
가변성 · 동태성	정책과정 전반을 지배하는 거시적 · 동태적 현상으로, 시간 흐름에 따라 내 · 외재적 요인에 의해 변동됨	

③ 유형

하위정부모형 (철의 삼각모형)	미국의 정책과정을 설명하며 제시된 모형으로서 각 정책영역별로 정책과정의 비공식 참여자인 이익집단, 공식참여자인 의회 상임위원회(정당×), 행정부처(관료조직, 고위관료) 3자가 은밀하게 결탁한 장기적 · 안정적 · 호혜적인 동맹관계를 통해 상당한 독립성을 지닌 하위정부를 형성함으로써 정책에 결정적인 영향을 미친다는 이론
정책공동체모형	영국에서 정당과 의회 중심의 정책과정 모형인 하위정부모형의 폐단을 보완하려 제시된 이론으로, 정책을 둘러싼 정책문제, 정책대안, 정책내용, 정책결과 등에 대하여 관심을 가지고 있는 사람들로 구성되어 눈에 보이지 않지만 계속적인 활동을 하는 인식공동체
이슈네트워크	지식을 구비한 일반시민까지 포함한 공통의 기술적 전문성을 가진 대규모의 참여자들을 함께 묶는 불안정한 지식공유집단으로, 정책쟁점망, 정책문제망, 이슈망이라고도 함

④ 정책네트워크 모형의 비교

구분	하위정부(철의 삼각)	정책공동체	이슈네트워크
참여자 (행위자)	이익집단, 의회 상임위원회, 행정관료	하위정부의 삼자 외에 전문가 추가(제한된 멤버십)	정책공동체보다 행위자가 확대(다양하고 이질적인 집단)
관료의 역할	특수이익집단 이익에 종속되며 공익과 이익집단의 이익 조정	관료의 적극적 역할	쟁점에 따라 주도적 역할 또는 방관자 역할
관계의 지속성 · 안정성	안정적 · 지속적	비교적 안정적(멤버십의 연속성)	불안정(일시적 · 유동적)
행위자간 연계	동맹관계	의존적 · 협력적 관계	경쟁적 · 갈등적 관계
	강한 결합 (안정적 협력관계)	↔	약한 결합 (공개적인 갈등 상황)
정책네트워크의 경계	명확한 경계(폐쇄성)	↔	희미한 경계(개방성)

SEMI-NOTE

철의 삼각(Iron Triangle)
각 정책분야별 정책과정에서 관련 이익집단, 소관 관료조직, 그리고 의회의 소관 위원회가 상호간의 이해관계를 보호하기 위해 밀접한 동맹관계를 형성하고 있는 현상을 가리키는 개념

정책공동체와 이슈네트워크의 공통점
- 국가는 자신의 이해를 가지고 있고, 이를 관철시키고자 하는 하나의 행위자임
- 국가기관의 범주에는 행정부, 의회, 사업부 모두가 포함되며, 이들은 국가라는 하나의 실체가 아니라 개별 행위자로 간주됨

SEMI-NOTE

퀘이드(E. Quade)의 합리적 정책결정 과정(9단계론)
- 정책의제 형성(문제인지)
- 정책목표 설정
- 정보 수집 및 분석
- 대안 작성 · 탐색 · 개발
- 모형의 작성
- 예상결과 예측(대안의 평가)
- 우선순위 선정기준의 설정
- 우선순위 선정
- 종합판단, 우선순위 조정 및 최적대안 선택

품의제의 특징
- 내부 결재제도이며, 공식적 의사결정 형식 및 절차
- 계선 중심적인 의사결정방식
- 정형적인 의사결정의 방법으로, 목표의 설정, 대안의 탐색, 결과의 예측 등이 의사결정자의 권한으로 전제되어 있음
- 기관의 의사를 결정하는 환류적 의사결정 방법
- 업무의 분산집행을 가능하게 하며, 의사결정의 집권화를 초래

번문욕례(red tape)
실질적 내용보다 형식과 절차, 문서를 중시하는 관료제 병리현상의 일종으로, 형식주의 · 의식주의 행정문화에서 기인함. 17세기 영국에서 규정집을 붉은색 노끈(red tape)으로 묶었다는 사실에서 명칭이 유래되었음

(3) 정책결정과정

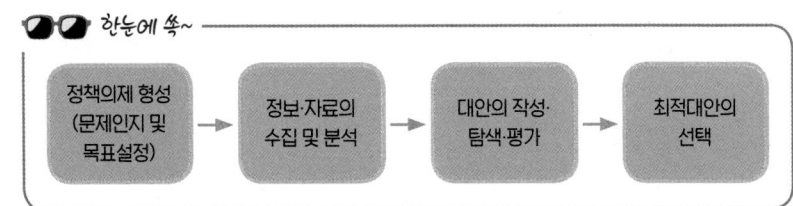

한눈에 쏙~

① **정책의제 형성(문제인지 및 목표설정)**: 문제를 정확히 인식하고 문제 해결을 통하여 달성하고자 하는 바람직한 목표를 명확히 하는 단계로, 가장 창조적인 단계이며, 갈등이 가장 많이 발생함
② **정보 · 자료의 수집 · 분석**: 목표를 달성하기 위한 각종 자료와 정보를 수집하는 단계로서 MIS기법이 활용됨
③ **대안의 작성 · 탐색 · 평가**: 수집된 정보와 자료를 근거로 대안을 작성하고 비용편익분석, 비용효과분석 등과 같은 체제분석기법을 통하여 대안들을 비교 · 평가
④ **최적대안의 선택**: 대안을 평가한 후 최적의 대안을 선택하는 것으로, 정책결정권자의 주관적 가치가 반영되기도 함

(4) 우리나라의 정책결정(품의제)

① **의의**: 행정기관 내부에서 하급자가 기안을 하여 단계별로 상급자의 결재를 거쳐 최고결재권자의 결재를 거친 다음 집행하는 정책결정 제도
② **평가**
  ㉠ 장단점

장점	단점
• 상하 간의 정보공유, 하의상달촉진(민주적 · 상향적 결정)	• 행정지체와 비능률 초래
• 개별적 · 직접적 통제방식으로 활용	• 밀실행정으로 정실개입의 우려
• 하급자의 참여의식 배양, 훈련기회 제공	• 고급공무원의 전문성 약화
• 사전조정 및 심사가능	• 할거주의(횡적 협조 저해)
• 실시단계에서의 협력 확보, 정책결정과 집행의 유기적 연계	• 주사행정 초래
	• 결정의 다단계화로 책임한계의 불분명
	• 문서과다현상(번문욕례, red tape) 초래

  ㉡ 개선방안
  - 계층별 전문화 수준을 높여 형식적인 결재를 방지
  - 결재 계층 수를 줄이고, 결재시기를 정하여 능률성을 확보
  - 기관장의 막료기능을 강화하여 신중한 검토가 이루어지도록 함
  - 전자결재의 활성화 및 대면결재의 축소

(5) 정책결정모형

① **정책결정모형의 의의**: 정책대안의 장단점을 비교 · 분석하여 평가하는 분석적 틀을 의미
② **정책결정모형의 구분**

㉠ 산출지향적 모형과 과정지향적 모형

산출지향적 모형 (합리성모형)	• 주로 행정학에서 다루며, 정책산출의 기준(합리성) 분석에 중점 • 처방성이 강하며, 정책내용이나 정책결정방법 개선에 목적을 둠 • 합리모형, 만족모형, 점증모형, 혼합주사모형, 최적모형, 연합모형 등
과정지향적 모형 (권력성모형, 참여자 중심 모형)	• 주로 정치학에서 다루는 모형으로 공공정책 형성과정에 있어 주도자(권력성)가 누구인가에 중점 • 기술적(記述的) 성격을 특징으로 하고, 분권화된 다원적 사회에 적용될 가능성이 높음 • 집단모형(다원론), 체제모형, 엘리트모형, 게임이론, 제도모형, 쓰레기통모형, 정책의 창 모형 등

㉡ 규범모형 · 실증모형과 합리모형 · 인지모형

규범모형	바람직한 의사결정을 위해 무엇을 어떻게 해야 하는지 제시하려는 처방적 연구
실증모형	실제 발생하고 있는 현실의 의사결정을 기술하고 설명하는 경험적 연구
합리모형	결정자를 합리적 행위자(완전한 합리성)로 가정하여 목표달성을 극대화하는 최적 대안을 선택하는 결정모형
인지모형	인간의 인지능력의 한계(제한된 합리성)를 전제로 의사결정과정의 설명이나 바람직한 의사결정 방법 제시

㉢ 개인적 모형과 집단적 모형(의사결정주체에 따른 구분)

개인적 모형	개인이 실제로 어떻게 의사결정을 하는가를 연구하는 모형(합리모형, 만족모형, 점증모형, 혼합모형, 최적모형)
집단적 모형	여러 개인들의 참여로 이루어지는 모형으로, 개인차원의 모형을 그대로 유추 · 적용하는 모형과 개인차원의 모형과 접근법을 달리하는 모형이 있음(회사모형, 조직모형, 쓰레기통모형, 앨리슨모형, 사이버네틱스모형 등)

③ 합리모형(연역적 접근방법)

㉠ 의의 : 정책결정자가 이성과 고도의 합리성에 따라 결정하고 행동한다고 보며, 목표나 가치가 명확하고 고정되어 있다는 가정 아래 목표 달성의 극대화를 위한 합리적 대안을 포괄적으로 탐색 · 평가 · 선택하는 모형

㉡ 전제조건
• 전체 사회가치의 가중치가 정해짐(목표가 명확히 제시되어 있다는 목표수단 분석)
• 인간은 대안의 결과에 대한 예측 능력 및 합리적인 분석 · 계산 능력을 지님
• 모든 대안을 총체적으로 비교 · 분석할 수 있는 합리적 정책 결정체제가 존재

㉢ 특징
• 가치 · 목표와 사실 · 수단을 엄격하게 구분 · 분석(목표수단분석)하며, 목표는 주어진 것으로 고정되어 있다고 가정
• 목표 달성을 이룰 수 있는 절대적 합리성이나 경제적 합리성에 근거하여 추구
• 계획적이고 단발적인 의사결정으로 동시적 · 분석적 해결추구

SEMI-NOTE

산출지향적 모형의 전개
• 1950년대 : 합리모형(합리주의적 의사결정론) 발달
• 1958년 : 만족모형(제한된 합리성 모형) 발달
• 1959년 : 점증모형(Lindblom의 정치적 합리성의 관점)
• 1967년 : 혼합주사모형(Etzioni의 의사결정에 관한 제3의 접근방법)
• 1970년대 : 최적모형(Dror)

합리모형의 한계
• 명확히 주어진 목표, 확실한 상황을 전제하는 등 비현실적인 모형이라는 비판
• 목표의 총체적 탐색과 목표의 합의가 현실적으로 어려우며, 결과에 대한 정확한 예측도 곤란
• 정책목표의 유동성을 고려하지 않았으며, 목표 · 가치의 신축적 조정도 불가능
• 정책문제 자체에 대해서만 분석 · 강조(분석과정의 폐쇄성)
• 인간의 주관적 가치판단이나 심리 등의 동태적 요인을 경시
• 경제적 합리성을 추구하면서도 분석과정이 매우 복잡하고 시간 · 비용이 많이 소요되는 비경제적 모형
• 매몰비용과 현실의 기득권을 무시
• 실질적으로 실행가능성이 낮음

SEMI-NOTE

만족모형의 한계
- 개인의 심리적 만족기준이 지나치게 주관적
- 만족기준이 불명확하며 기준에 일치되기 곤란
- 만족 시 최적 대안 탐색을 포기하므로 현실 만족적 보수주의에 빠지기 쉬움
- 창조적·쇄신적 대안 탐색활동은 기대하기 어려움
- 개인적 의사결정에 치중하므로 조직적·집단적 결정을 설명하기 곤란(연합모형에 의해 조직차원의 모형으로 발전)
- 정치체제·행정체제의 특징을 고려하지 않은 채 고급공무원의 행정결정과 소비자의 구매 결정을 동일시

점증모형의 한계
- 다원화되고 안정된 사회에서 만족스런 기존정책이 존재할 때만 타당한 이론이며, 이 조건을 만족시키지 못하면 실효성 상실
- 보수적이고 임기응변적 성격이 강하여 혁신의 장애가 될 수 있으며, 의도적 변화나 급속한 국가발전을 도모하는 개발도상국에는 적용이 곤란
- 장기적이고 근본적인 방향이 잘못되어 나갈 때 수정 곤란
- 다원론에 근거하므로 정치적 압력·영향력이 큰 집단에게는 유리하고 소수 집단은 불리(형평성이나 소수 집단 이익보호에 부적합)
- 기득권이나 매몰비용을 고려하므로 정책의 축소·종결이 곤란(눈덩이 굴리기식 정책결정)

   ㉣ 효용
    • 대안에 대한 체계적·과학적 분석, 대안 선택에 대한 객관적 평가가 가능
    • 엘리트의 역할이 큰 개발도상국의 국가 발전사업 추진에 용이
    • 단기간의 쇄신적 결정에 유용

  ④ **만족모형(귀납적 접근방법)**
   ㉠ 의의 : 의사결정은 인지능력의 한계 등 여러 현실적 제약으로 인해 최적대안이 아니라 현실적으로 심리적 만족을 주는 정도의 대안선택이 이루어진다는 모형
   ㉡ 특징
    • 합리모형의 한계를 보완한 모형으로, 심리적 만족을 기준으로 대안을 선택(주관적 합리성에 의한 결정)
    • 완전한 합리성이 아닌 제한된 합리성, 의도적 합리성을 추구(합리성에 있어 합리모형과 점증모형의 중간)
    • 경제인이 아닌 행정인의 가정에 기초(Simon은 합리모형이 가정하고 있는 의사결정자를 '경제인'이라고 하고, 합리성의 제약을 받는 의사결정자를 '행정인'이라 지칭)
    • 무작위적(random)이고 순차적(sequential)인 대안탐색을 통해 순차적으로 몇 개의 대안을 검토하여 현실적으로 만족하는 대안을 채택(귀납적·현실적·실증적 접근법, 점증모형으로 발전)
   ㉢ 합리모형과의 비교

구분	합리모형	만족모형
합리성	완전한 합리성(경제인)	제한된 합리성(행정인)
인간에 대한 가정	전지전능	인지성의 한계
목표 설정	극대화	만족수준
대안 탐색	모든 대안을 광범위하게 탐색	만족대안을 찾을 때까지 몇 개의 대안을 무작위적·순차적으로 탐색
대안의 결과 예측	모든 대안의 결과예측	중요한 요소만 고려하여 결과예측
대안 선택기준	최적대안(목표를 극대화하는 최적대안 선택)	만족할 만한 대안(심리적 만족 추구)

  ⑤ **점증모형(귀납적 접근방법)**
   ㉠ 의의
    • 정책결정자는 현실적으로 분석력과 시간이 부족하고 정보도 제약되어 있기 때문에 현재의 정책에서 소폭적인 변화만을 대안으로 고려하여 정책을 결정한다는 모형
    • 현재의 상황을 바탕으로 조금씩 개선해 가는 방법이므로 '가지에서 시작하는 방법(brench method)', '그럭저럭 헤쳐 나가는 방법'이라고 불림
   ㉡ 특징

- 현상유지도 대안의 하나로 보고, 현 정책에 비해 약간 향상된 정책에 치중(현상유지적)
- 한정된 수의 정책대안만 검토·분석하거나 중요한 결과만 평가하며 현 사회의 구체적인 결함을 소폭 경감시키는 보수적·연속적·점진적·개량주의적 이론
- 경제적 합리성보다는 이해관계의 원만한 타협과 조정을 통한 정치적 합리성을 중시
- 정책결정과정을 비합리적이고 무계획적인 이전투구과정(진흙탕 싸움)으로 간주

ⓒ 점증주의 정책분석의 유형(C. Lindblom)

단순 점증주의	합리모형의 복잡성을 덜기 위하여 정책대안 마련 시 현재 상태보다 약간 나은 것을 찾는 것으로, 소폭적 변화를 중시하는 초기의 점증주의
분절적 점증주의	더 복잡한 정책문제를 해결하기 위하여 관련 정책요인을 단순화시키고 다소의 전략을 포함하는 분석활동(연속적 접근방법)
전략적 점증주의	매우 복잡한 정책문제를 해결하기 위하여 신중하고 사려 깊은 전략을 통한 해결활동을 말하며, 합리모형을 추구하는 형태(합리주의와 점증주의의 결합형태)

ⓔ 합리모형과의 비교

구분	합리모형	점증모형
추구하는 가치	경제적 합리성(자원배분의 효율성)	정치적 합리성과 민주성(타협과 조정 중시)
목표-수단 관계	목표·수단의 구분, 목표수단분석 실시(목표 고정, 목표에 합치되도록 수단 선택)	목표·수단의 연쇄, 목표수단분석 미실시(목표를 수단에 합치되게 수정)
대안의 결과예측	모든 대안 예측(대안의 수는 무한정)	일부만 한정 예측하며, 환류로 결함 보충(대안의 수가 한정)
정책결정	• 근본적·쇄신적 결정 • 분석적·합리적·비분할적 결정 • 포괄적·단발적·일회적 결정 (문제재정의가 없음)	• 지엽적·개량적 결정 • 부분적·분산적·분할적 결정 • 계속적·연속적·순차적 결정 (문제재정의 빈번)
변화	대폭적·쇄신적·근본적 변화 모색	소폭적·점진적·부분적 변화 모색
상황	확실한 상황에 적합	불확실한 상황에 적합
매몰비용	기득권이나 매몰비용 무시	기득권이나 현실적 매몰비용 인정
접근방식	연역적 접근, 수학공식 적용	귀납적 접근, 시행착오
결정방향	하향식(top-down)	상향식(bottom-up)
집권 및 분권	집권적, 참여불인정	분권적, 참여인정
조직 구분	조직 간 장벽제거(사업별 편성)	조직 간 구분(조직별 편성)
적용 국가	개발도상국	선진국
배경 이론	엘리트론(소수가 기획)	다원론(다양한 이익집단의 참여)

SEMI-NOTE

점증모형의 유용성
- 부분적인 정책대안의 선택으로 예측이 용이
- 의사결정에 비용이 수반된다는 점을 명확히 함
- 매몰비용과 관련된 정책결정 방법을 설득력 있게 설명함
- 급격한 정책으로 인한 부작용을 예방하고 정책의 안정성을 도모하며, 미래의 불확실성을 극복하는 정책적 대안이 됨
- 다양한 이해관계자의 참여와 정치적 합의를 통해 정치적 갈등을 줄이고 실현가능성을 높임(현실적으로 가장 합리적인 모형)

린드블롬(C. Lindblom)의 견해
전략적 점증주의가 가장 이상적이나 인간은 복잡한 사회문제에 대하여 '총체적 지적 완벽함'을 기할 수 있는 능력이 없으므로, 단순 점증주의와 분절적 점증주의를 토대로 한 전략적 점증주의 모방이 바람직하다고 봄

SEMI-NOTE

혼합주사모형의 장단점
- 장점
  - 합리모형과 점증모형을 절충한 것으로 합리주의의 지나친 엄밀성과 점증주의의 보수성 극복 가능
  - 합리모형과 점증모형의 융합을 통해 정책결정 실제에 대한 설명력을 제고하고 상황에 따른 융통성을 부여함
  - 정책의 오류를 줄이고, 핵심에 근접할 수 있음
- 단점
  - 합리모형과 점증모형의 단순한 절충에 불과한 독창성 없는 이론으로, 두 이론의 결함을 해결하지 못함
  - 합리모형의 변형으로 거시적 개략분석과 미시적 정밀분석의 혼합에 불과함(합리모형의 단점인 지나친 엄밀성을 완화한 것에 불과)
  - 정책결정이 기본적 결정과 부분적 결정으로 신축성 있게 이루어지기 어려움

정책결정구조의 중첩성(Y. Dror)
Dror는 정책결정의 여러 국면(단계)들이 중첩적 · 가외적인 특징을 가진다고 보고, 이러한 정책결정구조의 중첩성이 정책결정의 오류를 방지하고 최적수준의 정책결정을 보장해준다고 함

최적모형의 한계
- 기본적으로 경제적 합리성을 중시하므로 다원화된 사회적 과정에 대한 고려가 부족함
- 지나치게 이상적이고 유토피아적인 모형으로, 여전히 합리모형의 틀을 탈피하지 못함
- 합리성과 구별되는 초합리성의 본질 · 기준이 불분명하며, 최적의 기준도 불명확함

⑥ **혼합주사모형(혼합모형, 혼합관조모형)**
  ㉠ 의의
  - 에치오니(Etzioni)가 규범적 · 이상적인 합리모형과 현실적 · 실증적인 점증모형의 장점을 교호적으로 혼용한 제3의 접근방법
  - 합리모형을 제1접근으로, 점증모형을 제2접근으로 양자를 결합하여 합리모형이 지니는 비현실성을 감소시킴과 동시에 점증모형이 지니는 보수성을 극복
  ㉡ 특성
  - 합리모형과 점증모형을 신축적 · 탄력적으로 절충한 모델
  - 상황이 급변하거나 최초 결정이 바람직하지 않을 때는 기본적 · 맥락적 결정(합리모형 적용)을, 안정적 상황에서는 부분적 · 세부적 결정(점증모형 적용)을 시도
  - 완전한 당위성을 강조하는 합리모형은 전체주의 사회에 적합하고, 정치적 합리성을 추구하는 점증모형은 다원주의 사회에 적합하며, 혼합모형은 활동적 사회(능동적 사회)에 적합함
  - 정책결정을 정치 사회화함
  ㉢ 합리모형 · 점증모형과의 관계 비교

구분	합리모형 (제1접근)	점증모형 (제2접근)	혼합모형(제3접근)	
			근본적 결정	세부적 결정
대안의 탐색	포괄적	제한적	포괄적(합리모형)	제한적(점증모형)
예측할 대안 결과	포괄적	제한적	제한적 – 합리모형의 엄밀성 극복	포괄적 – 점증모형의 보수성 극복
결정상황	근본적(위기, 중대한) 상황	부분적, 지엽적, 안정적 상황	상황에 따른 신축적 적용	
평가	• 쇄신적 모형 • 비현실적	• 보수적 모형 • 현실적	• 절충 · 혼합모형 • 합리모형과 점증모형의 단점 극복 시도	
정치 사회	전체주의 사회	다원주의 사회	능동적 사회	

⑦ **최적모형(Optimal Model)**
  ㉠ 의의
  - 불확실한 상황이나 제한된 자원, 선례 및 정보의 부재 등으로 합리성이 제약되는 경우 합리적 요소 외에도 결정자의 직관이나 주관적 판단, 영감, 육감 같은 초합리적 요소도 고려해야 한다는 모형
  - 드로어(Y. Dror)는 합리모형의 비현실성과 점증모형의 보수성을 비판하고, 양자를 통합하여 이상주의(합리모형)와 현실주의(점증모형)를 결합시켜 최적모형을 제시
  - 정책결정을 체제론적 관점에서 파악하고 정책성과를 최적화하려는 모형
  ㉡ 주요단계

초정책결정단계 (meta-policy making stage)	• 정책결정에 관한 결정(정책결정을 어떻게 할 것인가에 관한 결정)단계로, 가장 중요한 정책결정이며 고도의 초합리성이 요구됨 • 가치의 처리, 현실의 처리, 문제의 처리, 자원의 조사·처리 및 개발, 정책시스템의 설계·평가 및 재설계, 문제·가치 및 자원의 할당, 정책결정 전략의 결정
정책결정단계 (policy making stage)	• 본래적 의미의 정책결정으로, 합리성이 요구되는 단계 • 자원의 세부적 할당, 조직적 목적 설정 및 우선순위 결정, 주요 가치 설정 및 우선순위 결정, 주요 정책대안 마련, 대안의 편익과 비용에 대한 예측 실시, 편익과 비용 비교를 통한 최선의 대안 식별 등
후정책결정단계 (post-policy making stage)	• 정책을 집행하고 평가하는 단계, 정책수정단계 • 정책 집행의 동기부여, 집행, 집행 후 정책결정에 대한 평가 및 환류

ⓒ 특성
- 정책의 합리적 요인과 초합리적 요인을 동시에 다루는 양적·질적 모형
- 대안선택 시 제한된 자원의 범위 내에서 최적대안 선택(경제적 합리성)
- 불확실한 상황이나 선례가 없는 복잡한 문제에 대해서는 초정책 결정에 중점(초합리성)
- 정보교류와 환류를 전개하여 정책결정자의 결정능력을 최적수준까지 향상(환류과정의 확장)
- 점증모형이나 만족모형의 보수적·타협적 성격을 비판하고 개선을 강조한 모형

⑧ 회사모형(연합모형)
  ㉠ 의의 : 회사(조직)를 유기체로 보지 않고 서로 다른 목표들을 가지고 있는 하부조직의 연합체(coalition, 느슨하게 연결된 반독립적인 하부집단의 결합체)로 가정하며, 각 하위조직들이 연합하거나 타협하여 최종안을 선택한다는 의사결정모형
  ㉡ 특성
  - 경험적으로 학습된 행동규칙인 표준운영절차(SOP) 발견 및 이에 따른 의사결정 강조
  - 하위조직 간의 갈등·모순을 하나의 차원이나 기준으로 통합하는 방법이 없어 완전한 해결이 아니라 갈등에 대한 잠정적·불완전한 해결(준해결)에 머물며, 제한된 국지적 합리성을 추구
  - 환경의 유동성으로 대안의 결과는 불확실한 것으로 보고 환경의 불확실성을 제거(회피)하기 위해 환경을 통제할 방법을 찾음(불확실성에 대한 극복이 아닌 단기적 피드백과 단기적 반응을 통한 회피 전략을 추구)

⑨ 쓰레기통모형
  ㉠ 의의 : 조직화된 무질서와 혼돈(조직화된 무정부 상태) 속에서 쓰레기가 우연히 한 쓰레기통 속에 모이는 것과 같은 임의적 선택과정을 거쳐 의사결정이 이루어진다고 보는 모형

SEMI-NOTE

초합리성 강조
초합리적 결정은 사례연구, 감수성훈련, 브레인스토밍 등과 같은 수단들에 의해 증진될 수 있다고 봄

회사모형의 한계
- 사조직(회사)을 대상으로 하므로 공공조직에 적용은 무리가 있음
- SOP에 의존하는 보수적 이론으로, 혁신적 대안 제시가 곤란함
- 민주적·분권적 모형이므로 개발도상국 등 권위주의 국가나 조직에는 적용이 곤란함

표준운영절차(SOP)의 종류
- 장기적(일반적) SOP : 장기적인 환류에 따라 서서히 변화하게 하여 장기적 합리성을 도모하는 SOP
- 단기적(구체적) SOP : 일반적 SOP를 구체화시킨 것으로 이는 단기적인 환류에 의하여 변화됨(회사모형에서 중시하는 SOP)

SEMI-NOTE

조직화된 무정부 상태의 세 가지 조건
- **문제성 있는 선호** : 사람들의 선호가 분명치 않으며, 서서히 각자의 선호를 알아감
- **불명확한 기술** : 의사결정에 적용할 인과적 지식과 적용기술이 불분명하며, 참여자들이 이것을 잘 이해하지 못함
- **일시적·유동적 참여자** : 의사결정에 참여하는 담당자의 유동이 심하고 시간적 압박상태에 놓여 있음

정책의 창과 점화장치(triggering event)
응집성이 약한 조직화된 무정부 상태에서는 점화장치(점화계기)가 있어야 3가지 흐름이 합쳐져 정책의 창이 열릴 수 있음. 이러한 점화장치에는 문제의 심각성을 크게 부각시키는 극적인 사건과 정권의 변동 등으로 인하여 정치적 분위기나 이념 등을 변화시키는 정치적 사건이 있음

정책의 창이 닫히게 되는 요인
- 관련 문제가 충분히 다루어졌다고 느낄 때
- 정책의 창을 열게 했던 사건이 사라지는 경우
- 정책 참여자들이 정부의 행동을 유도하지 못하거나 정책대안을 제시하지 못한 경우

쿠바의 미사일 사건(1962)
구소련이 쿠바에 미국을 공격할 수 있는 미사일기지를 설치하고 핵탄두미사일을 배치하려 하자, 미국의 케네디(Kennedy) 정부는 이에 해상봉쇄와 무력침공의 두 가지 대안 중 미사일이 운반되지 못하도록 하는 해양봉쇄정책을 채택함으로써 13일 간 지속된 일촉즉발의 위기상황을 극복하게 됨

ⓒ **내용**

전제조건	의사결정상황은 조직화된 무정부상태(조직화된 무질서와 혼돈상태)라는 고도의 불확실한 상황이며, 이는 문제성 있는 선호, 불명확한 기술, 일시적·유동적 참여자라는 세 가지 조건을 내포
의사결정	조직화된 무질서와 혼돈 속에서 쓰레기가 우연히 한 쓰레기통 속에 모이듯 독자적으로 흘러 다니던 네 가지 의사결정 흐름(문제의 흐름, 해결책의 흐름, 참여자의 흐름, 선택기회의 흐름)이 우연히 한 곳에 모여 의사결정이 이루어짐
쓰레기통 속에서의 임의적 선택	의사결정과정이 문제의 확인에서 문제해결로 끝나는 순차적 과정이라 보지 않음
결정방식 및 전략	• 날치기 통과(choice by oversight, 간과) : 다른 문제들이 제기되기 전에 재빨리 의사결정을 하는 방식 • 진빼기 결정(choice by flight, 탈피) : 어려운 결정을 내릴 때 다른 관련 문제가 반복적 주장으로 힘이 빠져 다른 기회를 모색할 때까지 기다렸다가 의사결정을 하는 방식

⑩ **정책의 창 모형(Streams and Windows Model, 정책흐름 모형)**
　㉠ **의의** : 의사결정에 필요한 3요소(문제의 흐름, 정치의 흐름, 정책의 흐름)가 흘러다니다 만날 때 정책의 창이 열려 결정이 이루어진다는 모형으로, 여기서의 정책의 창은 정책주창자들이 그들의 관심대상에 주의를 집중시키고 그들이 선호하는 대안을 관철시키기 위해서 열리는 기회를 말함
　㉡ **3가지 흐름**

문제의 흐름	정책결정자나 일반공중은 특정 사회문제에 관심을 집중시켜 문제를 규정하고 문제 해결을 위한 새로운 정책을 모색함
정치의 흐름	국가적 분위기나 여론, 선거 등에 의한 정치적 영향력의 변화 속에서 이루어지는 협상과정
정책의 흐름	문제 해결을 위한 정책으로서 선택할 수 있는 각종 대안이 마련되고 특정 대안이 부각되는 과정

　㉢ **특성**
- 정책의 창(문제를 논의할 수 있는 문)은 우연한 사건으로 열리기도 하지만, 주로 여러 여건이 성숙하여 세 가지 흐름이 함께 할 때 열리게 됨
- 정책의 창은 여러 요건이 갖추어진 짧은 시간 동안만 열리게 되며, 오래 지속되지 않고 몇몇 요인에 의해 이내 닫히게 됨
- 정책의 창은 정책의제설정에서부터 최고의사결정까지의 과정에서 필요한 여러 여건들이 성숙될 때 열리게 되므로, 한번 닫히게 되면 다시 열릴 때까지 대체로 많은 시간이 소요됨

⑪ **앨리슨(G. T. Allison)의 모형** ★ 빈출개념
　㉠ **의의**
- 앨리슨은 쿠바 미사일사태에 대하여 체계적으로 설명하기 위해 집단의 특성(응집성이나 권력성)에 따라 세 가지 상이한 모형을 제시

- 기존의 합리모형은 심리적·정치적 문제에 관하여 이론적 기초가 불분명하다고 지적하고 두 가지 대안으로 조직과정모형과 관료정치모형을 제시
ⓒ 내용

합리모형 (합리적 행위자 모형, 모형Ⅰ)	엄밀한 통계적 분석에 치중하는 결정방식으로, 개인적 차원의 합리모형의 논리를 집단적인 국가·정부정책 과정에 유추 적용한 모형
조직과정모형 (모형Ⅱ)	정부를 느슨하게 연결된 준독립(반독립)적인 하위조직체들의 결정체로 보아, 정부정책을 이들 여러 조직의 상반된 대안이 최고결정자의 조정을 거쳐서 반영된 것이라 보는 모형
관료정치모형 (정치모형, 모형Ⅲ)	조직의 상위계층에 적용되는 모형으로, 현실적인 정책결정이 결정환경에 참여하는 독립적인 참여자 간의 갈등과 협상·타협·흥정에 의해 이루어진다는 모형

ⓒ 각 모형의 비교

구분	합리모형(모형Ⅰ)	조직과정모형(모형Ⅱ)	관료정치모형(모형Ⅲ)
목표 공유도 및 응집성	매우 강함	중간 내지 다소 약함	매우 약함
조직관	조정·통제가 잘 된 유기체적 조직	반독립적 집합체	독립적인 개개인들의 집합체
권력 소재 및 권위	최고지도자가 권력 보유(집권), 공식적 권위	반독립적 하부조직이 권력 분산 소유, 전문적(기능적) 권위	독립적인 개별적 행위자 개인
행위자의 목표	조직 전체의 전략적 목표(갈등 없음)	조직 전체 목표 + 하부 조직목표	조직 전체 목표 + 하위 조직목표 + 개인목표
적용 계층 (결정주체)	전체 계층	하위계층	상위계층
정책결정 원리 및 방식	최고지도자의 명령·지시에 의한 총체적·동시적·분석적 탐색과 결정(합리적 결정)	기존 관행과 프로그램 목록, SOP 등에 의한 대안 추출(순차적 해결), 준 해결	• 정치적 게임의 규칙에 따라 협상·타협·연합 • 흥정·경쟁(정치적 해결)
합리성	완전한 합리성	제한된 합리성	정치적 합리성
정책의 일관성	항상 일관성 유지	빈번히 변경	거의 일치하지 않음

⑫ 사이버네틱스(인공두뇌학)모형(적응모형)
㉠ 의의
- 분석적인 합리모형과 극단적으로 상반되는 적응적·관습적 의사결정모형으로 '인공두뇌학(인공지능)'이라고 하며, 목표 달성을 위한 상황 변화에 따른 정보의 해석·판단과 적응, 환류에 의한 통제라는 관점에서 설명한 모형
- 광범위하고 복잡한 탐색을 거치지 않고 주요 변수에 대한 정보만을 미리 정해진 표준운영절차에 따라 처리하고 미리 개발해 둔 해결목록에 의해 문제를 해결

SEMI-NOTE

반대에 의한 결정모형
앤더슨(Anderso)이 앨리슨(Allison) 모형의 경우와 같이 쿠바 미사일 사건을 통해 의사결정에 대한 연구를 통해 제기한 것으로, 경쟁적인 대안을 제시하고 탐색하기보다는 논의의 과정에서 반대제기를 통하여 목표를 발견해 나가는 경우가 많다는 모형. 여기서는 '문제를 해결해 줄 것인가'가 아니라 '문제를 악화시킬 확률이 낮은 것인가'를 대안선택에 있어 가장 중요한 판단기준으로 봄

사이버네틱스모형
애쉬비(Ashby), 바이너(Weiner) 등이 제시하였으며, 사이버네틱스 결정양식에 대하여 바이너는 '기계 및 동물에 있어서의 제어와 통신에 관한 이론 전반'이라 정의함

SEMI-NOTE

인간의 제한된 합리성
인간은 문제해결을 위해 완전한 답을 도출해 내려고 하지만 현실적으로 그가 가진 정보와 인지의 한계 등으로 인해 만족할 만한 수준에서 의사결정이 이루어질 수밖에 없다는 것. 결국 이런 논리적 귀결에 의해 인간이 정책문제에 대한 접근은 알고리즘에 의한 방식이라기보다는 휴리스틱에 의한 방식으로 이루어지는 것이 압도적으로 많게 됨

정책딜레마의 논리적 구성요건
- 분절성(단절성) : 대안 간 절충 불가
- 상충성 : 대안 간 충돌
- 균등성 : 대안들의 비슷한 결과 가치 내지는 기회손실
- 선택불가피성 : 선택 압력
- 명료성 : 대안의 구체성

ⓒ 특성
- 비목적적인 적응적 의사결정 : 고도의 불확실성 속에서 정보를 자동적으로 제어·환류해 나가는 결정체제로, 목적을 미리 고정하지 않고 프로그램 반응목록에 따라 이루어지는 의사결정 추구
- 휴리스틱스(heuristics)식 결정 : 시행착오에 근거하여 관례를 만들어가고 그 관례를 프로그램 반응목록에 입력하여 이에 의하여 의사결정
- 불확실성의 통제 : 대안이 초래할 불확실한 결과를 문제 삼지 않는 시행착오적 적응
- 시행착오적(도구적) 학습 : 관례를 입력한 프로그램 반응목록에 없는 상황이 발생하면 시행착오를 거쳐 새로운 도구를 만들고 이 도구가 효과를 보면 프로그램 반응목록에 입력하여 의사결정의 기준으로 활용
- 집단적 의사결정 : 합리모형과 달리 개인의 의사결정 논리가 그대로 집단에 적용되지 않음

ⓒ 합리모형과의 비교

구분	합리모형	사이버네틱스모형(적응모형)
기본적 가정	완전한(엄격한) 합리성(전지전능)	제한된 합리성(인지능력의 한계)
문제해결과 해답	알고리즘(연역적 방식) → 최선의 답 추구	휴리스틱스(귀납적 방식) → 그럴듯한 답 추구
학습	인과적 학습	도구적 학습(시행착오적 학습)
대안분석	동시적 검토·분석	순차적 검토·분석
의사결정 및 대안선택	단발적 결정, 목표의 극대화와 최적대안(수단)의 선택	연속적 결정, 비목적적 적응과 그럴듯한 대안
불확실성 대응	불확실성의 감소 추구	불확실성의 통제 추구
이념	효율성	형평성
모형	합리모형, 앨리슨의 모형 Ⅰ	조직모형, 회사모형, 앨리슨의 모형 Ⅱ
조직	단일한 의사결정자로서의 조직 → 유기체이므로 개인의 의사결정=조직의 의사결정	상이한 목적을 지닌 개인의 연합체로서의 조직 → 유기체가 아니므로 개인의 의사결정≠조직의 의사결정

⑬ 정책딜레마 모형
ⓐ 의의 : 정책결정을 해야 하지만 상충되는 정책대안들 가운데서 어떤 것도 선택하기 어려운 상태로, 상호 갈등적인 복수의 정책대안(가치)이 선택상황에 나타났을 때, 어느 한 대안의 선택이 가져올 기회손실이 용인의 한계를 벗어나기 때문에 선택이 불가능하거나 매우 어려운 상태
ⓑ 발생조건
- 선택요구의 압력 : 시간적 제약으로 대안들 가운데서 하나를 반드시 선택해야 한다는 요청이 강함
- 행태적·상황적 조건

- 갈등집단 간의 강한 내부응집력
- 특정대안의 선택으로 이익을 보는 집단과 손해를 보는 집단의 명확히 구분
- 갈등집단이 결정의 회피나 지연을 불용(선택불가피성)
• 대응행동
  - 소극적 대응 : 결정의 회피(포기, 비결정), 결정의 지연, 결정책임의 전가, 상황의 호도 등
  - 적극적 대응 : 딜레마 상황의 변화를 유도하거나 관심을 돌리기 위해 새로운 딜레마 상황을 조성하거나 정책문제의 재규정, 상충대안의 동시 선택 등
• 예방대책
  - 결정자의 개인적 이익이나 판단으로 시스템 전체가 딜레마에 빠지지 않도록 함
  - 이해 관계자가 정책결정자에게 직접적인 영향력을 행사할 수 없도록 여과장치(행정계층 등) 설계

4. 정책집행(policy implementation)

(1) 정책집행의 본질

① **정책집행의 의의**
  ㉠ 정책집행이란 결정된 정책을 현실에서 수행하는 과정
  ㉡ 나카무라와 스몰우드(Nakamura & Smallwood)는 권위 있는 정책지시를 실천에 옮기는 과정이라고 정의함
  ㉢ 미국 존슨(Johnson) 대통령의 '위대한 사회'건설을 위한 각종 사회복지정책(소수민족 취업계획인 Oakland 사업 등)의 실패에 대한 조사 · 연구에서 출발

② **정책집행 연구의 대두**

고전적 정책집행관	• 정책집행에 대한 고전적 연구는 연구대상에서 정책집행의 특정적 측면(행정조직 내부의 운영)만이 강조되고, 정책집행을 극히 단순 · 기계적인 것으로 가정 • 정책집행이 조직외부의 관련집단과의 관계 속에서 정책이 구체적으로 실현되는 과정이라는 측면을 간과하였으며 정책집행을 별도로 연구하지 않음
현대적 정책집행관	• 정책결정과 정책집행의 동질성(정치 · 행정1원론) • 정책결정과 정책집행의 순환성 : 정책결정과정에서 지식 · 정보의 부족으로 인해 추상적 정책결정이 이루어지고, 집행과정에서 환류되는 정보와 집행자의 전문가적 판단에 의해 정책내용이 수정 · 보완됨 • 정책결정자와 집행자의 연관성 : 정책결정자는 정책내용결정 시 정책집행자의 능력과 태도를 고려하고, 정책집행자도 집행과정에서 정책내용을 구체화하는 점에서 양자는 주어진 상황 하에서 상호적응적 형태를 보임

SEMI-NOTE

정책집행의 특성
• 정책결정 및 정책평가와의 상호작용을 하는 계속적 과정
• 많은 조직과 인력이 관련되는 정치적 · 복합적 성격
• 정책문제의 해결과 목표 달성을 위해 실현방안을 계속적 · 구체적으로 결정
• 법률의 제정에서 지침개발 · 자원배분 · 평가 등을 거치는 순환적 특성
• 정책이 현지실정에 맞도록 환류 · 수정(상호적응성)

고전적 정책집행관의 특징
• **정책만능주의** : 정책을 수립하기만 하면 문제가 다 해결됨
• **정태적 정책관** : 구조화된 상황 아래에서 정책은 집행과정에서 변하지 않음
• **계층적 조직관** : 정책은 결정자의 지시에 따라 하향적으로 집행됨

현대적 정책집행론의 등장배경
• 사회정책사업의 대대적 실패
  - 1960년대 말 잇단 정책 실패
  - 다원론적 정치체제
• 프레스맨과 윌다브스키(J. Pressman & A. Wildavsky)의 집행론
  - 많은 참여자
  - 집행관료의 빈번한 교체
  - 타당한 인과모형의 결여
  - 부적절한 행정기관

③ 정책집행의 접근방법

구분	하향적 접근	상향적 접근
성격	정형적 · 거시적 · 전방향적 · 연역적	적응적 · 미시적 · 후방향적 · 귀납적
목적	성공적 정책집행 조건과 전략 제시(결정자에 대한 규범적 처방 제시)	실제 집행 양태를 밝힘(집행과정의 기술과 인과론적 설명)
권한 소유	결정자(정책결정자가 주요 행위자)	집행자(일선집행관료나 정책대상집단이 주요 행위자)
정책 상황	안정적 · 구조화된 상황, 목표 수정의 필요성 낮음	유동적 · 비구조화된 상황, 목표 수정의 필요성 높음
이념 및 성격	합법성, 기술성	대응성, 상호적응성
합리성의 성격	완전한 합리성, 도구적 합리성	제한된 합리성, 적응적 합리성(환경에의 적응 중시)
정책목표	구체성, 명확성(목표수정의 필요성 낮음)	모호성, 일반성(목표수정의 필요성 높음)
관리자의 참여	참여 제한(충실한 집행 강조)	참여 필요(적응적 집행 강조)
정책의 성공요건	결정권자의 리더십(결정자의 효과적 통제와 집행자의 순응)	집행관료의 재량과 역량(일선관료에게 적절한 재량과 자원부여)
집행절차	표준운영절차(SOP) 사용	상황에 맞는 절차 사용
집행자의 재량	인정 안 됨	인정됨
정치와 행정	정치 · 행정이원론, 결정과 집행의 분리	정치 · 행정일원론, 결정과 집행의 통합
집행의 평가기준	집행의 충실성과 성과 · 목표 달성 여부	환경에 대한 적응성, 성과는 부차적 평가 기준
주요학자	미터와 혼(V. Meter & V. Horn)(1975), 사바티어와 마즈매니언(Sabatier & Mazmanian)(1981)	립스키(Lipsky, 일선관료제론), 엘모어(Elmore, 1979), 버먼(Berman, 1978), 히언과 헐(Hjern & Hull, 1985)
모형	• 윌다브스키 – 통제모형 • 엘모어 – 전향적 접근방법 • 버먼 – 정형적(거시적 · 하향적) 집행 • 나카무라 – 고전적 기술자형, 지시적 위임형	• 윌다브스키 – 상호작용모형, 진화모형 • 엘모어 – 후향적 접근방법 • 버먼 – 적응적(미시적 · 상황적) 집행 • 나카무라 – 재량적 실험가형, 관료적 기업가형

④ 통합모형(통합적 접근방법)
  ㉠ 의의
    • 1980년대 중반 이후 하향적 접근과 상향적 접근방법을 서로 보완 · 통합하고자 하는 학문적 노력이 전개되면서 등장한 모형
    • 통합모형에서는 각 접근방법의 장단점이 상대적이므로 접근방법의 변수들

SEMI-NOTE

상향적 접근법이 유용한 경우
• 조직 상하관계의 상호 교류가 많고 원만한 경우
• 집행참여자가 다양하고 의사결정권이 중대되는 경우
• 급변하는 상황에 신축적인 적응이 요구되는 경우
• 정책의 영향을 받는 개인들을 협상의 장으로 유인할 필요가 있는 경우

립스키(M. Lipsky)의 일선관료제
• 1976년 도시 관료 연구를 통하여 교사, 경찰, 복지요원 등을 분석하면서 상향적 정책집행의 한 영역으로 일선관료제를 제시
• 일선관료란 시민(고객)들과 직접 접촉하는 공무원을 말하며, 립스키(Lipsky)는 고객과 접촉하는 일선관료가 실질적으로 공공정책을 결정한다는 상향적 정책집행 접근법을 중시
• 복지행정에서는 일선관료가 중요한 역할을 수행하나 지금껏 이에 대한 연구가 부족했다고 비판
• 일선관료의 직무상황에 대한 적응방식(적응메커니즘)을 업무의 단순화(simplification)와 정형화(routinization)로 파악

매틀랜드(Matland)의 상황론적 통합모형(1995)
통합모형의 일종으로, 모호성과 갈등이 모두 낮은 경우에는 하향식 접근법이 효과적이고, 모호성과 갈등이 모두 높은 경우에는 상향식 접근이 효과적이라고 봄

을 통합해야만 집행과정의 다양한 측면을 설명할 수 있다고 보았으나, 하향적 접근법과 상향적 접근법은 이론적 배경과 성격이 달라 유기적 연계성이 부족하고 통합으로 인한 논리적 모순이 발생할 수 있다는 비판이 제기됨

ⓒ 주요 연구모형 ★ 빈출개념

사바티어의 통합모형	• 비교우위 접근법 : 하향적 또는 상향적 방법 중 상대적으로 적용 가능성이 높은 조건을 발견하여 이용함 • 정책지지연합모형 : 기본적 관점은 상향적 접근을 채택하고, 하향적 접근을 결합
엘모어의 통합모형	정책결정자가 정책프로그램 설계 시 하향적 접근방법에 의하여 정책목표를 설정하되, 정책수단을 선택하는 경우는 상향적 접근방법에서 제시하는 방법을 수용함으로써 집행가능성이 가장 높은 정책수단을 선택함

⑤ 정책집행의 단계

정책지침개발 (작성)단계	• 추상적인 정책이 현실적으로 집행이 가능하도록 구체화시켜 '무엇을', '어떻게' 할 것인가를 규정하는 것으로, 이 지침을 집행자에게 밝혀 주어야 함 • 정책집행에 필요한 사항과 집행자의 업무를 규정하는 사실상의 정책결정단계(SOP가 핵심)
자원확보 및 배분단계	집행담당기관이나 집행대상자에 대한 예산·인력·시설·정보 등 필요한 물적·인적 자원을 확보·배분하는 단계
실현활동단계	확보된 자원을 이용하여 정책지침에 따라 정책의 내용을 대상자에게 실천하는 단계(서비스 제공이나 행동 규제 등의 단계
감시 및 환류 (감독·통제) 단계	실현활동이 지침에 따라 적절히 수행되었는가를 점검·평가하고, 그 결과를 정책집행과정에 환류하는 단계

(2) 정책집행의 모형(정책집행유형론)

① 나카무라와 스몰우드(Nakamura & Smallwood)의 정책집행유형

고전적 기술 관료형	• 정책결정자는 집행자의 활동을 통제하며, 목표를 달성하기 위한 미미한 재량권(행정적 권한)만을 집행자에게 위임 • 정책실패 시 그 원인을 집행자의 기술자 능력 부족(기술적 결함) 때문이라고 봄
지시적 위임형	• 정책결정자는 집행자에게 목표 달성을 지시하고 이를 위한 수단을 강구하도록 재량적인 행정적 권한(관리권한)을 위임(집행자는 기술적 권한 외에 행정적 권한을 가짐) • 정책실패의 원인을 집행자의 기술적 역량 부족, 다수 집행기관의 참여(공동행동의 복잡성)와 협상 실패, 결정자의 애매모호한 지시 등으로 봄
협상가형	• 결정자와 집행자가 목표나 목표 달성을 위한 수단에 관해 협상을 벌이는 유형(집행자는 구체적 목표 및 수단에 관한 협상권한을 가짐) • 정책실패의 원인을 집행자의 기술적 역량부족과 집행수단의 기술적 결함, 협상 실패로 인한 집행자의 불만(타성, 무사안일, 부집행 등), 집행자의 정책목표 왜곡이나 정책집행 회피 등으로 봄

SEMI-NOTE

정책집행과 정책변동
• 점증모형 : 정책은 쉽게 변동되지 않음
• 정책변동모형(단절적 균형모형) : 정책이 어떤 계기로 변동되는 이유를 설명(단절 이후 균형 유지)
 - 정책지지연합모형(Sabatier 등) : 정책은 장기간(10년 이상)에 걸쳐 점진적으로 변동되는 학습과정임
 - 정책패러다임변동모형(P. Hall) : 정책은 급격한 변동이 쉽지 않다는 사바티어의 주장과 달리 정책의 근본적인 패러다임이 급격히 변동될 수도 있다는 모형(예) 자유방임주의 → 케인즈주의 → 통화주의 등)

나카무라와 스몰우드의 정책집행유형의 의의
• 정책결정자와 집행자의 역할관계를 고전적 기술관료형, 지시적 위임가형, 협상가형, 재량적 실험가형, 관료적 기업가형으로 구분
• 고전적 기술가형에서 관료적 기업가형으로 나아갈수록 정책결정자의 통제는 감소하고 정책집행자의 재량적 역할은 증가

SEMI-NOTE

관료적 기업가형에서의 권력이전

- **권력이전의 의미** : 관료적 기업가형에서는 권력이 결정자에게서 정책집행자로 이동하게 되어 집행자가 정책과정을 지배하게 되는 현상
- **권력이전의 발생원인**
  - 집행자는 정책결정에 필요한 정보를 산출하고 통제함으로써 정책과정을 지배
  - 안정성과 계속성을 기본 속성으로 하는 행정관료제에서 집행자는 결정자와 달리 교체되지 않음
  - 집행자들이 기업가적·정치적 재능(기술)을 발휘해서 처음부터 정책형성을 주도

성공적 정책집행의 판단기준

- **실질적·내용적 판단기준**
  - 실질적·내용적 판단기준이란 정책집행의 성공 여부를 특정 일방의 정책주체와는 관계없이 실질적 내용을 국가·사회의 전체 입장에서 판단하는 것
  - 정책내용이 분명한 경우 정책집행의 성공 여부를 판단하는 내용적 기준은 효과성과 능률성이 주요기준이 됨
  - 정책집행에서 일어나는 실질적 정책결정과정이 바람직한가의 여부(정책목표의 소망성, 즉 목표의 적합성이나 적절성, 정책수단의 소망성)
- **주체적·절차적 판단기준(Rein, Rabinovitz)**
  - 법적 명제(legal imperative) : 정책집행은 법률의 내용이나 의도를 따라야 하며, 여기에는 정책목표는 물론 정책수단이나 추진방법이 포함됨
  - 합리-관료적 명제(rational-bureaucratic imperative) : 집행이 도덕적으로 옳고, 행정적으로 실현 가능하며, 지적으로 합리적이어야 한다는 것으로, 집행관료들이 집행의 성공 여부를 주관적으로 판단하는 기준
- **합의적 명제(consensual imperative)** : 정책집행에 관련되는 이해집단들 모두가 합의할 수 있도록 정책이 집행되는 것을 의미

재량적 실험가형	• 문제와 해결책에 대한 구체적 정의가 어려운 경우 적용 가능한 유형이며, 복잡하고 불확실한 상황에서 가장 혁신적인 집행방법이 됨 • 정책실패의 원인을 집행자의 전문성·지식의 부족, 모호한 정책결정에 따른 집행상의 혼란, 집행자가 임의적 자원 사용이나 기만, 책임의 분산으로 인한 결정자와 집행자의 책임회피 등으로 봄
관료적 기업가형	• 집행자가 강력한 권한을 갖고 정책과정 전반을 주도하며 결정권까지 행사(집행자에게 권력이 이전되는 유형으로, 고전적 기술관료형과 반대됨) • 집행자는 목표를 설정하고 결정자를 설득하여 이를 수용하게 하며, 목표 달성에 필요한 수단을 결정자와 협상을 통해 확보함 • 결정자는 집행자가 수립한 목표와 목표 달성방안을 지지

② 엘모어(Elmore)의 정책집행유형(집행조직모형)

체제관리 모형	조직을 합리적 가치극대자로 보는 모형으로, 집행의 성공을 위한 조건으로 효율적인 관리통제를, 실패 원인으로 미숙한 관리를 제시(고전적 접근법과 밀접)
관료과정 모형	정책집행은 관료가 지니는 재량과 루틴(집행관료가 나름대로 설정한 정형화된 집행방법)에 의하여 결정된다는 모형
조직발전 모형	집행의 성공 조건을 정책결정자와 집행자 사이의 정책에 관한 합의로 드는 모형
갈등협상 모형	조직을 갈등의 장으로 보며, 집행의 성공 여부는 갈등의 협상 여부에 의하여 결정된다고 보는 모형

(3) 정책집행에 영향을 미치는 요인(정책집행 성공요인)

① 일반적 요인

내부요인	외부요인
• 정책내용 • 자원 • 집행조직 • 집행담당자 • 집행절차	• 정책문제 • 정책대상집단 • 정책집행의 참여자 • 사회경제적 여건 및 기술 • 대중매체와 여론 • 정책결정기관의 지원

② 사바티어와 마즈매니언(P. Sabatier & D. Mazmanian)의 정책집행분석모형

문제의 성격	• 타당한 인과모형의 존재(목표와 수단 간의 긴밀한 인과관계, 기술적 타당성) • 대상집단 행태(활동)의 다양성과 요구되는 행태변화의 정도 • 대상집단의 규모와 명확성
법적 요인	• 법규상 추구하는 정책목표의 안정성·일관성 및 목표 간 우선순위의 명확성 • 집행기관의 계층적 통합성(계층적 통합이 약화되면 집행 곤란) • 목표에 부합하고 표준화·공식화된 집행기관의 결정규칙(SOP 등) • 집행 과정상의 거부점의 최소화 및 저항의 극복수단(제재·유인책) 구비
정치적 요인	• 대중의 지지와 대중매체의 관심 • 사회·경제·기술적 상황과 여건 • 관련 집단의 자원 및 집행에 대한 태도 • 지배기관의 후원과 관심

③ 기타 모형

윈터(Winter)의 정책결정-집행 연계모형	정책집행에 영향을 주는 변수로, 정책형성국면, 조직 및 조직 간 집행국면, 일선관료의 행태변수, 대상집단의 사회경제적 조건변수를 제시
그린들(Grindle)의 정책집행변수	• 내용적 변수(내적변수) : 정책변수(목표의 명확성, 적절한 인과모형 등)와 집행변수(집행기구, 인력, 예산 등) • 맥락적 변수(외적변수) : 환경적 변수(관련 단체의 적극성, 지원, 대중의 관심 등)와 문제 관련 변수(정책문제의 성격)

(4) 정책집행의 순응과 불응

① 순응(compliance)
  ㉠ 의의 : 정책집행자나 정책대상집단이 정책결정자의 의도나 정책 또는 법규의 내용에 일치되는 행위를 하는 것을 말함(행동의 일관성)
  ㉡ 원인 및 조건
    • 결정자의 리더십과 권위 및 정통성에 대한 믿음
    • 정책목표의 명확성과 의사전달의 활성화
    • 의식적 · 합리적 설득
    • 개인의 이익보장 · 편익제공 등의 유인
    • 강제적 제재수단(처벌, 벌금 등)
    • 집행 기간의 장기성

② 불응(non-compliance)
  ㉠ 의의 : 정책집행에 있어서 정책결정자의 지시나 정책집행자의 환경에 대한 요구를 피지시자나 환경이 들어주지 않는 상태를 말함
  ㉡ 원인 및 조건
    • 기존 가치와의 대립이나 기득권 침해
    • 정책의 모호성과 비일관성
    • 순응에 따른 부담회피나 금전적 욕심
    • 집행자의 능력이나 지도력, 정보, 예산의 부족
    • 정책집행체제에 대한 불신이나 의사진달체계의 결함
    • 정책 자체에 대한 회의적 평가

5. 정책평가와 정책변동

(1) 정책평가

① 의의 : 정부의 정책이나 사업계획을 대상으로 그것이 실제로 정책환경에 미친 영향이나 효과를 판단하는 것
② 정책평가의 기준
  ㉠ 나카무라와 스몰우드(Nakamura & Smallwood)의 기준
    • 효과성(목표달성도)
    • 능률성(경제성)

SEMI-NOTE

순응확보 전략
• 교육과 도덕적 설득
• 선전에 의한 호소
• 정책수정 또는 관습 · 관행의 채택
• 유인과 보상(보상수단이나 편익 제공 등)
• 제재나 처벌, 강압적 수단의 사용

정책평가의 목적
• 정책향상과 합리적 결정, 능률적 집행을 위한 정보 · 지식의 제공
• 정책결정의 타당성 · 합리성 및 집행의 효율성 제고
• 정책 과정상의 시행착오나 비용 손실 감소
• 정책목표의 달성 여부 파악과 목표 달성 수단 및 하위목표의 재구성
• 정책수단이 정책결과에 이르는 인과 경로를 검토 · 확인하여 이론 정립
• 담당자의 주체적 · 자발적 책임성 확보 및 투명성 제고
• 원인 분석을 통한 정책환류의 기준 마련

SEMI-NOTE

나크미아스(D. Nachmias)의 정책평가 목적
- 평가를 통한 새로운 지식의 확보
- 효율성을 증진하기 위한 관리의 수단
- 책임성의 확보 등

- 주민만족도
- 수혜자(수익자)의 대응성
- 체제유지도
  ⓒ 던(W. Dunn)의 기준 : 효과성, 능률성, 필요성, 충분성, 형평성, 대응성, 적합성 등을 제시(신행정학적 입장)
③ 과정(단계)
  ㉠ 탐색 및 상황판단
  ㉡ 목표의 확인 및 식별
  ㉢ 평가기준의 선정
  ㉣ 인과모형의 설정
  ㉤ 평가기획 및 설계의 개발
  ㉥ 자료의 수집
  ㉦ 자료의 분석·해석
④ 정책평가의 유형
  ㉠ 총괄평가와 과정평가

총괄평가	• 정책이 집행(완료)된 후에 정책집행의 결과가 당초 의도했던 목적(효과·영향 등)을 달성했는가에 대한 평가 • 일반적으로 정책평가라 하면 총괄적 평가를 지칭하며, 효과평가와 영향평가가 대표적인 총괄평가에 해당함
과정평가	집행과정을 대상으로 하는 평가를 말하며, 협의의 과정평가와 협의의 형성평가(집행과정평가)가 대표적 과정평가에 해당함

  ㉡ 내부평가 · 외부평가

내부평가 (자체평가)	프로그램 기관 내의 연구단위나 기관이 평가
외부평가	프로그램 기관이 외부기관과 계약을 맺어 제3자의 위치에 있는 외부전문가가 평가

모니터링(monitoring)
- 프로그램이 처음 설계대로 운용되고 있는가와 한정된 대상집단에 혜택이 가도록 집행되는가를 평가하는 것
- 정책집행이 목표지침에 순응하는가를 판단하는 기능, 감사·회계기능, 설명기능 등을 가짐
- 프로그램 설계에 명시된 대로 그대로 집행되고 있는지를 확인하는 집행모니터링과 당초 기대한 성과가 산출되는지를 확인하는 성과모니터링으로 구분됨

  ㉢ 메타평가(평가종합, 평가의 평가, 2차적 평가, 평가결산)
    • 기존의 평가자가 아닌 제3의 기관(상급기관, 외부 전문기관 등)에서 기존의 평가에서 발견됐던 사실들을 재분석하는 평가(평가에 대한 재평가)
    • 평가에 사용된 방법의 적정성, 자료의 오류 여부, 도출된 결과에 대한 해석의 타당성 등을 재검토하는 것
    • 엘리트 중심의 평가가 아닌 외부인에 의한 다면평가의 일종
    • 주로 영향평가에 적용되며, 정책형성이나 정책집행, 행정책임 등 여러 가지 목적에 필요한 정보들을 산출 가능

  ㉣ 평가성 사정(evaluation assesment, 평가성 검토)

의의	정책의 본격적 평가에 앞서 정책평가 분석기법과 성과의 기준이 될 목표, 평가의 범위 등을 명료하게 하는 사전설계나 예비평가의 일종으로, 평가의 필요성과 소망성, 가능성, 평가범위 등을 검토하는 것
중점	• 소망성 있는 평가를 위한 검토 • 어떠한 사업 또는 사업의 어떠한 부분이 평가 가능한가를 검토

평가성 사정의 효용(이점)
- 한정된 예산과 인력을 가장 유용한 평가를 위해 사용 가능
- 정책관련자로 하여금 추진하는 사업의 평가 가능성을 향상시키기 위한 노력을 자극
- 사업의 목표·활동 등에 대한 수정·보완을 유도
- 장래 평가에 대한 길잡이 역할

내용 및 절차	• 평가 대상이 되는 사업의 범위를 확정하고, 사업모형을 파악 • 평가 가능한 모형을 작성

ⓓ 착수직전 분석(front-end-analysis, 사전분석)
- 새로운 프로그램 평가를 기획하기 위하여 평가를 본격적으로 착수하기 직전에 수행하는 조망적 차원의 평가작업(사전적 총괄평가의 성격을 지님)
- 프로그램 개시를 결정하기 직전에 프로그램의 수요, 개념의 적합성, 운영적 측면에서의 실행가능성 등에 대해 행하는 평가작업
- 기획과 유사하며, 맥락분석 조망적 종합평가에 해당

⑤ 정책평가의 요소
ⓐ 인과관계
- 독립변수와 종속변수 간의 관계를 말함
- 정책평가는 정책수단(독립변수·원인변수)과 정책목표 또는 효과(종속변수·결과변수) 간의 인과관계를 밝히는 것

ⓑ 변수
- 독립변수 : 결과(정책효과)를 초래하는 원인이 되는 변수(원인변수)
- 종속변수 : 원인변수에 의해 나타난 변화나 효과(결과변수)
- 제3의 변수 : 독립변수와 종속변수의 관계에 영향을 미치는 변수를 말하며, 이러한 변수는 정확한 인과관계 파악을 어렵게 함(내적 타당도를 저해)

ⓒ 타당도 : 정책평가의 타당도란 정책평가가 정책의 효과를 얼마나 진실에 가깝게 추정하고 있느냐 하는 정도

내적 타당도	일반적 의미의 타당도로서, 추정된 원인과 그 결과 사이에 존재하는 인과적 결론의 정확성에 관한 것
외적 타당도	조사연구나 실험결과를 다른 모집단이나 상황 및 시점에 어느 정도까지 일반화(이론화)시킬 수 있는지의 정도, 즉 조작된 구성요소들 중 그 효과가 당초의 연구가설 이외의 다른 이론적 구성요소들까지도 일반화될 수 있는 정도
구성적 타당도	처리, 결과, 모집단 및 상황, 평가요소 등에 대한 이론적 구성요소들이 성공적으로 조작된 정도
통계적 결론의 타당도	• 추정된 원인과 추정된 결과 사이에 관련이 있는지에 관한 통계적인 의사결정의 타당성 • 정책의 결과가 존재하고 이것이 제대로 조작되었다고 할 때, 이에 대한 정확한 효과를 찾아낼 만큼 정밀하고 강력한 연구설계(통계분석을 위한 준비 및 과정)가 구성되었는가 하는 정도 • 연구설계나 평가기획이 정밀하고 강력하게 구성된 정도로서, 평가과정에서 제1종 및 제2종 오류가 발생하지 않은 정도를 말함(제1종·제2종 오류의 발생 시 통계적 결론의 타당성이 낮아짐)

- 내적 타당도 저해요인 ★ 빈출개념

선발요소	선발의 차이(실험집단과 통제집단 간 구성상 상이함)로 인한 오류로서 집단을 구성할 때 발생할지 모르는 편견
선정효과	통제집단이 아닌 실험집단에 선정되게 만든 요인(선정변수)에 의한 현상. 희망에 의하여 자기선정의 경우에 흔히 발생

SEMI-NOTE

인과관계의 조건
- 시간적 선행성(time order) : 정책(독립변수)은 목표달성(종속변수)보다 시간으로 선행해야 함
- 공동변화(association) : 정책과 목표달성은 모두 일정한 방향으로 변화해야 함
- 비허위적 관계(non-spuriousness) : 정책 이외의 다른 요인(경쟁적 요인)이 목표 달성에 영향을 미치지 않았음을 입증해야 함

내적 타당도 저해요인의 구분
- 내재적 저해요인 : 실험을 진행하는 과정에서 일어나는 변화요인을 말하며, 사건효과, 성숙효과(성장효과), 상실요소, 측정요소, 회귀인공요소, 측정도구의 변화, 선발과 성숙의 상호작용, 처치와 상실의 상호작용 등이 해당됨
- 외재적 저해요인 : 실험을 위해 관련 대상집단을 구성할 때 발생하는 요인을 말하며, 선발요소(선정요인)가 이에 해당

SEMI-NOTE

내적 타당도 제고 전략
- 진실험
  - 무작위배정에 의한 통제(난선화) : 홀짝추첨방식의 무작위적 배정(난선화)에 의해 실험집단과 통제집단을 동질적으로 구성하여 외생변수의 영향을 통제
- 준실험
  - 축조된 통제(짝짓기) : 특정정책의 실시지역과 미실시 지역이 구분되어 있어 무작위배정이 곤란할 경우 연구대상을 비슷한 대상끼리 둘씩 짝을 지어 하나는 실험집단에, 하나는 통제집단에 배정
  - 재귀적 통제 : 정책이 전국적으로 실시되어 실험집단과 통제집단의 구분이 곤란한 경우 통제집단 없이 동일한 집단에 대해 정책을 집행한 전과 후에 나타난 상태의 변화를 비교
- 비실험설계
  - 통계적 통제 : 정책에 참여한 대상과 그렇지 않은 대상과의 차이를 통계적 기법을 통해 추정해 외생변수의 영향력을 추정 · 제거
  - 포괄적 통제 : 정책을 집행한 대상집단에 일어난 변화를 유사한 집단에 집행하면 어떤 변화가 일어날 것이라고 기대되는 전형적인 표준과 비교하여 정책효과를 판단
  - 잠재적 통제 : 정책을 집행한 대상집단에 일어난 변화에 대해 전문가, 프로그램 집행자 · 참여자의 의견을 구해 정책효과를 판단

크리밍효과
두 집단 간 동질성을 확보하지 못한 준실험에서 발생하므로 이는 내적타당성을 저해하는 요인이 외적 타당성을 저해할 수도 있음을 보여주는 요인임

신뢰도의 기준
평가의 신빙성과 안정성의 측면을 기준으로 함

역사적 요소	실험기간 동안에 외부에서 일어난 역사적 사건이 실험에 영향을 미치는 것
성숙효과 (성장효과)	순전히 시간이 지남에 따라 나타난 대상집단의 특성변화, 즉 자연적 성장이나 발전에 의한 효과
선발과 성숙의 상호작용	두 집단의 선발상 차이뿐 아니라 두 집단의 성숙 속도가 다름으로 인한 현상
상실요소	연구기간 중 집단으로부터 이탈(탈락) 등 두 집단간 구성상 변화로 인한 효과(이탈효과, 불균등한 상실)
처치와 상실의 상호작용	두 집단에 대한 다른 처치로 인하여 두 집단으로부터 구성원들이 다르게 상실되는 현상
측정 요소	유사검사를 반복할 경우 실험 전에 측정(테스트)한 사실 자체가 영향을 주는 현상
측정도구의 변화	프로그램의 집행 전과 집행 후에 사용하는 측정절차, 측정도구의 변화로 인한 오류
회귀인공요소	실험이 진행되는 동안 당초 극단적인 성향의 구성원들이 원래 자신의 성향으로 돌아갈 경우에 나타나는 오차로서 실험 직전의 측정결과나 단 한 번의 측정만으로 집단 구성 시 발생
오염효과	통제집단의 구성원이 실험집단 구성원과 접촉하여 행동을 모방하는 오염 또는 확산효과로서 모방, 정책의 누출(이전), 부자연스러운 반응 등이 이에 포함

- 외적 타당도 저해요인 ★ 빈출개념

호손효과	실험집단 구성원이 실험(관찰)의 대상이라는 사실로 인하여 평소와는 다른 특별한 심리적 · 감각적 행동을 보이는 현상으로 외적 타당도를 저해하는 대표적 요인, 실험조작의 반응효과
다수적 처리에 의한 간섭	동일 집단에 여러 번의 실험적 처리를 실시하는 경우 실험조작에 익숙해짐으로 인한 영향이 발생. 그 결과를 처치를 받지 않은 집단에게 일반화 곤란
표본의 대표성 부족	두 집단 간 동질성이 있더라도 사회적 대표성이 없으면 일반화 곤란
실험조작과 측정의 상호작용	실험 전 측정(측정요소)과 피조사자의 실험조작(호손효과)의 상호작용으로 실험결과가 나타난 경우 이를 일반화시키기 곤란
크리밍효과	효과가 크게 나타날 양호한 집단이나 사람만 의도적으로 실험집단에 배정한 경우 그 결과를 일반화시키기 곤란

ⓔ 신뢰도

의의	측정도구가 어떤 현상을 되풀이해서 측정했을 때 얼마나 일관성 있게 측정할 수 있는지의 확률, 즉 동일한 측정도구를 반복해서 사용했을 때 동일한 결과를 얻을 확률을 말함
측정 방법	• 재검사법 : 동일 측정도구로 동일 대상자에게 두 번 측정하는 비교법 • 평행양식법(동질이형법) : 유사한 두 가지 측정도구로 측정하는 비교법 • 반분법 : 하나의 측정도구에서 반으로 나누어 검사하고 비교하는 방법

⑥ 정책평가의 방법-실험
  ㉠ 의의 : 정책평가의 방법은 주로 과학적인 조사설계에 의존하는데, 과학적 조사설계는 정책수단과 정책효과 간의 인과관계(내적 타당도)를 규명하는 것으로, 주로 총괄평가에서 이용됨
  ㉡ 실험의 유형

실험적 설계	진실험	• 실험집단과 통제집단의 동질성을 확보하여 비교·평가하는 실험 • 실험대상을 무작위로 두 집단에 배정해 동질성을 확보하고, 한 집단에만 일정한 처치를 가하여 두 집단 간 차이를 효과로 추정하는 실험
	준실험	• 실험집단과 통제집단을 사전에 선정하되, 동질성을 확보하지 않고 평가하는 방법(유사실험) • 자연스러운 상태에서 실험을 하므로 진실험에서 나타나는 호손효과, 모방효과, 누출효과, 부자연스러운 반응 등이 나타나지 않아 외적 타당도와 실행가능성 상대적으로 높음
비실험적 설계	대표적 비실험	비교집단을 선정하지 않고 정책대상집단(실험집단)의 집행 전후 상태를 단순히 비교하는 실시전후 비교방법, 정책집행 후에 정책대상집단과 다른 집단을 찾아 비교하는 사후 비교집단 선정방법 등이 있음
	통계적 비실험	실험에 영향을 준 외생변수의 영향을 감소시키고자 각종 통계적 분석기법을 사용하는 것으로, 통계적 분석, 통계적 통제'라고도 함

⑦ 우리나라의 정책평가-정부업무평가(정부업무평가 기본법)
  ㉠ 정부업무평가의 목적 : 정부업무평가에 관한 기본 사항을 정함으로써 중앙행정기관·지방자치단체·공공기관 등의 통합적인 성과관리체제의 구축과 자율적인 평가역량의 강화를 통하여 국정운영의 능률성·효과성 및 책임성을 향상
  ㉡ 평가의 정의(법 제2조)

정부업무 평가	• 정부업무평가라 함은 국정운영의 능률성·효과성 및 책임성을 확보하기 위하여 평가대상기관이 행하는 정책 등을 평가하는 것을 말한다(제2조 2호). • 평가대상기관 : 중앙행정기관(대통령령이 정하는 대통령 소속기관 및 국무총리 소속기관·보좌기관을 포함함), 지방자치단체, 중앙행정기관 또는 지방자치단체의 소속기관, 공공기관
자체평가	자체평가라 함은 중앙행정기관 또는 지방자치단체가 소관 정책 등을 스스로 평가하는 것을 말한다(제2조 3호).
특정평가	특정평가라 함은 국무총리가 중앙행정기관을 대상으로 국정을 통합적으로 관리하기 위하여 필요한 정책 등을 평가하는 것을 말한다(제2조 4호).
재평가	재평가라 함은 이미 실시된 평가의 결과·방법 및 절차에 관하여 그 평가를 실시한 기관 외의 기관이 다시 평가하는 것을 말한다(제2조 5호).

SEMI-NOTE

실험의 종류별 장단점

구분	내적 타당도	외적 타당도	실행 가능성
비실험	×	○	○
준실험	△	△	△
진실험	○	×	×

과학적인 조사설계
• 실험적 설계 : 사전에 실험집단과 통제집단을 구분하여 행하는 실험
• 비실험적 설계 : 통제집단(비교대상집단) 없이 실험집단에만 정책처리를 하여 효과를 추정하는 실험

통계적 분석기법
시계열분석, 인과관계분석, 회귀분석 등

양적 평가와 질적 평가
• 양적 평가 : 계량적인 자료 분석을 통해 사실적 가치에 초점을 둔 과학적·연역적인 접근법으로, 주로 총괄평가에서 많이 사용하는 실험접근법
• 질적 평가 : 현상학적 입장에서 대상자들의 요구에 관심을 두는 가치지향적인 평가방법으로, 과정평가에서 주로 사용하는 비실험적인 접근법(면접, 인터뷰 등)이며 주로 연성자료(Soft Data)를 사용

SEMI-NOTE

정부업무평가 기본법 제정이유
- 개별 법령에 의하여 이루어지는 개별적이고 중복되는 각종 평가를 통합·체계화
- 소관 정책을 스스로 평가하는 자체평가를 정부업무평가의 근간으로 하여 자율적인 평가역량을 강화
- 공공기관을 포함한 정부업무 전반에 걸쳐 통합적인 성과관리체제를 구축

통합적 정부업무평가제도의 구축(법 제3조)
- 중앙행정기관 및 그 소속기관에 대한 평가는 이 법의 규정에 의하여 통합하여 실시되어야 한다. 이 경우 통합실시되는 평가의 범위에 관하여 필요한 사항은 대통령령으로 정한다(제3조 2항).
- 제2항의 규정에 불구하고 업무의 특성·평가시기 등으로 인하여 통합실시가 곤란한 경우에는 정부업무평가위원회와 미리 협의하여 별도로 평가를 실시할 수 있다. 이 경우 지체 없이 그 평가결과를 위원회에 제출하여야 한다(제3조 3항).

정부업무평가기반 구축에 대한 지원 (법 제23조)
- 정부는 평가역량의 강화를 위하여 필요한 조직과 예산 등을 최대한 지원하여야 한다.
- 정부는 중앙행정기관·지방자치단체 및 공공기관에 대한 평가의 제도적 정착 및 활성화를 위하여 평가방법과 평가지표의 개발·보급 등 필요한 조치와 지원을 하여야 한다.
- 정부는 평가와 관련된 기관에 대한 지원방안 및 평가에 관한 전문인력을 효율적으로 활용하기 위하여 필요한 방안을 강구하여야 한다.

ⓒ 정부업무평가제도

정부업무평가 기본계획의 수립	• 국무총리는 위원회의 심의·의결을 거쳐 정부업무의 성과관리 및 정부업무평가에 관한 정책목표와 방향을 설정한 정부업무평가기본계획을 수립하여야 한다(제8조 1항). • 국무총리는 최소한 3년마다 정부업무평가기본계획의 타당성을 검토하여 수정·보완 등의 조치를 하여야 한다(제8조 2항).
정부업무평가 시행계획의 수립	국무총리는 정부업무평가기본계획에 기초하여 전년도 평가결과를 고려하고 평가대상기관의 의견을 들은 후 정부업무평가에 관한 연도별 시행계획을 수립하고, 이를 평가대상기관에 통지함
정부업무평가 위원회	• 정부업무평가의 실시와 평가기반의 구축을 체계적·효율적으로 추진하기 위하여 국무총리 소속 하에 정부업무평가위원회를 둔다(제9조 1항). • 위원장 2인을 포함한 15인 이내의 위원으로 구성된다(제10조 1항). • 위원장은 국무총리와 대통령이 위원으로 위촉한 자 중에서 대통령이 지명한다(제10조 2항). • 위원회의 사무 처리를 위해 간사 1인을 두되, 간사는 국무조정실 소속 공무원 중에서 국무총리가 지명한다(제10조 4항). • 공무원이 아닌 위원의 임기는 2년으로 하되, 1차에 한하여 연임할 수 있다(제10조 5항). • 위원회의 회의는 재적위원 과반수의 출석으로 개의하고 출석위원 과반수의 찬성으로 의결한다(제10조 6항).
전자통합평가체계의 구축	국무총리는 정부업무평가를 통합적으로 수행하기 위하여 전자통합평가체계를 구축하고, 각 기관 및 단체가 이를 활용하도록 할 수 있다(법 제13조).

ⓔ 정부업무평가의 종류

중앙행정기관의 자체평가	• 중앙행정기관의 장은 그 소속기관의 정책 등을 포함하여 자체평가를 실시하여야 한다(법 제14조 1항). • 중앙행정기관의 장은 자체평가조직 및 자체평가위원회를 구성·운영하여야 한다. 이 경우 평가의 공정성·객관성 확보하기 위하여 자체평가위원의 3분의 2 이상은 민간위원으로 하여야 한다(법 제14조 2항).
지방자치단체의 자체평가	• 지방자치단체의 장은 그 소속기관의 정책 등을 포함하여 자체평가를 실시하여야 한다(제18조 1항). • 지방자치단체의 장은 자체평가조직 및 자체평가위원회를 구성·운영하여야 한다. 이 경우 평가의 공정성과 객관성을 담보하기 위하여 자체평가위원의 3분의 2 이상은 민간위원으로 하여야 한다(제18조 2항).
공공기관평가	공공기관평가는 공공기관의 특수성과 전문성을 고려하고 평가의 객관성·공정성을 확보하기 위하여 공공기관 외부의 기관이 실시하여야 한다(제22조 1항).

ⓜ 평가결과의 활용

평가결과의 공개	국무총리·중앙행정기관의 장·지방자치단체의 장 및 공공기관평가를 실시하는 기관의 장은 평가결과를 전자통합평가체계 및 인터넷 홈페이지 등을 통하여 공개하여야 한다(제26조).

평가결과의 보고	• 국무총리는 매년 각종 평가결과보고서를 종합하여 국무회의에 보고하거나 평가보고회를 개최하여야 한다(제27조 1항). • 중앙행정기관의 장은 전년도 정책 등에 대한 자체평가결과를 지체 없이 국회 소관 상임위원회에 보고하여야 한다(제27조 2항).
평가결과의 예산·인사 등에의 연계·반영	• 중앙행정기관의 장은 평가결과를 조직·예산·인사 및 보수체계에 연계·반영하여야 한다(제28조 1항). • 중앙행정기관의 장은 평가결과를 다음 연도의 예산요구 시 반영하여야 한다(제28조 2항). • 기획재정부장관은 평가결과를 중앙행정기관의 다음 연도 예산편성 시 반영하여야 한다(제28조 3항).
평가결과에 따른 자체 시정 조치 및 감사	중앙행정기관의 장은 평가의 결과에 따라 정책 등에 문제점이 발견된 때에는 지체 없이 이에 대한 조치계획을 수립하여 당해 정책 등의 집행중단·축소 등 자체 시정조치를 하거나 이에 대하여 자체감사를 실시하고 그 결과를 위원회에 제출하여야 한다(제29조).

(2) 정책변동

① 정책변동의 일반

㉠ 의의 : 정책변동은 정책평가 후 또는 정책과정의 진행 도중에 획득하게 되는 새로운 정보나 지식 등을 다른 단계로 환류시켜 정책내용이나 정책집행방법상의 변화를 가져오는 것

㉡ 원인
- 정책의 인식이나 환경변화로 집행문제의 우선순위가 바뀌고 새로운 문제가 대두
- 재정수입의 증감에 따라 정책의 확대, 축소가 불가피
- 정책 자체가 잘못된 경우에 대규모의 정책변동을 수반해야 함

㉢ 종류

정책유지	정책의 기본적 특성이나 정책목표·수단 등이 큰 폭의 변화 없이 모두 그대로 유지
정책승계	정책의 기본적 성격을 바꾸는 것으로 정책의 근본적인 수정이나 정책을 없애고 완전히 새로운 정책으로 대체하는 경우를 포함
정책혁신	완전히 새로운 정책을 결정하는 것으로 현재의 정책이나 활동이 없고 이를 담당하던 정책수단(조직·예산 등)이 없는 '무'에서 새로운 정책을 만드는 것
정책종결	정책목표가 완전히 달성되어 문제가 소멸되었거나 달성 불가능한 경우 정책을 완전히 소멸시키는 것. 새로운 정책도 결정하지 않으며 정책 수단들도 완전히 없어짐

㉣ 한계
- 행정조직은 정책의 종결을 회피하기 위해 유사한 목표를 설정하는 동태적 보수주의에 빠짐
- 정책수혜집단은 자신의 기득권 유지를 위해 정책의 종결을 막으려고 여러 방법을 동원

SEMI-NOTE

정책승계의 유형
- **정책대체** : 정책목표를 변경시키지 않는 범위 내에서 정책내용을 새로운 것으로 바꾸는 것
- **부분종결** : 정책의 일부는 유지하면서 일부를 완전히 폐지하는 것
- **복합적 정책승계** : 정책유지, 대체, 종결, 추가 등이 복합적으로 나타나는 것
- **우발적 정책승계** : 타 분야의 정책변동에 연계하여 우발적인 변화가 나타나는 형태의 정책승계(부수적, 파생적 승계)
- **정책통합** : 복수의 정책이 하나의 정책으로 통합되는 것
- **정책분할** : 하나의 정책이 두 개 이상으로 분리되는 것

- 관료들은 정책종결로 인한 정치적 부담으로 쉽게 정책을 변경·포기 못함
② 정책종결
  ㉠ 의의 : 기존의 정책에 대해 종결원인이 발생해 소멸시키는 것을 뜻함
  ㉡ 원인
    - 문제나 행정수요의 고갈
    - 정책의 정통성·정당성 상실
    - 조직 위축이나 감축
    - 자원의 부족
    - 환경의 엔트로피 증가
    - 종결에 대한 저항의 약화
  ㉢ 정책종결에 대한 저항의 원인
    - 매몰비용의 존재
    - 정치적 연합(수혜집단과 정치세력의 연대)
    - 법적 제약(법령의 폐지절차 등이 필요)
    - 동태적 보수주의(목표의 승계에 의한 조직존속 등)

6. 기획론

(1) 기획의 본질

① 의의
  ㉠ 행정목표 달성을 위해 장래의 구체적 계획을 준비하는 사전적·동태적·계속적 과정
  ㉡ 기획의 개념은 학자에 따라 다르며, 주로 정치·행정일원론과 발전행정론에서 중시
  ㉢ 예산은 기획에 의하여 작성된 재정 계획표로 1년성, 구체성, 부정성, 저축성, 보수성의 성질을 지니나 기획은 장기성, 추상성, 확장성, 소비성, 쇄신성의 성격을 지님

② 특성

목표지향적 활동	설정된 목표나 정책을 구체화·명료화시키는 활동
미래지향적 활동	미래의 바람직한 활동을 준비하는 예측 과정
계속적 준비 과정	더 나은 결정을 위한 계속적이고 순환적인 활동
행동지향적 활동	실천과 행동을 통한 문제의 해결이나 현실의 개선에 목적
효율적 최적 수단을 강구하는 과정	추구하는 목표를 효율적으로 달성할 수 있는 수단을 제시하려는 활동
합리성을 지향하는 활동	정책결정에 비해 합리성을 추구(목표 달성에 적합한 대안을 추구)하는 과정
통제성	자유방임이 아니라 인위적인 절차에 따른 강제성을 수반하는 과정

③ 기획의 과정(Koontz & O'Donnell)

SEMI-NOTE

정책환류의 구분
- 적극적 환류(positive feedback) : 목표나 기준의 수정
- 소극적 환류(negative feedback) : 오차나 오류의 수정

계획과 기획
- 계획 : 기획을 통하여 구체화되고 산출되는 최종적·결과적 개념
- 기획 : 계획을 수립·집행하는 포괄적·절차적 과정

기획의 원칙
- 목표성의 원칙
- 간결성 및 표준성의 원칙
- 융통성 및 안정성의 원칙
- 기획우선의 원칙
- 경제성의 원칙 및 예산연계성의 원칙
- 계속성의 원칙 및 장래예측성의 원칙

상황분석과 기획전제
상황분석이 주로 현실적인 여건을 대상으로 삼는 데 비하여, 기획전제는 미래에 관한 예측이나 전망이라는 점에서 차이가 있음

목표의 설정	기획의 첫 단계로서 달성하려고 하는 목표를 명확히 하고 구체화하는 과정
상황의 분석	목표 달성의 장애요인과 문제점을 규명하기 위한 정보·자료의 수집과 분석이 이루어지는 단계
기획전제의 설정	계획 수립 시 토대로 삼아야 할 기본적인 예측이나 가정의 설정 단계를 의미
대안의 탐색과 평가	B/C분석, E/C분석 등의 체제분석, 관리과학의 기법이 동원됨
최종안의 선택	대안의 비교·검토를 통해 몇 가지 유용한 대안을 간추린 후 가장 적절한 최종안을 채택하는 단계를 말하며, 결정권자의 가치범주에서 해석·판단됨

④ 기획의 효용성
  ㉠ 목표의 명확화 및 장래의 대응방안
  ㉡ 사전조정과 내부통제의 수단
  ㉢ 업무의 성과 및 효율 제고
  ㉣ 변화의 촉진, 미래에 대비
  ㉤ 불필요한 경비의 절약

⑤ 기획의 한계
  ㉠ 수립상의 제약 : 목표 간의 갈등, 미래예측의 곤란성, 정보와 자료의 부족 및 부정확성, 시간·비용, 기획의 그레샴법칙, 창의력 부족
  ㉡ 집행상의 제약 : 저항과 반발, 계획의 경직성 및 수정의 곤란, 즉흥적 결정과 빈번한 수정, 반복적 사용의 제한, 자원배분의 비효율
  ㉢ 행정적 제약요인 : 담당자의 능력부족, 기획·예산기구의 이원화, 인식부족, 기술·경험의 부족, 정치적 불안정, 자원부족, 기획인력 충원의 어려움, 행정절차의 복잡성, 회계제도와 재정기법의 비효율성, 부처 간 조정 결여, 행정기관의 비능률과 비대화

(2) 기획의 발달 및 논쟁

① 국가기획의 발달요인

도시계획의 발달	인구와 산업의 도시집중에 대한 대처가 필요하였고, 이를 해결하기 위해 도시계획이 발달
경제대공황 (1929년)	'보이지 않는 손'에 의한 시장경제체제의 무력화를 통해 자본주의의 수정(계획경제와 수정자본주의 등)을 위한 국가 기획이 도입
사회과학의 발전	케인즈(Keynes)를 중심으로 한 거시경제학과 통계학의 발달로 미래를 예측할 수 있는 기법이 새롭게 등장하고 국가기획제도가 발달
세계대전의 경험	전쟁수행을 위한 자원을 국가적 차원에서 조직적으로 동원·활용하는 데 기획이 효과적이었음
신생국 및 후진국 발전계획	이를 효율적으로 추진하기 위해 기획이론이 강조
사회주의의 영향	최초의 국가계획제도인 소련의 제1차 경제개발 5개년 계획과 프랑스의 모네플랜(Monnet plan)이 성공적으로 수립·전개

SEMI-NOTE

현대적 기획관
- 규범적·인본적 기획관
- 질적·가치중심적 기획
- 정책형성, 정책결정 등 정책과정으로 이해
- 종합적·포괄적 기획
- 개방적·동태적 기획
- 창조적 인간행동모형 관점
- 유기적 모형(사회체제 중심)
- 새로운 미래의 창조

모네플랜(Monnet plan)
1차 세계대전 후 피폐한 프랑스 경제를 부흥하기 위한 산업 부흥 4개년 계획으로 기간산업의 진흥, 무역의 확대, 인플레이션의 억제를 기반으로 고용 증대 및 생활 향상에 큰 성과를 거두었으며, 1975년까지 6차에 걸쳐 실시됨

SEMI-NOTE

국가기획과 민주주의
- **국가기획반대론(F. Hayek)** : 자본주의와 민주주의를 동일시하고 자유주의·보수주의 입장에서 모든 계획경제에 반대. 국가기획제도를 도입하면 의회 제도를 파괴·무력화시켜 독재를 초래하고, 시민의 정치적·경제적 자유와 권리의 침해, 이질성·복합성·융통성이 없는 극히 단조로운 경제사회의 탄생 등으로 자유민주주의 국가들이 전체주의 국가로 전락할 것이라고 보면서 국가기획과 자유민주주의는 양립할 수 없다고 주장. 신자유주의로 연결됨
- **국가기획찬성론**
  - 파이너(H. Finer) : 시민의 자유와 권리를 보장하는 기획(경제위기, 실업, 빈곤, 재난 등에 대한 해결책 강구)이 가능하며 자본주의의 균형 있는 발전, 질서 있는 현대사회로의 발전을 위해서 국가기획이 필요
  - 홀콤(A. Holcomb) : 사유재산과 사기업의 절대성을 전제하면서 정부의 재정·금융·공공사업 등 적극적 정책이 필요하다고 하고, 관료제에 의해 뒷받침되는 계획적 민주의 강조
  - 만하임(K. Mannheim) : 자유방임적 경쟁사회나 독재주의가 아닌 민주적 통제방식에 의한 계획적 사회로의 이행이 필연적이지만 일방통행적·독재적 기획이 아닌 민주주의 전통(다원적 가치관·다양성의 인정)에 입각한 '자유사회를 위한 민주적 기획'이어야 한다고 주장

② 기획과 민주주의와의 관계

반대론	국가기획은 의회 제도를 파괴하고 국민의 노예화를 초래한다고 하여, 기획과 민주주의는 양립할 수 없다고 주장
찬성론	진정한 민주주의란 책임정치여야 한다는 민주적 기획론을 주장하고, 이를 통해 자본주의의 균형발전도 가능하다고 함
절충론	국가기획의 지나친 중시는 시민적 자유와 민주주의에 대한 중대한 위협이 될 가능성이 있다고 봄

(3) 기획의 유형 및 정향기준

① 기획의 유형

조직 계층별 유형	규범적 기획, 전략적 기획, 전술적 기획
대상 기간별 유형	단기(1년), 중기(3~7년), 장기(10~20년)
대상별 유형	경제기획, 자연기획, 사회기획, 방위 및 전략기획
고정성별 유형	고정계획, 연동계획
지역 수준별 유형	국제기획, 국토기획, 지역기획, 도시기획, 농촌기획
이용 빈도별 유형	단용기획, 상용기획
강제성 정도별 유형	유도기획, 강제기획, 예측기획

② 기획의 정향기준(R. Ackoff)

기획의 정향 기준	기획의 종류	기획의 관심영역
무위주의 – 현상유지주의	조작적 기획	기계적 집행수단의 선택(조작적·수단적 기획)
반동주의 – 복고주의	기술적 기획	수단과 단기목표의 선택
선도주의 – 미래주의	전략적 기획	수단과 장단기목표의 선택
능동주의 – 이상주의	규범적 기획	수단과 장단기목표 및 그 이상의 선택

03장 조직론

01절　조직의 본질 및 기초이론

02절　조직의 구조

03절　조직의 관리

04절　조직의 발전과 변동

03장 조직론

SEMI-NOTE

에치오니(A. Etzioni)의 조직유형 분류 기준
에치오니는 복종의 구조, 즉 상급자가 사용하는 '권력'과 여기에 대응하는 하급자의 '관여'(involvement)를 기준으로 조직을 3가지로 유형화함

구성원의 관여 구분(A. Etzioni)
- **소외적 관여** : 조직과 조직목적에 대한 부정적·소외적인 태도
- **타산적 관여** : 물질적 이익과 손해를 계산하여 그 결과에 따르는 계산적·타산적 태도
- **도덕적 관여** : 조직목적을 적극적으로 지지하는 태도

에치오니(A. Etzioni)가 제시한 조직유형의 조합형태(이중적 복종관계의 조직)
- 강제적 조직 + 규범적 조직 : 전투부대
- 강제적 조직 + 공리적 조직 : 전근대적인 기업(농장 등)이나 어선
- 규범적 조직 + 공리적 조직 : 노동조합

01절 조직의 본질 및 기초이론

1. 조직의 본질

(1) 조직의 유형

① 블라우(Blau) & 스콧(Scott)의 유형(조직 수혜자 기준)

호혜적 조직 (상호조직, 공익결사조직)	조직구성원이 주된 수혜자가 되는 조직으로, 정당, 노동조합, 이익단체 등이 해당됨
기업조직 (사업조직, 경영조직)	조직소유자나 투자자가 주된 수혜자가 되는 조직이며, 사기업, 은행, 보험회사, 공장 등이 해당됨
봉사조직 (서비스조직)	조직과 직접 관련된 고객이 주된 수혜자가 되는 조직이며, 병원이나 학교, 사회사업기관, 상담기관 등이 해당됨
공익조직 (공공복리조직)	일반대중이 주된 수혜자가 되는 조직을 말하며, 군대나 경찰, 일반 행정기관 등이 해당됨

② 에치오니(A. Etzioni)의 유형(권력과 복종의 유형 기준)

강제적 조직	• 강제적 권력, 소외적 관여, 질서목표 • 조직은 강제(물리적 제재)가 주요 통제수단이며, 구성원은 조직에 대하여 소외감을 느끼며 복종하는 조직유형 • 교도소, 강제수용소, 격리적 정신병원 등
공리적 조직	• 공리적·보수적 권력, 타산적 관여, 경제적 목표 • 물질적 보상이 주요 통제수단이며, 대다수의 구성원은 타산적으로 행동하는 이해타산적 조직유형 • 사기업, 이익단체, 평시의 군대 등
규범적 조직	• 규범적·상징적 권력, 도덕적·헌신적 관여, 문화적 목표 • 명예나 위신, 존경, 애정 등 상징적·도덕적 가치에 의한 규범적 권력이 주요 통제수단이며, 구성원은 조직에 대하여 헌신적 사명감을 지니고 권위를 수용하는 유형 • 정치단체, 종교단체, 시민단체, 사회사업단체, 대학 등

③ 민츠버그(Mintzberg)의 유형(조직성장경로모형, 복수국면적 접근법)

단순구조	• 전략정점(최고관리층)과 핵심운영(작업계층)의 2계층으로 구성되며, 최고관리층으로 권력이 집권되는 구조(최고관리층이 직접 감독) • 조직환경이 매우 동태적이며, 조직기술은 정교하지 않음 • 신생조직, 초창기 소규모 조직, 독재조직, 위기에 처한 조직 등
기계적 관료제	• 가장 전형적인 고전조직으로, 베버(Weber)의 관료제 조직과 유사한 형태 • 계층제와 표준화된 절차, 공식적 규정·규칙을 중시하며, 일반적으로 조직 규모가 크고 조직환경이 안정됨 • 전략정점에서 중요한 의사결정, 일상적 업무는 중간라인(중간관리자)의 감독 아래에서 운영 • 은행·우체국·대량제조업체·항공회사 등

전문적 관료제	• 전문가로 구성된 핵심운영계층이 중심이 되는 분권화된 조직으로, 전문적·기술적 구성원에 의한 작업 기술의 표준화와 자율적 과업 조정을 중시 • 핵심운영계층의 조직환경이 상대적으로 안정되고 외부통제가 없음 • 대학·종합병원·사회복지기관·컨설팅회사 등
사업부제	• 독자적 분립구조, 할거구조, 산출물 표준화 중시, 성과관리에 적합 • 중간관리층(각 부서책임자)이 핵심적 역할을 수행(각 사업부는 자율적 활동을 수행) • 기능부서 간의 중복, 규모의 불경제로 인해 자원 소요가 많음 • 기업의 사업부, 대학분교, 종합병원의 지역병원 등
애드호크라시 (임시특별조직)	• 고정된 계층구조를 갖지 않고, 기계적 관료제와 서로 다르게 분권화된 유기적 구조 • 공식화된 규칙이나 표준화된 절차를 거부 • 동태적이고 복잡한 환경에 적합 • 첨단기술연구소, 우주센터 등

④ 파슨스(T. Parsons), 카츠(Katz) & 칸(Kahn)의 유형(조직의 기능 중심)

구분	적응기능(A)	목표 달성기능(G)	통합기능(I)	형상유지기능(L)
파슨스 (T. Parsons)	• 경제적 조직 • 회사 등 생산조직	• 정치조직(정부) • 행정기관, 정당	• 통합조직 • 사법기관, 경찰	• 체제유지조직 • 학교, 종교단체
카츠와 칸 (Katz & Kahn)	• 적응조직 • 연구소, 대학 등	• 경제적·산업적 조직 • 산업조직, 공기업	• 정치·관리적 조직 • 정부기관, 노조, 압력단체, 정당	• 형상유지조직 • 학교, 교회, 가정

(2) 조직이론의 변천(D. Waldo) ★빈출개념

① 고전적 조직이론
　㉠ 의의 : 1900년대 과학적 관리론을 바탕으로 1930년대 완성된 전통적 조직이론(wilson-weberian paradigm)으로 행정관리론의 입장에서 조직을 분업화·전문화의 기계적인 체계로 이해하고, 절약과 능률, 최고관리층에 의한 행정통제에 중점을 둠
　㉡ 특징
　　• 능률지상주의, 기계적 능률 강조
　　• 합리적·경제적 인간모형(X이론적 인간관)
　　• 공식적 구조 중시(권한의 계층, 절차, 분업, 조정 등을 강조)
　　• 조직관리의 원리로 POSDCoRB를 중시, 조직의 원리 중시(원리주의)
　　• 폐쇄적·기계적·정태적 환경론, 명확한 목표 제시
　　• 정치·행정이원론, 공·사행정일원론의 시각
　　• 하향적·통제적·단선적(單線的) 행정과정
　　• 형식적·미성숙한 과학성(엄밀한 이론분석 미흡)

SEMI-NOTE

민츠버그(H. Mintzberg)의 조직유형 분류 기준
민츠버그는 개방체제적·복수국면적 관점에서 주요 구성부문(핵심부문), 조정장치(조정기제), 상황요인을 기준으로 하여 조직유형을 5가지로 분류

민츠버그가 제시한 조직의 주요 구성부문(핵심부문)
• 전략부문(전략정점, 최고관리층)
• 기술분석부문(기술구조)
• 핵심운영부문(작업계층)
• 중간라인(중간계층)
• 지원참모(막료집단)

조직이론 변천에 대한 견해
• 카츠와 칸(Katz & Kahn) : 1930년대를 분기점으로 그 이전을 고전적 조직이론, 그 이후를 현대적 조직이론이라 구분함
• 왈도(D. Waldo) : 1930년대까지를 고전적 조직이론, 1930년대부터 1940년대 중반까지를 신고전적 조직이론, 1940년대 중반 이후를 현대적 조직이론으로 구분함
• 스콧(W. Scott) : 폐쇄·합리적 이론(1900~1930), 폐쇄·자연적 이론(1930~1960), 개방·합리적 이론(1970년 이후)으로 구분함

② 신고전적 조직이론

의의	• 1920년대 호손실험을 계기로 발전된 인간관계론이 신고전적 조직이론의 핵심 • 과학적 관리론의 문제를 지적하며, 인간 중심적 조직관리로 등장
특징	• 사회적 능률을 강조 • 조직의 비공식적 측면을 강조하고 조직참여자의 사회적 · 심리적 측면을 중시 • 사회적 인간모형(인간 중심주의)을 토대로 구성원을 사회적 인간으로 파악 • 인간주의 강조, 과학주의의 형식성을 비판하고 경험주의 · 실증주의를 추구 • 폐쇄적 환경관(내부환경과 조직의 상호관계에 주목하고 외부 환경 경시)

③ 현대조직이론

의의	고전적 조직이론과 신고전적 조직이론을 통합하고 조직 전체를 하나의 분석단위로 파악하는 이론으로, 산업화와 정보사회로의 이전 등으로 급속한 변동과 복잡성이 증가하는 현대사회의 특징을 반영
특징	• 개방적 환경관, 유기적 · 동태적 조직 강조(복잡하고 불확실한 환경에 대응) • 복잡인관(Z이론적 인간관)을 토대로 조직구조보다 인간행태나 발전적 가치관을 중시함 • 가치 및 문제의 다원화, 목표와 수단을 구분하지 않음 • 탈관료적 · 상황적응적 접근(애드호크라시, 혼돈이론, 상황적응론) • 정치 · 행정일원론의 시각 • 행정을 종합적으로 파악

2. 조직과 개인

(1) 조직과 개인의 관계

① 의의
  ㉠ 현대인은 조직인이라 할 수 있으며, 양자는 불가분의 관계에 있음
  ㉡ 조직 속 개인은 공식적 · 비공식적 행동으로 자아실현과 조직의 목표 달성에 관여하며, 조직은 구성원의 협동행위를 통해 조직목표를 달성하고자 함
  ㉢ 조직은 개인에게 권한과 지위, 책임, 자격, 보수 등을 부여함
  ㉣ 개인은 가치관과 태도, 특성, 지식, 기술 등을 통해 조직에 참여함
  ㉤ 조직의 목표와 개인의 욕구가 일치 · 조화되는 조직이 가장 이상적이나, 오늘날은 개인의 이성과 욕구의 다양성으로 인해 조화가 쉽지 않음(필연적인 갈등 · 대립요소를 내포)

② 조직과 개인의 상호작용(J. Pfiffner & F. Sherwood)
  ㉠ 사회화의 과정 : 개인이 조직에 동화되는 객관화 과정
  ㉡ 인간화의 과정 : 개인의 개성을 회복하는 주관화 과정(조직이 개인의 자아실현에 기여하는 활동)
  ㉢ 융합화의 과정(상호조화) : 개인의 조직목표를 통하여 자신의 목표를 실현시키는 과정으로서, 인간화와 사회화가 동시에 진행됨(오늘날의 보편적인 작용)

(2) 조직의 인간관계전략 – 동기부여이론 ★빈출개념

① 동기부여의 내용이론

SEMI-NOTE

신고전적 조직이론의 환경관
신고전적 조직이론의 대표적인 이론인 환경유관론에서는 고전이론의 폐쇄적 환경관을 비판하고 조직과 환경이 상호작용하는 사실을 인정함으로써 개방체계적 접근방법으로의 토대를 닦았음. 그러나 환경 관계의 복잡한 변수에 대한 경험적 연구가 미흡해 본격적인 개방체계모형으로 볼 수 없음. 조직의 외부환경을 경시하였다는 점에서 대체로 폐쇄적 환경관을 취한다고 볼 수 있음

현대조직모형
• 의사결정모형 : 사이먼(Simon)에 의해 주장된 모형으로, 행정과정을 의사결정과정으로서 파악하고 의사결정을 행정행태의 기본적인 개념 도식으로 사용
• 체제모형 : 스콧(Scott)에 의해 제시된 것으로, 조직이란 공동목표를 달성하기 위해 환경에 대해 전체적 대응책을 강구하는 유기체로 파악(투입에 대한 반응 중시)
• 사회체제모형 : 조직을 하위조직의 유기적 관련 아래에 전체 목표를 달성하기 위하여 AGIL기능을 수행하는 것으로 이해함
• 후기관료제 모형 : 베버(Weber)가 주장하고 블라우와 스콧(Blau & Scott)에 의해 발전된 모형으로, 탈관료제적 입장을 강조함

㉠ 매슬로(A. H. Maslow)의 욕구단계설

생리적 욕구	• 가장 기본적이며 우선되는 욕구로, 생리적 욕구 충족 이전에는 어떤 욕구도 일어나지 않음 • 의식주에 대한 욕구, 수면욕과 성욕, 근무환경, 경제적 보상(보수) 등
안전의 욕구	• 공포나 위협, 사고나 질병, 전쟁, 고용 및 신분적 불안, 경제적 불안 등으로부터의 해방과 관련된 욕구 • 후생복지(건강·재해보험, 연금), 직업의 안정성, 신분보장(정년) 등
사회적 욕구	• 집단에 소속하고 인간관계를 맺으며 교류하고 싶은 욕구 • 애정의 욕구 또는 친화의 욕구라고도 함 • 소속감 고취, 친교, 인사상담, 의사전달의 원활, 고충처리 등
존경의 욕구	• 타인으로부터 존경받고 싶어 하는 욕구 • 명예와 위신, 신망, 지위, 인정(제안제도, 참여, 권한 및 책임 강화)
자아 실현의 욕구	• 자신의 가능성과 능력을 개발하여 이를 구현하고자 하는 욕구(이상과 목적에 대한 성취욕) • 가장 추상적이고 고차원적인 욕구(최상위의 욕구) • 승진 및 사회적 평가의 제고, 도전적 직무와 일을 통한 성장, 성취, 능력발전, 자율성 부여, 창의적 직무수행, 직무충실·직무확대 등

㉡ 앨더퍼(C. P. Alderfer)의 ERG이론
- 의의 : 1970년대 매슬로의 욕구단계설을 수정하여 생존(존재)욕구·관계욕구·성장욕구의 세 가지를 제시
- 특징 : 앨더퍼는 인간의 욕구는 항상 단계적으로 성장하는 것이 아니며, 보통 만족하면 진행하지만 좌절하면 후진적·하향적으로 퇴행한다고 파악

㉢ 맥그리거(D. McGregor)의 X·Y이론

구분	X이론	Y이론
가정	인간은 근본 성격이 게으르고 무책임하며, 오로지 안정을 추구하며 새로운 도전을 좋아하지 않음(아동형, 경제적 인간관)	인간은 참여를 통해 자기를 표현하고 행동의 방향을 스스로 정하며, 자제할 능력이 있고 책임 있는 행동을 함(성인형, 자아실현인간관)
관리 전략	• 당근과 채찍이론(엄격한 감독과 구체적 통제) • 권위적 리더십 • 공식적 조직에서 중시 • 경제적 보상과 명령체계를 통한 계층제적 조직관리	• 조직목표와 개인목표의 조화 • 자율통제·자기책임 • 민주적 리더십(분권화와 권한의 위임) • 비공식적 조직의 활용 • 인간적 보상과 평면적 조직관리
관련 이론	합리적 경제인 모형, 과학적 관리론	사회인 모형, 인간관계론

㉣ 허즈버그(F. Herzberg)의 2요인 이론(동기-위생이론)

구분	위생요인(불만요인)	동기요인(만족요인)
의의	직무맥락이나 작업자의 환경 범주와 관련된 요인(물리적·환경적·대인적 요인), 사람과 직무상황·환경과의 관계	직무 자체와 관련된 심리적 요인(직무요인), 사람과 일 사이의 관계

SEMI-NOTE

욕구단계설의 한계
- 인간의 욕구를 체계적으로 분석하였으나, 개인차나 상황 등은 고려되지 않고 획일적으로 단계를 설정함
- 5단계 욕구는 단계에 따라 순차적으로 나타난다고 하였으나, 욕구는 역순으로 나타나거나 퇴행되기도 함
- 각 욕구의 단계는 고정되어 있지 않으며, 단계별 경계도 불명확하고 중복·복합현상이 나타나기도 함

매슬로의 욕구단계설과 앨더퍼의 ERG이론

매슬로의 욕구단계설	앨더퍼의 ERG이론
생리적 욕구	생존욕구
안전욕구	
사회적 욕구	관계욕구
존경의 욕구	
자아실현 욕구	성장욕구

X·Y이론
맥그리거는, X이론은 조직구성원에 대한 전통적 관리전략을 제시하는 이론이며, Y이론은 개인 목표와 조직목표의 통합을 추구하는 새로운 이론이라 주장함

2요인 이론의 특징
- 불만요인이 제거된다고 하여 만족하는 것이 아니며, 만족요인이 없다고 해서(만족하지 못한다고 해서) 불만이 야기되는 것도 아니라 함(불만의 역은 만족이 아니라 불만이 없는 것이라 봄)
- 불만요인(위생요인)의 충족은 불만을 제거할 뿐이며 직무수행에 대한 동기를 유발하지 못함(소극적·단기적 효과만 발생)
- 만족요인(동기요인)이 충족되어야 직무수행을 위한 동기가 유발됨(조직의 생산제고와 직결되는 것은 위생요인이 아니라 만족요인의 충족)
- 구성원들의 만족을 통해 직무동기를 높이기 위해서는 동기요인에 중점을 둔 동기화 전략이 중요하며, 그 처방으로서 직무충실을 제시

예	정책과 관리(행정), 감독기술, 작업(업무)조건, 임금·보수, 인간관계(대인관계, 조직의 수직·수평적 관계)	성취감, 성취에 대한 인정감, 책임감, 안정감, 직무내용 자체에 대한 만족이나 보람 등

ⓑ 샤인(E. H. Schein)의 인간관

구분	의의	관리전략
합리적 경제인관	인간을 합리적·이성적·경제적·타산적 존재로 간주하는 고전적 조직이론의 인간관	직무조직의 합리적 설계, 통치 및 유인체제의 확립, 개별적 관리, 성과급제 등
사회인관	인간관계론의 인간관과 동일하며, 업무수행과정에서 형성되는 인간관계·동료관계 등을 중시하는 신고전적 조직이론의 인간관	구성원의 욕구에 관심, 자생 집단의 인정 및 수용, 집단적 관리, 중간관리층의 가교역할 등
자아실현 인관	자신의 능력과 자질을 최고조로 생산·발휘하려는 욕구를 가진 존재로 파악하는 인간관으로, 자율적 자기규제를 긍정	도전적이며 의미 있는 직무, 권력 평등화, 자기통제와 자기계발, 참여적 관리, 내재적 보상, 면담자·촉매자의 역할 강조 등
복잡인관	오늘날의 복잡·다양한 상황조건 및 역할에 따라 인간도 복잡한 형태를 표출하는 다양한 존재로 파악하는 인간관으로, 현대조직이론에서 가장 중시	상황적합적 관리, 융통성·신축성 있는 대인관계기술, 진단가의 역할 강조 등

ⓗ 아지리스(C. Argyris)의 인간관

미성숙인	성숙인
• 수동적 활동, 의존적 상태 • 산만하고 우발적이며 얕은 관심 • 단기적 전망, 현재에만 관심 • 단순한 행동 • 종속적 지위에 만족, 복종 • 자기의식의 결여	• 능동적 활동, 독립적 상태 • 신중하며 깊고 강한 관심 • 장기적 전망, 장기적 시간관 • 다양한 행동 • 대등 내지 우월한 지위에 만족 • 자기의식 및 자기규제 가능

ⓐ 리커트(R. Likert)의 관리체제이론

체제 I (착취적·수탈적 권위형)	조직의 최고 책임자가 독단적으로 결정하며, 구성원의 이익은 고려되지 않음
체제 II (온정적 권위형)	주요 정책은 고위층에서 결정하되 하급자는 정해진 테두리에서 상급자의 동의를 거쳐 결정함(제한적 상의하달)
체제 III (협의적 민주형)	주요 정책은 위에서 결정하나 한정된 범위의 특정 사항은 하급자가 결정함
체제 IV (참여적 민주형)	조직의 구성원이 결정에 광범위하게 참여함

ⓞ 매클리랜드(McClelland)의 성취동기이론
• 의의 : 인간의 동기는 사회문화와 상호작용하는 과정에서 취득되고 개발될 수 있다는 것을 전제로, 인간의 동기를 권력욕구·친교욕구·성취욕구로 분류함

SEMI-NOTE

샤인(E. H. Schein)의 인간관
샤인은 인간관이 합리적 경제인 → 사회인 → 자아실현인 → 복잡인의 순서로 발달한다고 주장하며, 복잡인을 현대사회에 가장 적합한 인간관으로 봄

아지리스 인간관의 특징
• 조직과 인간의 갈등 : 인간은 성숙상태로 발전해나가고자 하지만, 조직(관료제)은 X이론적 관리전략과 능률성·생산성을 강조하므로 성숙과 발전을 저해
• 갈등의 악순환 : 조직과의 갈등으로 인간 본연의 성숙욕구를 좌절당한 구성원은 수동적 무관심, 태업, 비공식 집단의 결성, 업무보다는 승진에 집착하는 태도 등을 보임
• 성숙한 인간실현을 위한 전략의 제시 : 아지리스는 성숙한 인간 실현을 위한 인간 중심적·민주적 가치체계를 갖출 것을 주장하고, 이를 위한 전략으로 조직발전(OD)과 조직학습(OL) 등을 제시

성취동기가 높은 사람의 특징
• 보상이나 지위보다는 목표달성을 통한 성취에 더 가치를 둠
• 적당히 어려운 목표를 설정하고 계산된 위험을 감수하려는 성향을 보임
• 일의 수행성과에 대한 즉각적이고 구체적인 피드백(평가와 환류)을 원함
• 문제 해결이나 결과 등에 대해 강한 책임을 느끼며 다른 사람의 개입을 꺼림
• 항상 계획을 수립·점검하며 목표를 향해 추진하는 미래지향적 성향을 지님

- 내용
  - 권력욕구 : 다른 사람에게 영향을 미치거나 환경을 통제하려는 욕구
  - 친교욕구 : 다른 사람들과 친근하고 인간적인 관계를 지속·발전시키려는 욕구(소속욕구, 결연욕구)
  - 성취욕구 : 어떤 목표나 과업을 성취하려는 욕구
- ⓒ 해크만(Hackman)·올드햄(Oldham)의 직무특성이론
  - 직무의 특성(환경적 요인)이 개인의 심리상태(개인적 요인)와 결합되어 직무수행자의 성장욕구수준에 부합될 때 긍정적인 동기유발효과를 얻게 된다는 내용적 차원의 동기부여이론
  - 동기부여요소(직무의 특성) : 기술다양성, 직무정체성, 직무중요성, 자율성, 환류의 5가지가 동기부여에 중요한 역할을 함(자율성과 환류가 특히 동기부여에 영향을 미친다고 주장)
- ⓓ Z이론
  - 런드스테트(Lundstedt)의 Z이론 : X이론·Y이론이 권위형과 민주형만으로 구분하여 이론을 단순화시켰다고 비판하고 Z이론(자유방임형 조직, 자유방임적 리더십 강조)을 추가
  - 롤리스(Lawless)의 Z이론 : X·Y이론이 절대적 적합성을 가지는 것이 아니며 때나 장소, 조직특성에 따라 적합성이 달라질 수 있다고 주장하여, 상황 적응적 관리와 융통성 있는 관리를 강조한 이론
  - 라모스(Ramos)의 Z이론 : 작용인(조작인, X이론)과 반응인(Y이론)에 이어, 이성과 자율성을 토대로 자기조직을 괄호로 묶어서 조직 밖에서 관조하는 괄호인(호형인, Z이론)을 제시
  - 베니스(Bennis)의 Z이론 : 유기적·적응적 조직의 탐구형 인간을 제시
  - 오우치(Ouchi)의 Z이론 : 미국에 적용한 일본식 Z이론(Z유형의 미국조직)을 제시
② 동기부여의 과정이론
  - ㉠ 애덤스(J. S. Adams)의 공정성이론
    - 인간은 준거인과 비교하여 자신의 노력(투입)과 그 대가 간에 불일치(과다보상 또는 과소보상)를 지각하면 이를 제거하는 방향으로 동기가 부여된다는 이론
    - 과소보상을 소극적 비형평성, 과다보상을 적극적 비형평성이라 함
    - 타인과 공평한 교환을 하려는 호혜주의 규범과 생각과 행동을 일치시키고자 하는 인지일관성 정향이 행위유발요인이 됨
    - 비형평성 존재 시의 형평성 회복을 위한 방법으로는 일에 대한 투입의 변동, 받은 보상의 변동, 현장이탈, 준거인의 변경, 비교의 심리적 왜곡, 준거인의 투입 또는 산출에 대한 변동의 야기 등이 있음
  - ㉡ 브룸(V. Vroom)의 기대이론(VIE이론)
    - 의의 : 욕구충족과 동기 사이에는 어떤 주관적 평가과정(지각과정)이 개재되어있다고 보며, 그 지각과정을 통한 기대요인의 충족에 의해 동기나 근무의욕이 결정된다는 이론

SEMI-NOTE

직무정체성(Hackman & Oldham)
직무특성의 하나인 직무정체성은 직무의 내용이 어떤 제품이나 서비스 완성에 기여하도록 구성된 정도에 관한 요소(제품이나 서비스를 처음부터 끝까지 완성시킬 수 있도록 구성된 것인가 또는 특정 부문만을 만드는 것인가에 대한 것)를 말함

타인(준거인)과의 비교결과에 대한 반응
- 타인과 투입–산출 비율이 일치하는 경우 : 만족(동기유발 없음)
- 자신의 투입–산출 비율이 작을 경우(과소보상) : 편익증대 요구, 투입 감소, 산출 왜곡(질 저하), 준거인물의 변경, 조직에서의 이탈 등
- 자신의 산출–투입 비율이 클 경우(과다보상) : 편익감소 요구, 투입 증대

SEMI-NOTE

- 내용

기대감 (expectancy)	자신의 노력이 실제로 성과를 가져오게 할 것이라고 믿는 정도(주관적 확률과 관련된 믿음)
수단성 (instrumentality)	목표 달성(성과)과 보상과의 상관관계(어떤 특정 수준의 성과를 이루면 이에 대한 보상이 적절하게 주어지는가에 대한 관계)에 관한 인지도
유인가 (valence, 유의성)	보상에 대한 개인의 선호 강도(어떤 결과에 대하여 개인이 가지는 가치나 중요성)

- 특징 : 능력이 실제 성과를 거두리라 기대하고, 실제 성과가 승진이나 보상 등의 결과를 가져오리라고 기대할수록 개인의 동기는 강하게 작용하며, 성과에 의심이 많고 성과와 원하는 보상 간에 상관관계가 없다고 믿을수록 동기는 낮게 나타남

ⓒ 포터(Porter)·롤러(Lawler)의 업적만족이론(EPRS이론)
- 만족이 직무성취나 업적 달성을 가져오는 것이 아니라 직무성취나 업적 달성이 만족을 가져다 줄 것이라는 기대가 직무수행능력과 생산성을 좌우한다는 이론
- 노력에 대한 업적이 나타나고 이에 대한 적절한 보상이 주어질 때 만족하여 동기부여가 형성된다는 이론(만족은 업적 달성에 대해 보상이 주어질 것이라는 기대감 또는 보상의 가능성에서 나옴)
- 보상에는 외재적 보상과 내재적 보상이 있으며, 내재적 보상이 외재적 보상보다 중요한 변수이나 보상 그 자체보다는 보상의 공평성에 대한 지각이 가장 중요한 변수가 됨
- 브룸의 기대이론에 기초하여 추가변수를 포함시켜 근무태도와 성과와의 관계에 관한 동기부여이론으로 제시

ⓔ 조고폴로스(B. Georgopoulos)의 통로-목표이론
- 조직의 목표(생산활동)가 구성원의 목표 달성의 통로로서 얼마나 유효하게 작용하는지가 동기부여를 결정한다는 이론
- 동기부여의 정도는 추구하는 목표가 얼마나 개인의 욕구를 충족시켜 줄 수 있느냐 또는 근로자의 생산성 제고 노력이 목표를 얼마나 잘 달성할 수 있느냐에 대한 인식에 달려 있다는 것

ⓜ 앳킨슨(J. Atkinson)의 기대이론
- 행위를 선택함에 있어 결과가 가져다 줄 유인과 행위를 달성할 수 있는 가능성, 행위를 하고 싶어하는 욕구의 정도가 복합적으로 작용하여 동기부여의 강도가 결정됨
- 어떤 행위 선택에 대하여 수행 또는 회피하려는 경우 두 가지를 고려하여 양자 간 교호작용에 의해 개인의 동기가 결정된다고 봄

ⓗ 학습이론(강화이론)
- 의의 : 외적 자극에 의하여 학습된 행동이 유발되는 과정 또는 어떤 행동이 왜 지속되는가를 밝히려는 이론으로, 네 가지 강화수단(긍정적·적극적 강

EPRS이론
노력(Effort), 업적(Performance), 보상(Reward), 만족(Satisfaction) 등의 변수와 그 상호관계에 중점

조고폴로스의 통로-목표이론
한 개인의 생산성은 매우 복잡한 개인적·상황적 요인에 의하여 영향을 받으며, 생산활동의 조직구성원의 개인목표 달성의 통로로서 유효하게 작용하는지가 생산활동을 좌우함. 개인의 동기는 개인이 추구하는 목적에 반영되어 있는 개인의 욕구와, 목표달성에 이르는 수단통로로서 생산성 제고 행동이 갖는 상대적 유용성에 대한 개인의 지각에 달려 있음

화, 부정적·소극적 강화, 처벌, 중단)을 제시하며 이 중 긍정적 강화를 가장 중시함
- 분류

고전적 학습이론 (조건화 이론)	· 고전적 조건화 이론(고전적 관점) : 가장 오래된 학습이론으로서, 조건화된 자극과 조건화된 반응의 과정을 설명한 이론 · 수단적 조건화 이론 : 강화요인(바람직한 결과) 획득을 위하여 어떤 행태적 반응을 보인다는 것을 설명한 이론 · 조작적(작동적) 조건화 이론 : 행동의 결과를 조건화함으로써 행태적 반응을 유발하는 과정을 설명한 것
현대적 학습이론	· 잠재적 학습이론 : 인위적 조작에 해당하는 강화가 없어도 잠재적 학습이 가능하다는 이론 · 자율규제 및 초인지이론 : 인지적 학습이론, 사회적 학습이론, 자율규제이론 등

Ⓐ 로크(E. A. Locke)의 목표설정이론
- 목표의 곤란성(난이도)과 구체성(명확성)에 의해 개인성과가 결정된다는 이론
- 목표가 명확하고 구체적이며 적당히 곤란할 때 더욱 노력하게 됨

실력UP 공공봉사동기(Public Service Motivation) ★ 빈출개념

- **의의** : 국민과 사회, 그리고 국가를 위해 봉사하려는 이타적 동기를 가지고 공익 증진 및 공공의 목표 달성을 위해 헌신적으로 기여하고자 하는 공무원들의 고유한 동기
- **특징**
  - 개인의 공공봉사동기가 크면 클수록 개인이 공공조직의 구성원이 되고자 하려는 가능성이 더욱 클 것임
  - 공공조직에서는 공공봉사동기가 성과와 정(+)의 관계에 있음
  - 높은 공공봉사동기 수준을 갖는 사람을 유인하는 공공조직은 개인성과를 효과적으로 다루기 위하여 실용적인 인센티브에 보다 적게 의존할 것임
- **공공봉사동기의 세 가지 차원**(Perry & Wise)
  - 합리적 차원 : 정책형성과정에 참여, 공공정책에 대한 일체감, 특정한 이해관계에 지지하는 정도
  - 규범적 차원 : 공익적 봉사에 대한 요구, 의무감과 정부 전체에 대한 충성도, 사회적 형평성의 추구
  - 감성적 차원 : 사회적으로 중요한 정책에 대한 몰입, 선의의 애국심

SEMI-NOTE

강화의 유형
- **적극적 강화** : 바람직한 결과의 제공 → 바람직한 행동의 반복을 유도
- **소극적 강화(회피)** : 바람직하지 않은 결과의 제거 → 바람직한 행동의 반복을 유도
- **처벌(제재)** : 바람직하지 않은 결과의 제공 → 바람직하지 않은 행동을 제거
- **소거(중단)** : 바람직한 결과의 제거 → 바람직하지 않은 행동을 제거

로크의 목표설정이론
인간의 행동이 가장 쾌락적인 쪽으로 동기화된다는 기대이론의 가정을 '인지적 쾌락주의'라고 비판하고, 인간의 행동(동기)은 쾌락 정도가 아닌 가치관과 의도에 의해 결정된다고 주장

3. 거시적 조직이론

(1) 거시적 조직이론의 개관

환경인식 분석수준	결정론적 입장	임의론적 입장
개별조직 관점	체제 구조적 관점 – 구조적 상황론(상황적응론)	• 전략적 선택 관점 – 전략적 선택이론 – 자원의존이론
조직군 관점	• 자연적 선택 관점 – 조직군생태학이론 – 조직경제학이론(대리인이론, 거래비용이론) – 제도화이론	집단적 관점 – 공동체생태학이론

(2) 거시조직이론의 내용

구조적 상황론 (상황적응이론)	1970년대 전후 강조된 조직이론으로서, 상이한 상황에서 조직이 어떻게 기능하여야 하는가에 관심을 가짐
조직군생태학이론	환경의 영향력을 중시하여, 조직의 성쇠가 자생적 힘이 아닌 환경의 특성과 선택에 따라 좌우된다는 이론
조직경제학이론	• 대리인이론 • 거래비용경제학
제도화이론	조직은 사회문화적 규범이나 가치체계 등의 제도적 환경과 부합되도록 그 형태와 구조를 적응해야 한다는 이론으로, 행위가 반복되고 자기와 타인에 의하여 유사한 의미가 부여되는 과정으로 제도화를 이해
전략적 선택이론	조직이 스스로 구조를 결정할 수 있다고 보고, 조직의 생존과 발전을 좌우하는 것은 결국 환경이 아닌 관리자(인간)의 자율적 판단과 인지라 보는 임의론적 · 환경형성론적 이론
자원의존이론	조직의 필요한 모든 자원획득은 불가능하며 희소자원에 대한 통제능력이 관리자의 능력을 좌우한다는 이론으로, 환경에 대한 피동성보다 관리자의 통제능력에 의한 적극적 환경관리를 중시
공동체생태학이론	조직군생태학이론이 환경에 능동적으로 대처해 나가는 조직의 공동노력을 설명하지 못한다고 비판하고, 조직의 행동과 환경적응 과정을 설명하려고 하는 거시적 이론의 한 분파

4. 조직과 목표

(1) 조직목표의 본질

① 조직목표의 의의
　㉠ 조직목표는 조직이 달성하고자 하는 미래의 바람직한 상태를 의미함
　㉡ 시대와 장소에 따라 그 중요성의 비중이 달라지며, 환경에 대응하기 위해 목표가 변동되기도 함

SEMI-NOTE

결정론과 임의론
- **결정론** : 개인이나 조직의 행동이 외부환경의 제약요인에 의해 결정되고, 관리자나 조직은 이에 소극적으로 반응한다는 실증주의의 입장(조직을 수동적 종속변수로 인식)
- **임의론** : 조직이 자율적 · 능동적 · 적극적으로 행동하며 환경을 형성한다는 입장(조직을 독립변수로 인식)

대리인이론
- 조직을 주인(위임자)과 대리인 간 상충적 이해관계로 파악해 효용극대화를 추구
- 위임자는 자기의 의도대로 대리인이 일하도록 보수와 같은 유인을 제공하고 대리인의 업무수행을 감시통제
- 상충적 이해관계의 존재와 정보격차로 대리비용(대리손실) 발생(도덕적 해이, 역선택 현상)
- 도덕적 해이와 역선택을 극복하는 방안 : 정보공개, 공청회, 내부고발자보호, 정보공개법 · 행정절차법의 제정 등

조직목표의 특성
공공성, 공익성, 가치관련성, 다원성, 변동성, 단계성, 창조성

② **조직목표의 기능** ★ 빈출개념
  ㉠ 미래의 행정활동의 방향과 지침을 제시
  ㉡ 조직의 활동이나 목표에 대한 정당성의 근거가 됨
  ㉢ 효과성 및 행정의 성과, 능률성 등의 측정기준이 됨
  ㉣ 조직구성원을 평가할 수 있는 기준을 제시
  ㉤ 조직구성원의 응집성과 동기부여, 효율적인 목표관리(MBO)에 기여
  ㉥ 권위의 수용범위를 확대하며, 행정에 대한 일체감을 부여

③ **조직목표의 유형**

기능성 기준 (A. Etzioni)	• 질서목표 : 강제적 조직(경찰서, 교도소, 격리·감금된 정신병원 등)이 내세우는 목표로서, 사회질서유지를 위하여 추구되는 목표 • 경제적 목표 : 공리적 조직(기업, 경제단체)이 내세우는 목표로서, 사회를 위해 재화를 생산·분배하려는 목표 • 문화적(상징적) 목표 : 규범적 조직(학교, 이데올로기 집단, 자선단체, 종교)이 내세우는 목표로서, 문화가치를 창조·발전시키고 상징적 대상이나 가치를 창출
계층성 기준	상위목표와 하위목표가 있으며, 하위목표는 상위목표를 달성하기 위한 수단이 됨(수단-목표의 연쇄관계)
유형성 기준	무형적 목표, 유형적 목표
공식성 기준 (C. Perrow)	공식적 목표, 실질적 목표
이익의 대상에 따른 기준	사회적 목표(사회의 기대), 생산목표(소비자), 투자자의 목표(투자자), 체제유지목표(최고관리자), 파생적 목표(부수적 목표)
목표 수에 따른 기준	단일목표, 다원적 목표
지향 상태에 따른 기준	치료적·소극적 목표, 창조적·적극적 목표

(2) 조직목표의 변동

① **목표의 전환(전도·왜곡·도치·대치)** : 본래의 목표가 다른 목표로 뒤바뀌어 조직의 목표가 왜곡되는 현상. 즉, 본래의 조직목표를 왜곡·망각하여 수단적 가치를 종국적 가치로 전환시키는 것
② **목표의 승계** : 목표 달성 또는 달성 불가능 시 새로운 목표를 재설정하는 것으로, 동태적 보수주의를 초래하여 조직팽창의 원인이 됨
③ **목표의 다원화** : 본래의 목표에 새로운 목표를 추가하는 것
④ **목표의 확대** : 목표의 양이나 수준 등 목표의 범위를 확장하는 것
⑤ **목표의 비중변동** : 조직이 여러 개의 복수목표를 가지고 있을 때 기존의 목표들 간의 우선순위나 비중이 달라지는 것
⑥ **목표의 종결** : 목표가 달성됨에 따라 목표를 폐지하는 것

SEMI-NOTE

조직의 목표 모호성
조직목표가 분명하지 않아 조직구성원이 조직목표를 여러 가지 의미로 받아들이고 해석하는 경우
• **사명이해의 모호성** : 조직의 사명을 이해하고 설명하고 의사소통함에 있어 발생하는 경쟁적 해석의 정도
• **지시적 모호성** : 조직의 사명이나 일반적 목표들을 그 사명을 달성하기 위한 구체적 행동을 위한 지침으로 전환하는 데 있어 발생하는 경쟁적 해석의 정도
• **평가적 모호성** : 조직의 사명을 얼마나 달성했는지 그 진전을 평가하는 데 있어 경쟁적 해석의 정도
• **우선순위 모호성** : 다수의 조직목표들 중 우선순위를 결정하는 데 있어 발생하는 경쟁적 해석의 정도

조직목표 전환의 원인
• 소수 간부의 권력욕(과두제의 철칙)
• 동조과잉현상과 형식주의
• 목표의 지나친 추상성·무형성
• 목표의 과다책정
• 행정의 내부성
• 전문화와 할거주의

SEMI-NOTE

조직구조
- 조직의 기본적 골격에 해당하는 것으로, 조직구성원들의 '유형화된 교호작용'을 뜻함
- 목표 달성을 위한 협동과 지속적 교호작용 속에서 구성원들의 행위의 유형이 형성됨

기본변수와 상황변수
- 기본변수 : 조직구조의 구성요소(역할·지위·권력)가 지닌 특성이나 정도를 나타낸 것
- 상황변수 : 기본변수에 영향을 미치며, 기본변수가 결정되면 그에 따라 조직설계(처방)가 이루어짐

공식화의 척도
- 감독 정도 및 자유 재량권의 정도
- 직무기술서와 규정의 세분화 정도
- 법규나 규정의 존재 및 강제 정도
- 작업표준화의 정도

02절 조직의 구조

1. 조직구조의 본질

(1) 조직구조의 구성요소 및 변수

한눈에 쏙~

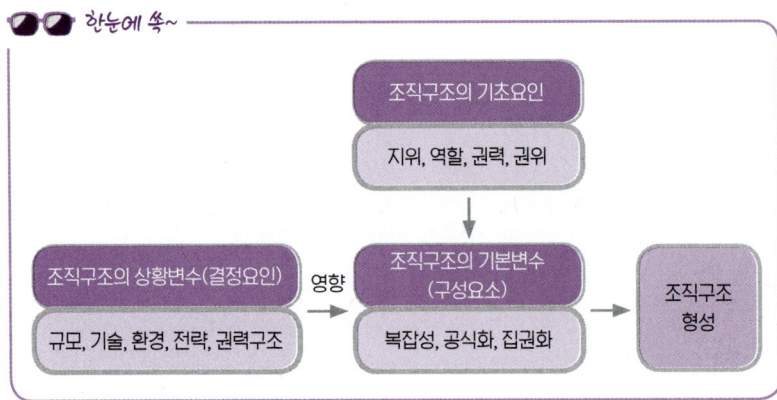

① 개관
  ㉠ 조직구조의 구성요소
  ㉡ 조직구조의 변수 : 조직의 효율성에 영향을 주는 구조적 요소나 지표이며, 기본변수와 상황변수로 구분함

② 기본변수
  ㉠ 복잡성(complexity)

수직적 분화	• 직무의 난이도와 책임·권한에 따른 계층화의 정도나 계층의 수, 계층제의 깊이 등을 의미 • 고전적인 기계적 구조는 통솔범위가 좁아 많은 계층이 만들어지므로 수직적 분화의 정도가 높은 반면, 유기적 구조는 수직적 분화의 정도가 낮음
수평적 분화	• 조직이 수행하는 업무(과업)의 세분화를 의미(전문화와 유사) • 직무의 전문화(업무의 분화 또는 분업화)와 사람의 전문화로 나누어짐
장소적 분산	특정 조직의 하위 단위나 인적·물적 시설 자원이 지역적·지리적·장소적으로 분산되어 있는 것

  ㉡ 공식화(공식성)

의의	조직 내의 직무가 표준화·정형화·법규화되어 있는 정도 또는 조직구성원의 행태에 대하여 조직이 규칙·절차에 의존하는 정도
순기능	• 불확실성이나 행의 변이성을 감소시키고 구성원의 행동을 용이하게 규제 • 조직의 시간 및 활동비용 감소(표준운영절차 등) • 행정의 예측가능성과 안정성을 높여 주고, 조직활동의 혼란 방지 • 신뢰성 향상을 통한 대외관계의 일관성·안정성 유지

역기능	• 지나친 공식화는 구성원의 자율성을 제약하고 소외감을 초래하며, 상하 간의 민주적·인간적 의존관계를 무너뜨림 • 비정형적 의사결정사항이 최고관리층에 집중되며, 집권화를 촉진 • 행정의 재량범위를 축소하며, 변화하는 조직환경에 대한 탄력적 대응이 곤란함 • 문서주의나 번문욕례의 폐단 발생

ⓒ 집권화(집권성)
- 의의 : 조직 내의 권력배분 양태에 관한 것으로, 권력 중추로부터 권력이 위임되는 수준을 말함
- 집권·분권의 촉진요인

집권의 촉진요인	분권의 촉진요인
• SOP, 규칙과 절차의 합리성·효과성 • 최고관리층의 권력욕 • 권위주의적 문화, 계서적 원리의 지배 • 역사가 짧은 소규모 신설 조직 • 조직 통일성·일관성에 대한 요청 • 정보통신기술의 발달(신속한 전달) • 재정 규모의 팽창 • 중요성·관심도가 높은 사항이나 기능	• 기술 및 환경변화의 격동성·불확실성 • 사회의 민주화 • 구성원의 참여와 자율적 동기유발 전략 • 조직참여자의 창의성 강조 • 현대조직의 규모 확대 • 기술수준의 고도화, 인적 전문화와 능력 향상 • 신속하고 상황적응적인 서비스의 요청

③ 상황변수
ⓒ 환경
- 의의 : 조직 경계 밖의 영역을 말하며, 조직과 상호작용하며 영향을 미치는 상위시스템
- 특성

환경의 불확실성과 복잡성은 역관계	불확실성이 높을 경우 복잡성이 낮음
환경의 불확실성과 공식화는 역관계	불확실성이 낮은 안정된 환경의 경우 집권화된 조직, 공식적인 조직, 생산 지향적인 조직이 유리
환경의 불확실성과 집권화는 역관계	불확실성이 낮은 안정된 환경에서는 집권화(관료제 조직)가, 불확실한 유동적 상황에서는 분권화(동태적 조직)가 유리

ⓒ 규모
- 의의 : 조직구성원의 수와 직결되나, 그 밖에 조직의 범위와 책임, 사업규모, 물적 수용규모, 업무량, 고객의 수, 순자산 등도 규모를 측정하는 구성요소(변수)가 됨
- 특성

규모와 복잡성	조직규모가 커지게 되면 어느 정도까지는 복잡성이 증대
규모와 공식화	조직규모가 커질수록 공식화가 촉진
규모와 집권화	조직규모가 커지면 대체로 일정 수준까지 분권화·전문화가 지속

SEMI-NOTE

집권과 분권의 유형
- 정치(통치)상의 집권·분권은 중앙행정기관과 지방 간의 권한배분 문제와, 행정상의 집권·분권은 행정조직체 내 상하계층으로의 권한배분 문제와 연결됨
- 수직적 분권(일반적 의미의 분권)은 하급자(일반관리자)로의 분권을 말하며, 수평적 분권은 전문가로의 분권을 의미함

환경의 불확실성
복잡성(다양성)과 불안정성(역동성·격동성)으로 구성되며, 복잡하고 불안정한 환경은 불확실성이 높고, 단순하고 안정적인 환경은 불확실성이 낮음

규모와 행정농도
견해가 대립되나 조직규모가 커질수록 부하 수가 증가하므로 관리자의 통솔범위가 확대되고 관리인력 규모가 상대적으로 적어져 행정농도(전체인력 중 유지관리구조의 비율)가 낮아짐

SEMI-NOTE

우드워드(J. Woodward)의 기술유형론(1965)
기술유형에 따른 조직구조의 적합성이 조직의 효과성을 좌우한다는 이론으로, 생산기술이 조직설계에 미치는 영향을 실증적 연구를 토대로 주장하여 구조적 상황이론의 발전에 기여. 소단위 생산체 → 대단위 생산체 → 연속 생산체로 갈수록 기술의 복잡성 증가, 관리계층 수 증가, 관리자 비율 증가

명령통일의 필요성(중요성)
- 조직 지위의 안정성과 질서 유지, 심리적 안정, 부하직원에 대한 통제
- 업무의 책임성 확보, 업무의 신속성과 의사전달의 효율성 향상

조정의 저해요인
- 조직의 거대화·비대화
- 행정의 전문화와 분권화, 행정기관의 할거주의, 횡적 의사전달의 미흡
- 정치적 압력이나 이해관계
- 전근대적 가치관 및 태도
- 관리자의 조정능력 부족 및 조정기구 결여

ⓒ 기술
- 의의 : 조직의 투입을 산출로 전환시키는 데 필요한 지식·과정·방법 등의 모든 활동
- 특성

기술과 복잡성	대체로 일상적 기술일수록 복잡성은 낮고, 비일상적 기술일수록 복잡성이 높음
기술과 공식성	대체로 일상적 기술일수록 공식성이 높고(표준화 용이), 비일상적인 기술일수록 공식성이 낮음
기술과 집권성	양자는 상관도가 낮고 타 변수의 개입에 따라 영향을 받는 경향이 있으나, 대체로 일상적 기술은 집권화를, 비일상적 기술은 분권화를 초래함

(2) 조직의 원리(조직구조의 형성원리)

① 개관
  ㉠ 의의 : 복잡하고 거대한 조직을 합리적으로 편제하고 능률적으로 관리하여 목표를 효율적으로 달성하기 위해 적용되는 일반적·보편적 원리
  ㉡ 구분

분업을 위한 원리	분업(전문화) 원리, 부성화 원리, 참모조직의 원리, 기능명시의 원리
조정을 위한 원리	조정의 원리, 계층제 원리, 통솔범위의 원리, 집권화의 원리, 목표 중시의 원리, 일치성의 원리, 예외성의 원리

② 주요 조직원리

계층제의 원리	계층제란 권한과 책임의 정도에 따라 직무를 등급화시키고 이에 따라 상하 계층을 설정하여 지휘 및 명령계통을 확립시킨 피라미드형의 직제를 말함
분업(전문화)의 원리	업무를 성질별·기능별로 분할하여 계속적인 수행을 거쳐 조직의 능률성을 제고하고자 하는 원리로, 기능의 원리라고도 함
명령통일의 원리	한 사람의 상관에게만 보고하고 명령을 받아야 한다는 원리
통솔범위의 원리	1인의 상관이 효과적으로 감독할 수 있는 부하의 수에 관한 원리
조정의 원리	공동목표 달성을 위해 행동의 통일을 이루도록 집단적 노력을 정연하게 배열하는 과정, 즉 분열된 의견과 세분화된 업무를 조직목표에 비추어 통합하는 것
부처편성의 원리 (부성화의 원리)	정부기능의 합리적·능률적 달성을 위해 조직을 편성하는 원리로, 수평적 전문화와 관리 단위의 분화기준 및 방법을 말함

2. 관료제(bureaucracy)

(1) 관료제의 본질

① 관료제의 개념

구조적 관점	관료제는 계층제 형태를 지니며, 합법적·합리적 지배가 제도화되어 있는 대규모 조직(M. Weber, R. Merton, P. M. Blau)
정치적(권력적) 관점	관료제를 정치권력을 장악한 대규모 조직(특권집단 등)으로 파악(H. Laski, H. Finer)
구조기능적 관점	구조적 관점과 정치적 관점을 혼합한 접근으로, 관료제를 고도의 계층제 형태를 지니며 합리적·병리적 기능을 수행하는 조직체로 파악 (F. Riggs)

② 베버(M. Weber)의 관료제이론

㉠ 의의 : 20세기 초 당대의 정치·경제적 현실을 토대로 연구된 가설적 모형(실제 조직에 대한 실존 연구모형이 아님)

㉡ 특징

이념형 (ideal type)	현존하는 관료제의 속성을 평균화한 것이 아니라 관료제의 가장 특징적인 것만 추출해서 정립한 가설적 모형(경험보다는 고도의 사유과정을 통해 구성)
합리성	관료제를 기계적 정형성을 가지며 목표 달성을 위하여 인적·물적 자원을 집중적이고 최고도로 활용하도록 편제된 가장 합리적 조직으로 봄
보편성	관료제는 국가뿐만 아니라 공·사의 모든 대규모 조직에 보편적으로 존재

㉢ 지배유형 : 베버는 관료제의 대표적인 형태인 이념형 관료제의 입장에서 권위의 정당성을 기준으로 지배의 유형을 세 가지로 분류함(현실에 그대로 적용되는 것이 아니라 많은 혼합형이 존재한다고 파악)

③ 근대 관료제의 성립 배경

화폐경제 발달	봉건관료의 현물급여와는 달리, 근대관료는 규칙적 화폐급여의 형태를 취하고 있기 때문에 화폐경제의 발달이 전제가 됨
행정업무의 양적 증대와 질적 발달	행정업무의 양적 증대와 질적 전문화 및 기술화가 합리적 관리를 내세운 관료제의 성립 배경이 됨
물적 관리수단의 집중화	물적 수단을 집중관리하는 데에 필요한 근대예산제도의 탄생은 관료제를 필요로 함
관료제적 조직의 기술적 우위성	직업관료제란 기술적 능력에 의한 기술관료제로서 정확성, 지속성, 통일성, 신속성, 엄격한 복종, 물적·인적 비용 절약 등의 기술적 우위성을 지님
기타	사회의 세속화, 자본주의 경제체제의 성장, 법 앞의 평등에 의한 사회적 차별의 평준화, 제2차 집단의 발달

SEMI-NOTE

이념형 관료제
이념형(ideal type) 관료제는 현존하는 관료제의 속성을 경험적으로 추출하거나 평균화하여 정립한 것이 아니라 사유작용에 의해 가장 합리적으로 작업능률을 극대화시키는 이상적 조직의 조건으로서 정립한 가설적 모형

지배의 세 가지 유형(M. Weber)
- **전통적 지배** : 정당성의 근거가 전통과 관례에 있다고 보는 입장이며, 가산관료제가 대표적 ⑨ 왕, 족장 등
- **카리스마적 지배** : 정당성의 근거가 개인의 비범한 능력이나 초인적인 품성에 있는 것으로 보는 입장으로, 위기나 재난 시 주로 등장하는 카리스마적 관료제가 대표적 ⑨ 종교지도자, 군지도자 등
- **합법적 지배** : 정당성의 근거가 근대 법치주의나 합리주의에 있다고 보는 입장으로, 근대사회를 특징짓는 합법적·합리적 근대 관료제가 대표적 ⑨ 가장 순수한 형태의 정통관료제, 근대 직업관료제·실적관료제 등

SEMI-NOTE

항구화 경향
관료제가 성숙하면 파괴하기 어려운 실체가 됨. 권력관계의 사회화를 통해 권력의 망을 형성하여 스스로 지속시키려는 관성과 변동 저항적 형태가 형성

④ 근대 관료제의 특징

법규에 의한 지배 (합법성·공식성)	관료의 직무와 기능, 책임, 권한배분, 자격요건 등이 명백히 법규에 규정되어 보편성에 근거한 객관적 업무수행이 용이함
공식화 및 문서주의	행정에 관한 결정이나 규칙은 모두 공식화되고, 업무나 직무수행은 문서에 의거해 처리되며 그 결과는 문서로 기록·보존됨
고도의 계층제	조직관계가 고도의 계층제의 원리에 의하여 확립되어 있음
업무의 전문화 (분업화)·세분화	기술적 능력·자격에 따라 규정된 기능을 수행하며, 업무의 성질별·기능별 분할을 통해 능률성이 제고됨
직업의 전업화 및 전문직업관료제	전문직업관료제로서의 성격을 지니므로 신속·정확한 업무수행과 장기적 측면의 비용감축이 가능
공개적 채용	시험 또는 자격증 등을 통해 공개적으로 채용함
고용관계의 자유계약성	직무수행을 위한 신분보장과 평등한 고용관계를 전제로 한 고용의 자유계약성이 인정됨
예측가능성	미래 상황에 대한 명확한 예측을 전제로 목표의 명확화와 능률적 수행이 요구됨
공사분리주의	직무와 직무상의 설비나 재정 등에 있어서 공·사가 엄격히 구별됨
비정의성 (몰인간성·비인격성 ; impersonality)	• 법규에 근거한 지배로 감정이나 정의적 요소가 배제됨 • 국민의 사정이나 개별적 여건을 고려하기는 어려우며, 보편적·일반적 상황을 전제로 한 행정을 추구함
객관주의적 공평성	형식주의, 평등주의 등을 토대로 비개인적이고 객관적으로 업무를 수행함

⑤ 관료제의 순기능과 역기능(병리)

순기능	역기능(병리)
• 인간본성의 상승욕구를 충족시키는 승진제도 • 법 앞의 평등 및 법규에 따른 예측 가능한 행정 확보 • 업무의 표준화 • 신속하고 효율적인 행정 구현 • 고도의 합리주의(공직의 기회균등과 행정과정의 객관화·민주화에 기여) • 갈등의 구심적 통합 • 조직의 안정성·지속성 보장	• 법규에 의한 지배 • 비인간성(인격적 관계의 상실), 인간 소외 • 문서주의·형식주의 • 무사안일주의, 권위나 선례 의존성 • 전문화에 따른 무능 • 변화·변동에 대한 저항 • 관료독선주의와 권위주의 • 무능력자의 승진(Peter의 법칙) • 권력구조의 이원화 • 관료제의 과도한 팽창·확대(관료제국주의)

비인간성(인격적 관계의 상실), 인간 소외
조직 내 대인관계의 지나친 몰인정성(impersonality)은 냉담과 무관심 등으로 나타나 인간성을 상실을 초래

문서주의·형식주의
문서에 의한 행정업무처리는 번문욕례(red tape, 문서다작주의)를 초래

(2) 탈관료제(후기관료제)

① 의의 : 1970년대 전통적 관료제조직의 한계가 지적되면서 관료제조직과 반대되는 조직형태로 등장한 모형으로, 애드호크라시(adhocracy, 임시특별위원회)가 대표적 조직
② 탈관료제의 특징
  ㉠ 임무와 문제해결능력 중시, 문제의 집단적(협력적) 해결을 강조

애드호크라시(adhocracy)
후기관료제 혹은 반(反)관료제모형으로 불리는 애드호크라시는 높은 융통성과 적응성의 동태적 조직 모형으로서 임시특별위원회로 번역되며, 포스트모더니즘의 산물이라고 할 수 있음

ⓒ 비계서적 구조를 추구하며, 조직구조변수(복잡성·공식성·집권성)가 낮음
ⓒ 계선(현상유지)보다 막료의 비중이 큰 유기적 조직
ⓔ 상황적응성, 임무와 기구의 유동성, 조직의 잠정성(가변성)
ⓜ 의사전달의 공개주의
ⓑ 수평적 동료 관계, Y이론에 입각한 자기통제
ⓢ 막료나 전문가를 통한 수평적 분권 또는 조직 하부로의 수직적 분권(선택적 분권화)

③ 애드호크라시(adhocracy, 임시특별조직)
  ㉠ 개념
    • 관료제와 대조적인 조직 개념으로, 탈관료제화 현상에서 나온 평면조직의 일종
    • 문제 해결을 위한 다양한 전문적 지식이나 기술을 가진 이질적 집단으로, 융통성·적응성이 높고 혁신적인 성격을 지닌 체제
    • 특별임시위원회, 임시적·역동적·유기적 조직이라고 함
  ㉡ 특성 : 복잡성·공식화·집권화 정도가 모두 낮음
    • 낮은 수준의 복잡성(낮은 수준의 분화) : 수직적 분화(계층화의 정도) 수준이 아주 낮음
    • 낮은 수준의 공식화 : 애드호크라시는 규칙과 규정이 거의 없으며, 신속한 결정과 유연성을 필요로 하기 때문에 공식화·표준화가 불필요함
    • 낮은 수준의 집권화(분권적 의사결정) : 융통성과 신속성을 확보하기 위해 분권적·민주적 의사결정이 요구됨
  ㉢ 형태 및 방식 : 프로젝트팀, 태스크포스, 매트릭스조직, 중복작업집단체제, collegia 조직, 자유형 조직구조 등
  ㉣ 기계적 구조와의 비교

기계적 구조(bureaucracy)	유기적 구조(adhocracy)
• 계층제	• 다양한 의사전달 채널
• 좁은 직무범위, 명확한 책임관계	• 넓은 직무범위, 모호한 책임관계
• 표준운영절차	• 규칙과 절차의 축소
• 높은 예측가능성	• 높은 상황적응성
• 공식적 대인관계	• 비공식적·인간적 대면관계
• 명확한 조직목표	• 모호한 조직목표
• 명확하고 단순한 분업적 과제	• 모호하고 복잡한 과제
• 성과측정 용이	• 성과측정 곤란
• 금전적 동기부여	• 복합적 동기부여
• 권위의 정당성 확보	• 도전받는 권위

④ 탈관료제의 조직 유형 ★ 빈출개념

적응적·유기적 구조 (W. Bennis)	• 문제의 해결은 전문분야의 사람들이 모여 구성한 집단에 의해 이루어짐 • 의사전달과 조정을 위한 접합점의 역할을 할 사람을 지정 • 구조의 배열은 잠정적

SEMI-NOTE

탈관료제의 등장 배경
• 이론적 배경 : 베버 이론에 대한 비판을 시작으로 발전행정론과 신행정론의 장
• 시대적 배경 : 사회과학 전반의 인본주의적 성향, 환경의 급속한 변동, 지식과 기술의 고도화, 개인의 자율성 및 조직 내부 민주주의에 대한 요청, 인간주의적 사고 등

애드호크라시의 장단점
• 장점
  – 변화에 대한 신속한 대응과 높은 적응성·창의성이 요구되는 조직에 적합
  – 공동목표 달성을 위한 다양한 전문가의 협력을 통한 문제 해결
  – 기술혁신을 촉진함
  – 조직의 민주화 촉진에 기여함
• 단점
  – 상하위층의 업무 및 권한·책임의 불명확으로 갈등이 불가피함
  – 구성원의 대인관계에 문제를 야기하며 심리적 불안감을 조성함
  – 비효율적 구조, 관료제적 기계모형의 정확성이나 편리성이 결여됨
  – 전문화의 이점과 규모의 경제를 조화시키기 곤란함

적응적·유기적 구조의 특징
• 문제중심의 구조
• 집단에 의한 문제 해결
• 조정을 위한 접합점 운영
• 비계서제적 구조
• 구조적 배열의 잠정성
• 문제해결능력이 지배하는 구조
• 민주적 리더십에 의한 감독

변증법적 조직 (O. White)	• 조직은 정·반·합의 변증법적 과정을 전부 거친 통합모형이 아니라, 스스로를 계속 발전시키는 단계에 있다며 주장하고 제시한 조직모형 • 고객과 조직 사이의 경직된 전통적인 경계 개념을 타파한 고객 중심의 조직
연합적 이념형 (L. Kirkhart)	• 조직의 기초적 업무 단위는 팀조직(프로젝트팀)으로, 고용관계가 잠정적 • 봉사 대상인 고객 집단의 대표들이 조직에 참여 • 같은 목표를 추구하는 팀조직은 각기 다른 방법을 통해 목표를 달성
비계서제 (F. Thayer)	• 계서제와 경쟁 원리가 인간소외를 초래했다고 여기며, 의사결정의 위임, 고객의 참여, 조직 경계의 개방 등을 통해 계서제의 타파를 주장 • 승진 개념과 보수 차등, 집단 간의 모호하고 유동적인 경계 등을 철폐하는 참여적이고 협동적인 문제해결장치를 발전시킴
견인이론적 조직구조 (Golembiewski)	• 자유로운 업무분위기를 조성하여 조직의 외재적 통제와 억압을 최소화하고 직무수행과 욕구충족의 조화를 이룸 • 업무 성과에 대한 평가를 기본으로 자율규제를 촉진하여 통솔 범위를 확대
이음매 없는 조직 (R. Linden)	• 분할적·편린적인 조직이 아니라 총체적으로 구성된 유기적 조직으로서, 기존의 관료제를 분산적 조직이라 비판하며 고객에게 다양한 통합서비스를 제공 • 성과와 고객만족을 중심으로 업무를 평가 • 조직 내부의 경계가 모호하며 네트워크로 전환 • 고객에 대응하도록 복수기능적 팀에 의해 업무를 수행
팀조직 (project team)	• 특정 사업(project)을 추진하거나 과제를 해결하기 위해서 조직 내의 인적·물적 자원을 결합하여 창설되는 동태적 조직 • 계층제 구조가 아닌 직무의 횡적 연관성을 중시하며 여러 기능을 통합하기 위해 조직된 잠정적인 조직 • 구성원은 정규부서에 소속을 유지하며, 한시적인 사업을 완료하면 복귀
태스크포스 (task force)	• 특별 임무 수행을 위해 각 조직의 전문가를 차출하여 한 사람의 책임자 아래 입체적으로 편성한 조직 • 팀조직에 비하여 존속기간이 길고 보다 대규모의 공식조직이며, 업무 내용의 변경이 가능 • 팀조직이 임시차출의 형식임에 반해, 태스크포스는 구성원이 정규부서에서 이탈하여 전임제로 참여(법적 근거 필요)
매트릭스 (matrix)조직	조직의 신축성 확보를 위해 전통적인 계선적·수직적 기능 구조에 횡적·수평적 사업구조(프로젝트 조직)를 결합시킨 혼합적·이원적 상설조직
네트워크조직	결정과 기획 같은 핵심 기능만 수행하는 조직을 중심에 놓고 다수의 독립된 조직들을 협력 관계로 묶어 수행하는 조직 형태로, 조직의 자체 기능은 핵심 역량 위주로 합리화하고 그 외의 기능은 외부와의 계약을 통해 수행하는 구조

⑤ **탈관료제에 대한 평가**

㉠ **탈관료제의 장점**

- 전문성·합리성을 갖춘 다양한 전문가들의 협력을 통해 문제해결이 가능함
- 환경이나 상황이 급변하거나 유동적인 경우에 적합

SEMI-NOTE

견인이론적 조직구조(Golembiewski)
- 수평적 분화의 기준은 기능의 동질성이 아니라, 일의 흐름에 대한 상호관련성으로 여김
- 권한의 흐름이 하향적·일방적인 것이 아니라, 상호적이며 상화(相和)·좌우적인 권한관계를 형성

이음매
조직에서 이음매는 엄격한 계서제와 분업으로 인한 수직적·수평적 분화 현상을 의미하며, 유기적 조직구조에선 이러한 분화보다는 통합을 추구

매트릭스조직의 특징
- 명령계통은 다원화되어 있고, 구성원은 양쪽 구조에 중복 소속되어 기능적 관리자(주로 인사)와 프로젝트 관리자(주로 사업) 간에 권한을 분담
- 환경적 압력이나 부서 간 상호의존관계가 존재하고, 내부자원 활용에 규모의 경제가 존재할 경우에 적절한 조직

- 변동 · 혁신에 신속하게 대응할 수 있어 높은 환경적응도와 창조성을 요구하는 조직에 적합
ⓒ 탈관료제의 한계
- 권위적인 계층의 명확한 구분이 없기 때문에 조정과 통합이 곤란
- 임시적인 조직이기 때문에 조직의 불안정성으로 인한 구성원들의 긴장과 심리적 불안을 유발
- 조직구조의 변경과 재설계 문제에만 중시하여 인간 본성에 대한 배려가 부족
- 관료제에서와 같은 기계적 모형이 갖추고 있는 조직의 정밀성 · 안정성 · 효율성 · 통일성 · 일관성이 결여

3. 계선과 막료

(1) 계선

① 특성
㉠ 계층제적 형태를 띠며, 명령통일 · 통솔범위의 원칙에 따라 편성됨
㉡ 최고책임자를 정점으로 하는 수직적 명령복종관계를 지님
㉢ 국민과 직접 접촉하는 대민성을 지님
㉣ 행정목표의 달성에 직접적으로 기여하며, 결정권과 집행권을 가짐

② 장단점

장점	단점
• 명확한 권한과 책임 • 신속한 결정으로 시간과 경비 절약 • 명령복종의 권한관계에 따라 강력한 통솔력 행사 • 조직의 안정을 기할 수 있으며, 단순한 업무와 소규모 조직에 적합	• 결정권이 최고관리층에 집중되어 주관적 · 독단적인 결정 초래 • 조직의 경직화로 민주성 · 신축성 결여 • 부문 간 업무 중복으로 조직운용의 효율성 저하 • 막료에 비하여 전문적인 지식과 기능을 불충분하게 활용

(2) 막료

① 특성 및 유형
㉠ 특성
- 전문지식을 가지고 계선기관의 기능을 인격적으로 보완
- 국민과 직접 접촉하지 않는 비대민성을 가짐
- 구체적인 집행권이나 명령권을 행사할 수 없음

㉡ 유형

화이트(L. White)의 분류	• 서비스형(보조형) 막료 : 조직을 유지 · 관리하는 보조기관으로, 계선기관에 서비스 제공 • 자문형 막료(정책자문기관) : 정책 자문이나 건의, 기획 · 조사 · 연구 등의 기능 담당
서비스의 종류에 따른 분류	일반막료, 특별막료(기술막료), 개인막료

SEMI-NOTE

관료제 옹호론
- 미국 관료제 옹호론(C. Goodsell) : 동태적 조직도 문제가 해결되고 난 후에는 관료제로 다시 회귀한다고 주장
- 카우프만(H. Kaufman) : 관료제에 대한 과다 포장된 두려움은 관료제가 인간에게 통제될 수 있다는 믿음의 붕괴 때문
- 페로우와 다운스(C. Perrow & A. Downs) : 미래에도 관료제조직은 지배적 조직구조가 됨

계선과 계선기관
- 계선 : 명령복종관계를 지닌 수직적 계층제 구조에서 조직 고유의 업무를 직접적으로 수행하는 중추적 기관
- 계선기관 : 장관, 차관, 실장, 국장, 본부장, 과장, 팀장 등

막료와 막료기관
- 막료 : 계선기관의 기능을 지원 · 보좌함으로써 조직목표 달성에 간접적으로 기여하는 기관, 즉 기획 · 자문 · 권고 · 조정 및 협의 · 정보수집 및 판단 · 인사 · 회계 · 법무 · 공보 · 연구 등의 지적 기능을 수행하는 참모기관
- 막료기관 : 차관보, 기획실장, 심의관, 담당관, 위원회, 연구소 등

SEMI-NOTE

우리나라의 막료제도
- 보좌기관 : 행정기관이 그 기능을 원활히 수행할 수 있도록 그 기관장이나 보조기관을 보좌함으로써 행정기관의 목적달성에 공헌하는 기관. 보좌기관은 전문적 지식을 활용하여 정책의 기획, 계획의 입안, 연구·조사, 심사·평가 및 홍보와 행정개선 등에 관하여 행정기관의 장이나 그 보조기관을 보좌. 명칭은 정책관·기획관·담당관 등, 필요한 최소한의 하부조직을 둘 수 있음
- 차관보 : 행정각부의 장관이 지시하는 사항에 대하여 장관과 차관을 직접 보좌하는 공무원

행정농도(L. Pondy)
- 행정농도는 전체조직의 총인원에서 유지관리구조가 차지하는 비율을 의미함. 여기서 유지관리구조는 생산활동을 지원하고 조직을 유지하는 기능을 수행하는 인력으로서 참모나 일반관리자를 의미함
- 행정농도는 측정 가능하며 계층의 축소나 분권화 등 행정조직개혁의 지표로 사용되기도 함

② 장단점

장점	단점
• 기관장의 통솔범위의 확대 • 전문적 지식과 경험을 활용한 합리적·창의적결정 및 행정 전문화에 기여 • 조직의 신축성 및 적응성 확보 • 계층제의 형태를 띠지 않는 수평적인 업무	• 계선기관과 갈등·대립·불협화음 • 전문가적 안목의 한계 • 과다한 경비의 지출 • 계선과의 권한과 책임의 한계가 불투명

③ 계선과의 비교

구분	계선	막료
업무 성격	고유 업무수행	지원 업무수행
행정목표 달성	직접적 기여	간접적 기여
권한	결정·집행권	조언의 권한
규모	소규모·대규모 조직	대규모 조직
형태	수직적 계층제	수평적·부차적 조직
조직 원리	명령통일의 원리	행정기관장의 인격 확장
대국민적 관계	직접적·대면적 봉사	간접적 봉사
태도	현실적·실제적·보수적 성향	이상적·개혁적·비판적 성향

④ 계선과 막료의 갈등과 해결방안
  ㉠ 계선과 막료의 갈등 원인
    • 지식·능력·행태의 차이 : 막료는 교육수준이 높고 개인주의적인 반면, 계선은 상대적으로 교육수준이나 전문적 지식이 부족
    • 개혁과 현상유지 : 막료는 비판·개혁을 추구하고 미래지향적 성향이 강한 반면, 계선은 현상유지적·보수적 성향이 강함
    • 심리적 경쟁과 갈등 : 계선은 막료가 기관장을 통해 권한을 침해할 수 있다고 여김
    • 상호 간 직무에 대한 이해 부족
  ㉡ 갈등 해결방안
    • 상호 간 권한과 책임의 명료화를 통해 업무를 이해하고 협조함
    • 공동교육훈련 및 교육훈련 강화를 통해 계선의 능력을 배양하고 막료의 편견을 극복함
    • 의사전달 및 인사교류의 활성화를 통해 상호이해를 증진하고 의사소통을 활성화함
    • 상호접촉을 통한 친밀감을 형성함(대면기회의 확대)
    • 기관장의 인식을 제고하고 편견을 해소하여 상호협조할 수 있는 원만한 분위기를 조성함

4. 위원회

(1) 위원회의 의의
① 개념 : 단독제 · 독임형에 대응하는 개념으로서, 민주적 정책결정과 조정 촉진을 위해 복수의 구성원으로 이루어진 합의제 행정기관을 말함
② 장단점

장점	단점
• 의사결정의 민주성 · 신중성 · 공정성 확보 • 정치적 중립성과 정책의 계속성 제고 • 집단결정을 통한 안정성 · 지속성 확보 • 전문지식 · 기술, 경험을 지닌 전문가 활용 • 의사소통의 원활화, 업무처리의 혼란방지 • 계층제의 경직성 완화와 창의적 결정 가능 • 권력재분배에 유리(분권적 의사결정) • 참여를 통한 관리자 양성의 계기, 사기양양	• 신속한 의사결정이 곤란(의사결정의 지연) • 과다한 경비 지출 • 합의 도출의 곤란 • 비밀(기밀성) 확보 곤란 • 책임의 전가 우려 • 소수의 전제화 우려 • 통솔력의 약화 • 사무국의 우월화

(2) 위원회의 유형
① 일반적 유형

자문 위원회	• 조직이나 조직구성원에 대한 자문에 응하고, 시민의 의견을 집약하여 행정에 반영시키는 막료기관적 성격의 합의제 기관 • 공식적인 행정관청으로 볼 수 없고 독립성이 미약함 • 조언이나 정책에 대한 지지 유도기능 등을 주로 담당(결정의 법적 구속력 없음)
조정 위원회	• 행정기관이나 구성원의 상이한 의견을 통합 · 조정할 목적으로 설치된 합의제 조직 • 위원회의 결정은 건의 · 자문의 성질만 지니는 것(사학분쟁조정위원회 등)이 있고 법적 구속력(의결권)을 지니는 것도 있음(중앙환경분쟁조정위원회 등)
행정 위원회	• 어느 정도의 중립성과 독립성을 부여받아 설치되는 행정관청적 성격의 위원회 • 합의제 기관으로서, 그 결정은 법적 구속력을 가짐 • 원칙적으로 법률에 의해 설치되며, 사무기구와 상임위원회를 둠 • 미국의 독립규제위원회도 넓은 의미의 행정위원회에 속함
독립 규제 위원회	• 19세기 말 자본주의의 발달에 수반된 경제 · 사회문제의 규제를 위해 형성된 것으로, 행정부로부터 독립하여 준입법권 · 준사법권을 가지고 특수 업무를 수행하거나 규제하기 위하여 설치된 합의제 · 회의제 기관 • 주로 경제 · 사회분야 위원회라는 점에서 일반행정분야의 관청적 위원회와 구별됨 • 우리나라의 경우 미국의 독립규제위원회와 같은 위원회는 존재하지 않지만, 중앙선거관리위원회, 금융통화위원회, 공정거래위원회, 방송통신위원회, 중앙노동위원회, 국가인권위원회 등이 유사

SEMI-NOTE

위원회의 특징
• 다수의 결정에 의한 합의적 · 민주적 성격을 지님
• 계층제 조직에 비해 상대적으로 수평화되고 경직성이 완화된 형태
• 분권적이고 참여적 구조를 지니며, 다수지배적인 복합적 성격을 띰
• 전문가의 참여로 행정의 효율성 및 전문성을 제고
• 대부분 경제적 · 사회적 규제업무를 수행

사무국의 우월화
사실 확인 및 조사 등 위원회의 결정을 지원하는 사무기구가 위원회 결정에 주도적 영향을 미침

행정위원회의 특징
• 일선행정에 대한 규제, 정책 · 기획 · 조정 기능을 수행
• 준사법권(조정, 판정, 결정, 재결), 준입법권(규칙제정권)을 지님
• 법적 강제력이 있는 집행권을 지니며, 부처 편제에 있어 어느 정도 독립적

SEMI-NOTE

5. 공기업

(1) 공기업의 의의 ★빈출개념

① 개념 : 국가나 공공단체가 공공수요의 충족을 목적으로 주로 공채 및 차입금으로 출자 및 관리·지배하여 수행하는 기업적 성격의 사업으로, 공공성과 기업성을 갖춤
② 원칙 및 이념
  ㉠ 경영원칙

공공성의 원칙 (공공성)	• 이윤극대화보다 공공수요 충족과 공익 실현이 일차적 목적(공기업에 대한 통제 근거) • 공공서비스의 원칙과 공공규제의 원칙이 있음
기업성의 원칙 (기업성)	• 공기업은 원가보상주의적·수익주의적 형태를 지니고 이윤을 추구 • 자주성·융통성이 보장되어야 하며, 독립채산제·생산성의 원칙 등이 강조됨

  ㉡ 이념 : 민주성(책임성·통제성), 능률성(자율성·자주성)

(2) 공기업의 유형

① 공기업의 유형 분류(광의의 공기업 분류)
  ㉠ 강학상(이론상)의 유형 분류(Friedman) : 정부부처형, 주식회사형, 공사형 공기업(조직형태에 따른 일반적 분류)
  ㉡ 실정법상의 유형 분류

정부기업 (정부기업예산법 적용)	순수정부기업과 책임운영기관(기업형 기관) 형태로 분리·운영
공공기관 (공공기관의 운영에 관한 법률 적용)	• 공기업 : 시장형 공기업, 준시장형 공기업 • 준정부기관 : 기금관리형 준정부기관, 위탁집행형 준정부기관 • 기타 공공기관 : 공기업과 준정부기관을 제외한 공공기관

② 일반적인 공기업 유형(조직형태에 따른 분류)

정부 부처형 공기업 (정부기업)	• 실정법상의 정부기업을 말하는 것으로, 우편사업·우체국예금·조달사업·양곡관리사업, 책임운영기관 등이 있음 • 직원은 공무원이므로 일반공무원과 동일한 임용 및 근무조건이 적용됨 • 중앙관서나 소속기관(책임운영기관 등) 형태로 운영됨
주식 회사형 공기업	• 주식자본조직을 갖는 법인형 공기업으로서 민간자본과 정부가 결합된 혼합형 기업(유럽국가에서 주로 운영되는 유형) • 상법이나 특별법에 의해 주식회사 형태로 설립 • 임원은 주주총회에서 선출되며, 직원은 공무원 신분이 아님
공사형 공기업	• 주식자본조직을 갖지 않는 법인형 공기업으로서 정부가 전액 출자하여 설립하는 유형(공공성과 기업성의 조화를 추구) • 일반행정기관에 적용되는 예산·회계 관련 법령이 아닌 공공기관의 운영에 관한 법률과 감사원법 등이 적용됨 • 정부가 임명하는 임원은 준공무원의 신분을 가지나, 직원은 공무원이 아님

공공성과 기업성의 관계

공공성과 기업성을 동시에 추구해 나가는 것이 바람직함

공기업의 발달요인

- 사기업에 전담시킬 수 없는 독점성이 강한 서비스의 존재 예 철도, 통신, 전력
- 국방 및 국가 전략상의 고려 예 방위산업, 군수업
- 공공수요의 충족 예 주택
- 재정적 수요의 충족 예 과거의담배, 인삼
- 민간이 감당하기 어려운 막대한 고정자본 소요 예 전력, 철도
- 위기적 사업관리나 유도·개발 전략
- 사기업의 비대방지, 독과점 규제 등 경제적 수혜구조 조정의 필요
- 정당의 정강정책이나 정치적 신조·신념
- 정치적 유산 예 광복 후의 석탄, 전력 등 국가귀속산업

정부부처형 공기업의 제약

- **조직상의 제약** : 정부조직에 해당하므로 조직개편 시 법령 개정을 요함
- **재정상의 제약** : 예산의 국회의결을 요하며, 예산 전용 등에 제약이 있어 신축적 재정운영이 곤란
- **인사상의 제약** : 공무원의 신분이므로 임용, 승진, 보수 등에 있어 일반공무원과 동일한 절차를 요함

③ 공기업 유형의 비교

구분	정부부처형	주식회사형	공사형
독립성	없음	독립된 법인(법인격), 당사자능력 보유	
설치 근거	정부조직법	회사법 또는 특별법	특별법
정부 출자	전부 정부예산	5할 이상 정부 출자 (민·관 공동투자 주식 보유)	전부 정부 출자
이념	공공성 > 기업성	공공성 < 기업성	공공성 + 기업성(조화)
직원 신분	공무원	임원은 준공무원, 직원은 회사원(공무원 아님)	
예산회계	국가예산, 특별회계(정부기업예산법, 국가재정법)	국가예산 아니며, 독립채산제(공공기관의 운영에 관한 법률)	
예산 성립	국회의 예산의결 필요	국회의결 불필요(이사회 의결로 성립)	
해당기관 및 기업	우편사업·우체국예금사업·양곡관리사업·조달사업, 책임운영기관	한국전력공사, 한국도로공사 등	한국철도공사, 토지주택공사 등
도입 국가	관료주의 국가형	대륙형, 개발도상국형	영미형
조직 특징	독임형(이사회 없음)	의결기관(합의제, 이사회)과 집행기관(독임형, 사장·총재)이 분리된 이중기관제	

(3) 공공기관의 운영

① **공공기관의 유형** : 기획재정부장관은 공공기관을 공기업·준정부기관과 기타공공기관으로 구분하여 지정하되, 공기업과 준정부기관은 직원 정원이 50인 이상인 공공기관 중에서 지정

공기업	준정부기관
직원 정원 50명 이상, 총수입액 30억원 이상, 자산규모 10억원 이상	
총수입액 중 자체수입액 비중이 50% 이상인 공공기관을 지정(시장성이 더 큼)	공기업이 아닌 공공기관 중 지정(시장성보다 공공성이 더 큼)

시장형 공기업	준시장형 공기업	기금관리형 준정부기관	위탁집행형 준정부기관
• 자산규모가 2조원 이상 • 총수입액 중 자체수입액 비중이 85% 이상	시장형 공기업이 아닌 공기업	국가재정법에 따라 기금을 관리하거나 기금 관리를 위탁받은 준정부기관	기금관리형 준정부기관이 아닌 준정부기관

SEMI-NOTE

각 공기업의 특징
- **정부부처형 공기업**
  - 철저한 공공성
  - 운영의 관료주의화 초래, 창의성·탄력성 부족, 만성적 재정적자
- **공사형 공기업**
  - 영미형(전형적인 이상형)
  - 가장 합리적인 공기업 형태
- **주식회사형 공기업**
  - 대륙계·개도국형(과도기형)
  - 혼합기업
  - 주식의 매입·매도를 통해 정부의 탄력적인 경제정책 추진
  - 운영이 너무 복잡

우리나라 공기업 현황

시장형 (16개)	준시장형 (20개)
인천국제공항공사, 한국공항공사, 부산항만공사, 인천항만공사, 한국지역난방공사, 한국전력공사, 한국석유공사, 한국가스공사, 한국수력원자력, 한국광물자원공사, 한국중부발전, 한국남부발전, 한국남동발전, 한국서부발전, 한국동서발전, 강원랜드	한국토지주택공사, 주택도시보증공사, 제주국제자유도시개발센터, 한국감정원, 한국도로공사, 한국철도공사, 한국수자원공사, 한국조폐공사, 한국마사회, 한국방송광고진흥공사, 대한석탄공사, 여수광양항만공사, 울산항만공사, 해양환경관리공단, 그랜드코리아레저, 한국전력기술, 한국가스기술공사, 한전KDN, 한전KPS, 주식회사 에스알

② 공기업 · 준정부기관의 운영

경영지침	기획재정부장관은 운영위원회의 심의 · 의결을 거쳐 공기업 · 준정부기관 및 주무기관의 장에게 조직운영, 정원, 인사, 예산 등에 관한 경영지침 통보
성과계약	주무기관장은 기관장과, 기관장은 상임이사 등과 성과계약 체결
경영목표 수립	기관장은 다음 연도를 포함한 5회계연도 이상의 중장기 경영목표를 설정, 이사회 의결을 거쳐 확정 후 매년 10월 31일까지 기획재정부장관과 주무기관의 장에게 제출
경영실적 등의 보고	매년 3월 20일까지 전년도의 경영실적을 기재한 경영실적보고서와 기관장이 체결한 계약의 이행에 관한 보고서를 작성하여 기획재정부장관과 주무기관의 장에게 제출
경영실적 평가	기획재정부장관은 경영실적을 평가하여 부진한 경우 운영위원회의 심의 · 의결을 거쳐 기관장 · 상임이사의 임명권자에게 그 해임을 건의 · 요구 가능
고객헌장 등	국민에게 직접 서비스를 제공하는 기관은 고객헌장 제정 · 공표, 연 1회 이상 고객만족도 조사 실시
회계원칙	정부회계연도를 따르되, 발생주의 적용 의무화
예산편성 · 의결	기관장은 예산안을 편성하여 다음 회계연도 개시 전까지 이사회에 제출, 예산안은 이사회 의결로 확정
예산의 보고	기관장은 예산 확정 또는 변경 시 지체 없이 기획재정부장관, 주무기관장 및 감사원장에게 보고하고 국회 소관 상임위원회에 그 내용을 제출
결산서 작성 및 회계감사	회계연도가 종료되면 지체 없이 그 회계연도의 결산서를 작성하고, 감사원규칙이 정하는 바에 따라 선임된 회계감사인의 회계감사를 받아야 함
결산승인	회계감사를 거친 결산서를 공기업은 기획재정부장관에게, 준정부기관은 주무기관의장에게 다음 연도 2월 말일까지 각각 제출하고 3월 31일까지 승인을 받아 결산을 확정
감사	감사원은 별도로 감사원법에 따라 공기업과 준정부기관의 업무와 회계에 관하여 감사 실시 가능

(4) 지방공기업

① 지방공기업의 유형

직접경영 (지방직영기업)	• 설립 : 지방자치단체가 직접 경영. 공기업특별회계로 운영(상수도, 하수도, 공영개발, 지역개발기금, 도시개발 등). 수익성에 관계없이 공공서비스의 지속적 공급 가능 • 성격 : 정부조직(구성원은 공무원), 법인격 없음 • 관리책임 : 관리자(공무원) • 근거법률 : 지방공기업법
간접경영	• 지방공단 : 지방자치단체가 전액 출자, 민간 출자 불허, 지방정부의 특정 사무 대행(지방정부가 위탁한 것만) • 지방공사 : 지방자치단체가 전액 출자 또는 민간(외국인 · 외국법인 포함)과 공동출자(민간이 50% 미만 출자 가능), 독립사업 경영 + 지방정부의 특정 사무 대행 • 성격 : 법인(구성원은 공무원이 아님) • 관리책임 : 이사장(지방공단), 사장(지방공사) • 근거법률 : 지방공기업법

SEMI-NOTE

공공기관으로 지정할 수 없는 기관
• 구성원 상호 간 상호부조 · 복리증진 · 권익향상 또는 영업질서 유지 등을 목적으로 설립된 기관
  예) 한국학교방명협회, 재향군인회, 공인회계사회 등
• 지방자치단체가 설립하고, 그 운영에 관여하는 기관
  예) 지방직영공기업, 지방공사, 지방공단 등
• 방송법에 따른 한국방송공사(KBS)와 한국교육방송공사법에 따른 한국교육방송공사(EBS)

지방공기업의 공통 특징
• 설립주체 : 지방자치단체
• 경영의 기본원칙 : 공익성과 수익성의 조화(공기업의 경제성과 공공복리를 증대하도록 운영). 독립채산제 적용. 지방공기업 경영 시 민간경제를 위축시키거나, 공정하고 자유로운 경제질서를 해치거나, 환경을 훼손시키지 않도록 노력
• 재원조달 : 수익자 및 원인자 부담원칙
• 사업연도 : 지방자치단체의 일반회계의 회계연도에 따름
• 예산회계 : 발생주의 · 복식부기 적용
• 관리책임 : 지방직영기업은 관리자 지정, 지방공사는 사장을, 지방공단은 이사장을 임명

경영위탁 (공동출자 법인)	• 설립 : 지방자치단체가 자본금 또는 재산을 민간과 공동 출자·출연(출연은 자치단체가 10% 이상일 것), 독립사업 경영 • 성격 : 법인(주식회사나 재단법인) • 관리책임 : 기관장(대표이사) • 근거법률 : 지방자치단체 출자·출연 기관의 운영에 관한 법률

② 경영에 대한 감독 및 통제
  ㉠ **경영평가** : 행정안전부장관은 지방공기업에 대한 경영평가를 하고, 그 결과에 따라 필요한 조치를 해야 함
  ㉡ **경영진단 및 경영 개선 명령** : 행정안전부장관은 경영평가를 하거나 경영평가 관련 서류 등을 분석한 결과 특별한 대책이 필요하다고 인정되는 지방공기업에 따로 경영진단을 실시하고, 그 결과를 공개할 수 있음

6. 책임운영기관

(1) 책임운영기관의 개념 및 특성

① **개념**
  ㉠ 정부가 수행하는 사무 중 공공성을 유지하면서도 경쟁원리에 따라 운영하는 것이 바람직한 집행적 사무에 대하여 책임운영기관장에게 행정 및 재정상의 자율성을 부여하고 그 운영성과에 대하여 책임을 지도록 하는 행정기관
  ㉡ 인사·보수·조직관리 등의 면에서 책임운영기관이 자율적으로 운영하며, 장관과 책임운영기관장 사이에 계약한 사업계획·재정목표 등의 달성 정도에 따라 인사·보수(성과금) 등에 있어서 우대를 받도록 함

② **특성**

결정과 집행의 분리 및 집행기능 중심	결정과 집행을 통합 수행하던 중앙정부의 기능 중 집행 및 서비스 기능을 분리하여 수행
성과 중심, 성과에 대한 책임	장관과 기관장 간의 성과협약을 통해 성과목표와 사업계획을 설정하며, 기관장은 결과 및 성과에 대해 책임을 짐
개방적 조직	공직 내외에서 인재를 공개모집하여 계약직을 채용하며, 성과급적 연봉을 지급함
융통성 및 자율성, 책임의 조화	운영에 필요한 인사·조직·예산 등에 있어 기관장에게 재량과 융통성을 부여하되 그 결과에 대해 책임을 지도록 함
내부시장화 조직	민간기업의 경쟁을 도입하고 수익자부담주의, 기업회계방식 등 기업화된 조직의 성격을 지님
기관장의 계약제	성과에 대한 책임추구를 용이하게 하기 위해 계약직으로 보하며, 계약 임용기간은 2~5년

(2) 책임운영기관의 기능 및 한계

① **기능** : 행정의 기능을 서비스와 규제, 조타수 역할(방향잡기)과 노젓기 역할로 나눌 때, 책임운영기관은 서비스 기능 중 노젓기 기능을 수행함

SEMI-NOTE

책임운영기관의 내부구조
책임운영기관의 내부구조는 전통적인 계층제 구조를 띠며, 구성원의 신분도 공무원임

책임운영기관의 기본성격
• 신공공관리론에서 주장하는 민간관리 방식을 도입하여 관리자에게 보다 많은 신축성(재량권)을 부여한 다음 그 성과에 따라 책임을 묻도록 함
• 국방이나 보건, 교도소 등의 순수 공공재는 성격상 대상 사업이 될 수 없음
• 책임운영기관의 성격은 정부조직이며, 구성원도 공무원 신분을 유지

책임운영기관의 구체적 적용 대상
• 공공성이 강하여 민영화가 곤란한 분야
• 성과관리가 용이한 분야
• 내부시장화가 필요한 분야
• 자체 재원 확보가 가능한 분야
• 중앙정부와 지방정부 간의 서비스 통합이 필요한 분야

SEMI-NOTE

② 한계
  ㉠ 책임운영기관의 비대화, 정부팽창 은폐 및 민영화의 회피수단의 악용 가능
  ㉡ 기관장의 신분보장 미흡으로 소신 있는 책임운영기관의 관리가 어려움
  ㉢ 기관장의 책무를 구체적으로 규정한다 해도 운영상의 책임한계 문제가 대두될 가능성이 높음
  ㉣ 정책과 집행기관의 분리는 강한 수직적 통합이 요구될 때 한계를 지님

03절 조직의 관리

1. 의사전달(communication, 의사소통)

(1) 의사전달의 의의

① 개념 : 복수의 행정주체가 결정에 필요한 정보나 자료 등을 서로 교환하여 의미를 공유하는 과정
② 특성
  ㉠ 의사전달은 원칙적으로 개인(정보 전달자와 피전달자) 간의 과정
  ㉡ 원칙적으로 목적 지향적(어떤 영향을 미치게 하거나 알리려 함)
  ㉢ 조직 내의 모든 상호작용은 의사전달을 내포
  ㉣ 의사전달이 없으면 조직은 성립될 수 없음(의사전달은 조직의 생명선에 해당)
③ 의사전달과정
  ㉠ 일반적 과정 : 발신자(전달자) → 코드화 및 발송 → 통로(전송채널이나 수단) → 수신자(피전달자) → 해독 → 환류(수신자의 반응)
  ㉡ 피셔(F. Fisher)모형

  👓 한눈에 쏙~
  아이디어와 문제의 명료화 → 참여 → 전달 → 동기부여 → 평가

  ㉢ 레드필드(C. Redfield)모형

  👓 한눈에 쏙~
  전달자 → 자극 → 전달 → 수신자 → 반응

의사전달의 구성요소
전달자, 전달내용, 전달수단·매체와 방법, 피전달자, 반응 및 전달효과 등

의사전달과정의 핵심 요소
• 발신자와 수신자의 존재
• 발신자는 전달자를 의미하며, 전달자의 의도는 상징을 통해 기호화(coding)됨
• 수신자는 정보를 전달받는 사람을 말하며, 수신된 메시지는 상징을 의미로 전환하는 해독화(decoding) 과정을 거침
• 정보전달의 매체 또는 수단
• 정보전달 통로(전송 채널·수단)

④ 의사전달의 기능
 ㉠ 조정
 ㉡ 동기유발·촉진
 ㉢ 정책결정의 합리화
 ㉣ 사회적 욕구의 충족
 ㉤ 리더십의 발휘
 ㉥ 조직체의 유지

(2) 의사전달망의 유형

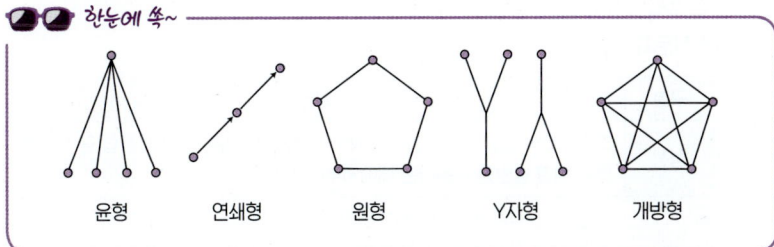

① 윤형(wheel, 바퀴형) : 집단 안에 중심적인 인물이나 리더가 존재하며, 구성원 간의 정보전달이 중심에 있는 한 사람에게 집중되고 있는 형태
② 연쇄형(chain, 사슬형) : 상사와 부하 간에만 의사전달이 이루어지며 수직적 계층만을 통하여 이루어지는 형태
③ 원형(circle, 반지형) : 집단구성원 간의 서열이나 지위가 불분명하여 거의 동등한 입장에서 의사전달이 형성되는 유형
④ Y자형 : 의사전달망의 최상층에 두 개의 대등한 지위가 있거나 반대로 최하위층에 두 개의 대등한 지위를 가진 사람이 있는 유형
⑤ 개방형(all channel, 전체경로형, 자유형) : 집단 내의 모든 구성원들이 다른 구성원들과 자유롭게 정보를 교환하는 형태
⑥ 혼합형 : 윤형과 개방형이 혼합되어 있는 형태로, 구성원들이 자유롭게 의사전달을 하지만 리더로 여겨지는 한 사람이 중심적 위치를 차지

(3) 의사전달의 장애요인 및 개선방안

구분	장애요인	개선방안
의사소통자 (전달자· 피전달자) 측면	• 준거기준 차이 • 지위상의 차이 • 전달자의 의식적 제한 • 전달자의 자기방어	• 상호접촉 촉진 • 조직 내 관계의 개선 • 하의상달의 권장과 활성화 • 의사전달 조정 집단의 활용
전달수단 및 매개체 측면	• 정보의 과다로 인한 내용 파악 곤란 • 정보의 유실과 불충분한 보존 • 전달매체의 불완전성 • 업무의 과다·폭주로 인한 압박 • 지리적 거리	• 전달매체의 정밀성 제고 • 효율적인 관리정보체계(MIS)의 확립과 시설의 개선 • 의사전달의 반복과 환류·확인 메커니즘 확립

SEMI-NOTE

공식적 의사전달
• 개념 : 공식조직 내에서 계층제적 경로를 거쳐 공식적으로 행하여지는 의사전달. 고전적 조직론에서 강조
• 장점
 – 상관의 권위 유지
 – 의사전달이 확실하고 편리하며 객관적임
 – 전달자·피전달자가 분명, 책임소재 명확
 – 정보의 신뢰성·정확성, 정책결정에 활용 용이
 – 정보나 근거의 보존 용이
• 단점
 – 법규에 의거하므로 신축성·융통성이 없고 형식화되기 쉬움
 – 변동하는 사태에 신속한 적응 곤란
 – 복잡·다양한 의사표현 곤란
 – 배후사정을 전달하기 곤란
 – 근거가 남기 때문에 기밀유지 곤란

비공식적 의사전달
• 개념 : 계층제나 공식적 직책을 떠나 조직구성원 간의 친분, 상호신뢰와 현실적인 인간관계 등을 통해 이루어지는 의사전달
• 장점
 – 형식에 구애되지 않아 신속성, 융통성, 적응성이 높음
 – 의사소통과정에서 구성원의 긴장감·소외감 해소, 개인적 욕구 충족
 – 배후사정까지 자세히 전달
 – 공식적 의사전달을 보완
 – 관리자에 대한 조언 기능
 – 구성원 간 행동의 통일성 확보
• 단점
 – 수직적 계층 하에서 상관의 공식적 권위를 손상
 – 공식적 의사전달기능을 마비시킴
 – 의사전달에 대한 통제·조정 곤란, 책임소재의 불분명
 – 비신뢰성(애매·왜곡)·부정확성, 의사결정에 활용 곤란
 – 개인적 목적에 역이용, 목표 전환의 우려

조직구조 측면	• 집권적 계층구조 • 할거주의와 전문화 • 비공식적 의사전달의 역기능 • 정보전달 채널의 부족	• 계층제의 완화와 분권화 • 정보의 분산 • 정보채널의 다원화

2. 조직문화

(1) 조직문화의 의의 및 특성

① 조직문화의 의의 : 사회문화의 하위 체제로 조직의 구성원들이 공유하는 보편적인 생활양식 또는 행동양식의 총체
② 조직문화의 순환

구분	설명
형성	조직문화의 형성은 구성원들의 대외적 적응과 생존, 대내적 통합 등에 관한 문제 해결 방안을 수용하는 데에서부터 시작
보존 (사회화)	• 동화 : 신참자가 조직문화에 일방적으로 적응 • 격리 : 신참자가 조직문화에 반감을 가져 직무영역으로부터 고립 • 탈문화화 : 조직문화 혹은 신참자의 개인문화가 모두 지배력을 상실하여 문화적 정체성이 모호해짐 • 다원화 : 쌍방적 학습과 적응의 과정을 통하여 상호 장점을 수용하거나 공존
변동	조직문화는 안정적인 특성이 있지만 시간의 흐름에 따라 변동
개혁	의식적 · 계획적으로 조직문화를 개혁

(2) 조직문화의 순기능과 역기능

① 조직문화의 순기능
　㉠ 문화는 조직의 안정성과 계속성을 유지시킴
　㉡ 조직의 경계를 설정하여 조직의 정체성을 제공
　㉢ 모방과 학습을 통하여 구성원을 사회화하는 기능을 함
　㉣ 구성원들이 조직에 몰입하도록 만듦
　㉤ 규범의 공유에 의해 조직의 생산성을 높이고, 조직에 대한 충성심과 복종심을 유도
　㉥ 구성원을 통합하여 응집력, 동질감, 일체감을 높임
　㉦ 구성원의 일탈 행위에 대한 통제기능을 함
② 조직문화의 역기능
　㉠ 부서별 독자적인 조직문화로 인하여 조직 내부의 조정과 통합에 어려움이 생김
　㉡ 집단사고의 폐단으로 조직의 유연성과 구성원들의 창의력을 저하
　㉢ 초기에는 조직문화가 순기능을 하지만 장기적인 관점에서는 문화의 경직성으로 인해 변화와 개혁의 장애를 초래하기도 함

SEMI-NOTE

조직문화의 구성요소
• 규범
• 철학
• 지배적 가치관
• 행태 규칙성

문화의 개혁과 연관된 요인
• 충원
• 발전
• 평가 및 보상
• 조직 설계
• 의사소통
• 상징 · 언어 · 이야기

조직문화의 특성
• 사고와 행동의 결정요인
• 학습에 의한 공유
• 역사적 산물
• 집합체적 · 공유적 특성
• 지속성(경로의존성)과 변동저항성
• 통합성과 안정성
• 사회문화의 하위체제

(3) 조직문화의 경쟁적 가치접근(E. Quinn & R. Kimberly)

한눈에 쏙~

```
                신축성(유연성·변화)
              분권화, 차별화(다양성)
        ┌─────────────────┬─────────────────┐
        │  관계지향 문화    │  혁신지향 문화    │
        │  집단(clan)문화   │  발전(development)문화│
내부지향 │  (인간관계모형)   │  (개방체계모형)   │ 외부지향
(통합·   │  clan(공동체, 가족)│  adhocracy(애드호크라시)│ (경쟁)
단합)    ├─────────────────┼─────────────────┤
        │  위계지향 문화    │  과업지향 문화    │
        │  위계(hierachy)문화│  합리(rational)문화│
        │  (내부과정모형)   │  (합리적 목표모형)│
        │  hierachy(계층제) │  market(시장)    │
        └─────────────────┴─────────────────┘
                통제(질서·안정)
              집권화, 집중화(통합)
```

① **수직 축(구조)** : 유연성 지향의 가치는 분권화의 다양성(차별화)을 강조, 통제지향 가치는 집권화와 통합(집중화)을 강조하는데, 이는 조직의 유기적 특성과 기계적 특성의 구분을 의미함

② **수평 축(초점)** : 내부지향성은 조직 유지를 위한 조정·통합 강조, 외부지향성은 조직 환경에 대한 적응, 경쟁, 상호관계 강조

③ **조직문화유형** : 조직은 네 가지 조직문화 유형을 모두 가질 수 있으며 그 강도는 차이가 있음

3. 갈등

(1) 갈등의 의의

① **갈등의 개념** : 희소자원이나 업무의 불균형배분 또는 여건·목표·가치·인지 등에 있어서의 차이와 같은 원인과 조건으로 인해 개인이나 집단, 조직의 심리, 행동에 발생하는 대립적 교호작용

② **갈등관의 변화**

갈등유해론, 갈등제거 (1930~1940년대)	• 갈등의 역기능. 모든 갈등은 제거대상 • 고전적 조직이론과 초기 인간관계론의 관점 • 갈등은 일종의 악, 조직의 효과성에 부정적 영향 • 직무의 명확한 규정 등을 통해 갈등을 제거할 수 있음
갈등불가피론, 갈등수용 (1940년대 말 ~1970년대)	• 갈등의 양면성(역기능 기능), 갈등의 불가피성·보편성 • 갈등은 조직 내에서 자연적으로 일어나는 불가피한 현상, 완전 제거 곤란 – 갈등 수용 • 갈등이 때로는 순기능을 한다고 보지만, 능동적으로 갈등을 추구하거나 조장할 상황요인을 만들어 낼 수 있다는 생각을 제시하지는 않음

SEMI-NOTE

관계지향문화
- 특징 : 유연성·변화/내부지향
- 핵심속성 : 협력, 가족적 인간관계, 응집성
- 리더 : 후견인(mentor), 촉진자, teambuilder
- 관리지향 : 의사소통, 인간적 배려, 헌신
- 조직형태 : 공동체, 가족

혁신지향문화
- 특징 : 유연성·변화/외부지향
- 핵심속성 : 창의성, 기업가정신
- 리더 : innovator, visionary, entrepreneur
- 관리지향 : 창의·혁신, 자율성, 지속적 변화
- 조직형태 : 애드호크라시

위계지향문화
- 특징 : 안정성·통제/내부지향
- 핵심속성 : 통제, 명령, 규칙, 규제, 능률
- 리더 : monitor, coordinator, organizer
- 관리지향 : 통제·조정, 능률성, 일관성·통합성
- 조직형태 : 계층제, 관료제

과업지향문화
- 특징 : 안정성·통제/외부지향
- 핵심속성 : 경쟁, 목표달성, 시장점유율
- 리더 : hard-driver, 경쟁자, 생산자
- 관리지향 : 경쟁력, 생산성, 고객초점
- 조직형태 : 시장조직

갈등
조직 내의 의사결정에 있어 대안선택기준이 모호하여 결정자인 개인이나 집단이 심리적으로 곤란을 겪는 상태(H. Simon)

갈등관리론 (현대의 갈등관) (1970년대 말~)	• 갈등의 양면성 인정, 갈등의 관리 · 활용 – 역기능적(파괴적) 갈등 → 갈등 완화 · 해소 · 억제 – 순기능적(건설적) 갈등 → 갈등 조장 · 촉진 • 갈등수준이 너무 낮으면 환경에의 적응력 저하, 독재와 획일주의, 무사안일, 의욕상실, 침체 등의 집단행동을 보이므로 적정한 갈등 수준을 유지하는 최적관리가 필요

(2) 갈등의 유형

① 밀러와 돌라드(N. Miller & J. Dollard)의 개인심리기준
  ㉠ 접근–접근 갈등 : 바람직한 가치(긍정적인 유인가)를 가진 두 가지 대안 중 하나를 선택해야 하는 경우의 갈등
  ㉡ 접근–회피 갈등 : 바람직한 긍정적 유인가와 회피하고 싶은 부정적 유인가를 함께 가진 대안 중 선택해야 하는 경우의 갈등
  ㉢ 회피–회피 갈등 : 회피하고 싶은 부정적인 가치를 가진 두 가지 대안 중 하나를 선택해야 하는 경우의 갈등

② 사이먼과 마치(H. Simon & J. March)의 갈등주체기준
  ㉠ 개인적 갈등
    • 수락불가능성 : 결정자가 각 대안의 결과를 알지만 만족기준을 충족하지 못해 수락할 수 없는 경우
    • 비교불가능성 : 결정자가 각 대안의 결과를 알지만 공통기준의 결여로 최선의 대안을 알지 못하는 경우
    • 불확실성 : 대안이 초래할 결과를 알 수 없는 경우
  ㉡ 집단 간 갈등
    • 분류 : 조직 내의 집단 간 갈등, 조직 간의 갈등
    • 원인 : 가치관 · 태도 · 인지의 차이, 공동의사결정의 필요성, 업무의 상호의존성(순차적 의존성), 대등한 권력의 존재(조정 곤란), 의사결정의 참여 증대, 전문가의 증가(계선과 참모의 갈등) 등

③ 폰디(L. Pondy)의 단위 및 영향 기준
  ㉠ 단위기준(조직 내 상하단위 기준)
    • 협상적 갈등 : 부족한 자원으로 인한 이해당사자 간에 겪게 되는 갈등
    • 체제적 갈등 : 동일 수준의 계층 · 기관이나 개인 간의 수평적 갈등
    • 관료제적 갈등 : 상하계층 간의 갈등
  ㉡ 영향(변화)기준
    • 마찰적 갈등 : 조직구조의 변화를 유발하지 않는 갈등
    • 전략적 갈등 : 조직구조의 변화를 유발하는 갈등

④ 집단 간 갈등(대인적 갈등)의 원인

구분	상황
공동의사결정의 필요성	조직상의 부처가 세분된 상태에서 다른 조직이나 집단과의 상호의존성에 의한 공동의사결정이 필요한 경우

SEMI-NOTE

갈등과 경쟁
• 차이점
 – 갈등 : 특정 집단의 목표 추구가 다른 집단의 목표를 위협하고 집단적 적대감이 존재하며, 규칙과 규정이 준수되지 않음
 – 경쟁 : 집단들이 동일한 목표를 추구하고 상호 적대감이 존재하지 않으며, 규칙이나 규정이 준수됨
• 공통점 : 대상 집단이나 개인이 상호대립적 행동을 보임

갈등의 기능
• 순기능(L. Coser, M. P. Follett 등)
 – 조직의 조화 · 통합의 새로운 계기로 작용
 – 선의의 경쟁을 촉진해 행정 발전 · 쇄신의 원동력이 됨
 – 갈등의 해결을 위한 조직의 문제해결능력 · 창의력 · 융통성 · 적응능력을 향상
 – 행정의 획일성 배제와 다양성 · 민주성 확보에 기여
 – 개인 및 집단의 동태적 성장의 계기
• 역기능(G. E. Mayo 등)
 – 조직 내 관계자의 심리적 · 신체적 안정 저해
 – 구성원과 조직 간에 적대감정과 반목을 유발
 – 직원이나 기관 간에 위계질서를 문란하게 하며, 공무원의 사기를 저하
 – 행정의 조정을 곤란하게 함
 – 조직의 효과성과 생산성을 저하

진행단계별 갈등의 분류(L. Pondy)
• **잠재적 갈등** : 갈등이 야기될 수 있는 상황 또는 조건
• **지각된 갈등** : 구성원들이 인지하게 된 갈등
• **감정적 갈등** : 구성원들이 감정(내면)적으로 느끼는 갈등
• **표면화된 갈등** : 표면적인 행동이나 대화로 표출된 갈등
• **갈등의 결과** : 조직이 갈등에 대처한 후에 남은 조건 또는 상황

목표와 이해관계의 차이	서로 다른 조직이 양립 불가능한 목표를 동시에 추구하는 경우, 각 조직 간의 목표나 이해관계의 차이가 나타날 경우
자원의 한정에 따른 경쟁	한정된 자원에 공동으로 의존하고 있는 제로섬게임(Zero sum game) 상황인 경우
지위부조화	높아진 지위만큼 그에 따른 전문적인 능력이 부족하여 행동주체 간의 교호작용을 예측불가능하게 하는 경우
권력의 차이가 없는 경우	권력의 차이가 있는 경우에는 더 큰 권력을 가진 기관에 의해 조직의 조정과 통제가 가능하지만, 권력의 차이가 없는 경우에는 조정이 곤란하여 갈등을 유발
지각 및 인지의 차이	구성원 간의 성격, 태도, 가치관, 지각의 차이로 인하여 정보나 사실에 대하여 다르게 해석하고 평가하는 경우
과업의 상호의존성	과업이 독립적이거나 일방향 집중형일 경우 갈등 가능성이 낮지만, 상호의존적이거나 상호연계적일 경우 갈등 가능성이 증가
의사전달의 방해	의사전달에 대한 오해나 이해부족, 의사전달의 부족으로 인하여 정보의 교환이 불충분할 경우 갈등을 유발

(3) 갈등의 해결방안

① 사이먼과 마치(H. Simon & J. March)의 전략

㉠ 개인적 측면의 해결전략
- 비수용성의 해결 : 새로운 대안의 탐색이나 목표의 수정
- 비교불가능성의 해결 : 선택된 대안의 우선순위 선정기준과 비교기준을 명확히 하고, 대안이 제기된 전후관계의 분석
- 불확실성의 해결 : 대안의 결과 예측을 위한 과학적 분석, 자료의 수집·탐색, 결과 예측이 가능한 새로운 대안 탐색

㉡ 복수의사주체 간의 갈등 해결전략
- 문제해결(합리적·분석적 해결) : 갈등당사자 간의 자료수집과 제시, 새로운 쇄신적 대안의 모색 등을 통해 공동의 해결책을 찾아보는 방법
- 설득(합리적·분석적 해결) : 하위목표와 공동목표의 조화를 검증하고 설득·이해를 통해 의견대립을 조정하는 방법
- 협상(비합리적·정치적 해결) : 당사자 간의 직접적 해결방법으로, 양보와 획득을 위한 포기를 통해 조정하는 방법
- 정략(비합리적·정치적 해결)
  - 이해관계나 기본목표를 조절하기 위한 방법으로서, 제3자를 통하여 해결하는 방법
  - 여론과 대중의 지지에 호소하는 방법 등이 있으며, 갈등의 원인이 가장 근원적인 목표·가치갈등인 경우의 해결전략

② 토마스(K. Thomas)의 전략

㉠ 의의 : 자신의 욕구(주장·이익)를 충족시키려는 욕구인 '단정'과 상대방의 욕구(주장·이익)를 만족시키려는 욕구인 '협조'라는 2차원적 요소에 근거해 다섯 가지 전략을 제시

SEMI-NOTE

갈등의 요인

개인적 요인	• 감정 • 상태 • 소통의 장애 • 문화적 차이 • 기술 및 능력 • 지각, 가치관, 윤리 • 성격 등
구조적 요인	• 목표의 차이 • 지위의 차이 • 권한 및 책임의 불명확성 • 상호의존성 및 협조 필요성 • 전문화 및 분업 • 한정된 자원의 공유(제로섬게임)

갈등의 예방전략
- 사전참여를 통한 의사결정
- 권한과 책임의 명확화 또는 상호의존성의 감소
- 최고관리자의 균형적 자세와 조정역할 강화

SEMI-NOTE

집단 간 갈등의 일반적 해결 방안
- 상위목표나 이념의 제시
- 자원의 확충
- 회피
- 완화
- 상관의 리더십이나 명령
- 행태변화
- 제도개혁
- 기타 방안으로 문제의 공동해결이나 상호작용의 촉진, 공동의 적 설정, 집단 간 상호의존성 감소, 조정기구의 설치, 조직개편 등

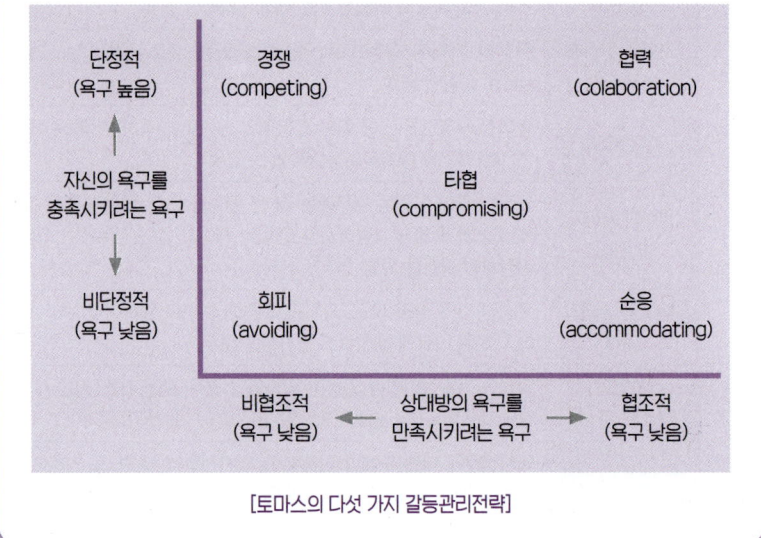

[토마스의 다섯 가지 갈등관리전략]

ⓒ 내용
- 회피전략 : 갈등상황으로부터 벗어나 버리는 것으로, 사소한 문제이거나 자신의 욕구충족 기회가 없을 때 나타나는 비단정적·비협력적 전략
- 순응(수용·적응)전략 : 상대방의 주장을 받아들이는 것으로, 자신의 결정이 잘못되었거나 상대방과 화합하고 조직의 안정과 사회적 신뢰를 중요시 할 때 나타나는 전략
- 타협전략 : 당사자들이 동등한 권력을 보유하고 시간적 여유가 없을 때 사용되는 임기응변적이고 잠정적인 전략으로, 협상을 통한 양보와 획득으로 자신과 상대방의 이익을 절충
- 경쟁·강제전략 : 위기상황이나 한쪽의 권한이 우위일 때 나타나는 전략
- 협력(협동·제휴)전략 : 갈등을 긍정적으로 받아들이며 상대에게 신뢰가 있는 경우와 공통의 관심사가 너무 중요하여 통합적 해결전략이 필요할 때 나타나는 전략

4. 권위(Authority)

(1) 권위의 의의 및 유형

① 의의
  ㉠ 개념 : 제도화되고 정당성이 부여된 권력으로서 타인에 의해 자발적으로 수용되어 의사결정에 영향을 미치는 능력
  ㉡ 유사 개념
    - 권력(power) : 어떤 개인이나 집단이 다른 개인이나 집단의 행태에 영향을 미칠 수 있는 잠재적 능력
    - 영향력 : 잠재적인 능력을 실제의 행동으로 옮기는 과정으로, 행위를 거부

권위의 개념적 구성요소
정당성이 부여된 권력, 사회적 관계(상대방의 존재)가 전제, 타인의 행태에 영향, 명령에 대한 자발적 복종

하거나 부정적인 방향으로 유도하는 것도 포함하는 포괄적 개념
② 권위의 유형
   ㉠ 피프너(J. Pfiffner)의 공식성 유무 기준

공식적 권위	조직에서 어떤 직위의 담당자가 행사할 수 있는 영향력을 말하며, 합법화·제도화된 권위
비공식적 권위	상관과 부하 간의 공통된 감정을 기초로 형성되는 권위로서, 비공식적 조직구성원들 간의 사회적 상호작용을 통해 구체화됨

   ㉡ 베버(M. Weber)의 권위의 정당성 기준

전통적 권위	권위의 정당성을 신성시하는 전통이나 관행, 지배자의 권력에 대한 신념에 근거하는 권위
카리스마적 권위	지도자의 비범한 초월적 자질이나 능력, 영웅적 행위나 신비감에 대한 외경심 등에 근거하는 권위
합법적·합리적 권위	권위의 정당성을 법규화된 질서나 합법성에 대한 신념·동의에 두는 권위

   ㉢ 에치오니(A. Etzioni)의 기준

조직의 성격 기준	• 강제적 권위 : 강제적·물리적 힘이 통제수단이 되는 권위 • 공리적 권위 : 보수 같은 경제적 유인이 통제수단이 되는 권위 • 규범적 권위 : 도덕·규범·가치가 통제수단이 되는 권위
권위의 성격 기준	• 행정적 권위 : 공식적 지위(일반행정관리자의 지위)에 근거한 권위로, 부하·전문가의 활동을 조정·통제(전문적 권위와 대립관계) • 전문적 권위 : 전문적 지식 및 기술에 근거한 권위(전문가들의 권위)

   ㉣ 사이먼(H. Simon)의 심리적 동기의 기준

일체화(동일화)의 권위	조직이나 상관에 대한 부하의 일체감·동질감·충성심에 근거한 권위
신뢰의 권위	부하의 신뢰에 근거하는 권위로, 기능적(전문적) 권위와 계층적(행정적) 권위가 있음
제재의 권위	형벌 또는 보상에 근거한 권위
정당성의 권위	권위가 합법적이고 정당하다는 심리적·논리적 귀결에 근거하는 권위

(2) 권위의 수용이론
① 권위수용의 변수
   ㉠ 윤리적 신념 : 권위에 대한 윤리적 신념이 권위를 수용하게 함
   ㉡ 충성심·일체감 : 조직에 대한 충성심·일체감이 강할수록 권위를 잘 수용하게 됨
   ㉢ 보수·지위·위신 : 보수나 승진의 향상, 위신·지위가 고려되는 경우 권위가 잘 수용됨
   ㉣ 기타 연령이나 경력·경험, 전문기술, 제재의 수반 등

SEMI-NOTE

권위와 권력의 차이
권위가 정당성을 가진 권력으로서 자발적 복종을 전제로 함에 비해, 권력은 상대방의 의사와는 상관없이 명령이나 결정을 따르도록 하는 강제적·일방적인 힘을 말함

권위의 본질
• 하향적 권위설(명령권위설) : 전통적 조직이론은 권위를 상관이 공식적 직위에 근거하여 명령할 수 있는 권리로 봄으로써 하향적 권위로 인식
• 상향적 권위설(수용설 또는 동의설) : 인간관계론자들은 부하의 수용 정도에 따라서 권위가 좌우된다는 상향적 권위를 주장하고, 권위에 대한 하급자의 동의를 중시
• 종합적 인식 : 명령권리설은 조직 계층상 지위와 관련되며, 수용설은 개인의 속성·특성과 관련되므로 양자는 상호보완 관계에 있다고 보는 종합적인 인식이 요구됨

제재의 권위
• 소극적 제재(불리 : 해임·징계), 적극적 보상(유리 : 승진·승급)의 행사능력
• 부하 또는 외부인사도 가질 수 있음 (예 부하의 태업행위)

SEMI-NOTE

무차별권의 범위
목표가 명확하고 명령이 정당하다고 인정되는 경우 확대되고, 조직의 현실적 목표와 불일치하고 계층 수가 많은 경우 축소됨

수용권의 범위
구성원의 교육수준이 높아지고 자아의식이 확립될수록 수용권은 좁아진다고 주장

정보권력
타인이 가치 있다고 생각하는 정보를 보유하거나 그 정보에 쉽게 접근할 수 있다는 사실에 근거한 권력

배경권력
조직 내외의 영향력 있고, 중요한 인물들과의 연결, 즉 교섭력이나 인맥을 보유하고 있다는 사실에 근거한 권력

---

② 권위수용이론

㉠ 버나드(C. Barnard)의 권위수용과 무차별권

권위수용의 전제조건	• 의사전달의 내용 파악 가능 • 권위 내용이 조직 목적에 부합 • 명령이 조직구성원의 개인적 이익과 모순되지 않음 • 정신적·육체적으로 의사전달에 대응 가능
무차별권	버나드는 권위의 수용형태를 명백히 수용할 수 없는 경우, 중립적인 경우, 이의 없이 수용하는 경우의 세 가지로 나누고, 이의 없이 수용하는 경우(무조건적 수용범위)를 무차별권이라 함

㉡ 사이먼(H. Simon)의 수용권

의사결정을 수용하는 경우	• 의사결정의 장단점을 파악하여 장점에 대하여 확신할 경우 • 의사결정의 장단점을 검토하지 않고 따르는 경우 • 의사결정의 검토 후 잘못되었음을 알면서도 따르는 경우
수용권 (zone of acceptance)	의사결정의 장단점을 검토하지 않고 따르는 경우와 검토 후 잘못되었음을 알면서도 따르는 경우가 권위의 수용권에 해당

실력 up 프렌치와 레이븐(J. French & B. Raven)의 권력 유형

- **직위권력(지위권력)** : 조직 안에서 그가 맡은 직무나 직위와 관련해서 공식적으로 부여받은 권력 예) 보상적 권력, 강요적 권력, 합법적 권력, 정보권력
- **개인권력** : 조직에서 지위권력 이외의 개인적 특성(전문성, 설득력, 카리스마 등)에서 비롯된 권력 예) 준거적 권력, 전문가적 권력, 배경권력

보상적 (보수적) 권력	타인이 가치 있다고 생각하는 보상(예) 봉급, 승진, 직위부여 등)을 줄 수 있는 능력에 근거를 둠
강요적 (강압적) 권력	인간의 공포에 기반을 둔 것으로 어떤 사람이 타인을 처벌할 수 있는 능력을 가지거나 육체적 또는 심리적으로 다른 사람에게 위해를 가할 수 있는 능력을 가진 경우 발생
합법적 (정통적) 권력	법·제도에 근거한 권력. 권력행사자가 정당한 권력을 행사할 수 있는 권리를 가지고 있다고 인정되는 경우 성립하며 '권한(authority)'이라고도 함. 상관이 보유한 직위에 기반을 두므로 지위가 높아질수록 커지며 조직에 의해 부여되고 보장됨. 기계적 조직에서는 엄격하며 유기적 조직일수록 불분명함
준거적 권력	복종자가 지배자와 일체감을 가지고, 자기의 행동모형을 권력행사자로부터 찾으려고 하는 역할모형화에 의한 권력으로 어떤 사람이 자신보다 월등하다고 느끼는 무언가의 매력이나 카리스마에 의한 권력. 일체감과 신뢰를 바탕으로 함
전문가적 권력	다른 사람들이 가치를 두는 정보를 갖고 있는 정도에 기반을 둔 것으로, 다른 사람이 필요로 하는 전문적 지식·기술을 지닐 때 발생하는 권력. 직위나 직무를 초월해 누구나 행사할 수 있으므로 공식적 직위와 일치하지 않을 수도 있음

5. 리더십

(1) 의의 및 기능
① 의의 : 조직의 목표 달성을 위하여 구성원이 자발적으로 참여하도록 동기를 부여하고 영향력을 미치는 관리자의 쇄신적·창의적 능력·기술 등을 말함
② 리더십의 기능
  ㉠ 목표설정과 대표성 있는 목표수립에 기여
  ㉡ 목표 달성을 위한 인적·물적 자원을 동원
  ㉢ 불완전한 공식구조와 설계의 보완
  ㉣ 조직의 일체성과 적응성의 확보
  ㉤ 조직활동의 통합·조정과 통제
  ㉥ 환경변화에 대한 대응 및 변화의 유도

(2) 리더십의 본질에 관한 이론 유형

한눈에 쏙~

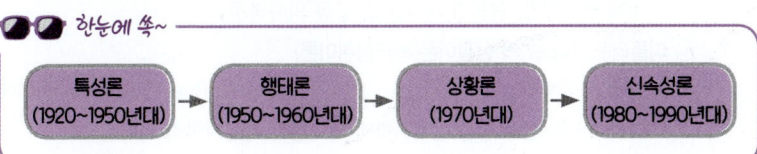

특성론(1920~1950년대) → 행태론(1950~1960년대) → 상황론(1970년대) → 신속성론(1980~1990년대)

① 특성론

통일적(단일적) 자질론	1940년대까지의 전통적 연구로서, 리더는 하나의 통일적·단일적 자질을 구비한다는 이론
성좌적 자질론	리더십에 있어 통일적·단일적 자질은 존재하지 않는다고 보는 이론

② 행태론
  ㉠ 아이오와(Iowa) 대학 연구(White & Lippitt)
    • 권위형 : 지도자가 주요한 결정을 내리고 부하에게 맹목적인 복종을 요구하는 형태로, 직무수행에 중점을 두는 유형
    • 민주형 : 의사결정이 상관과 부하의 참여·합의로 이루어지며, 생산량과 사기가 높은 최선의 유형
    • 자유방임형 : 리더가 결정권을 대부분 부하에게 위임하여 목표나 방법을 하급자가 설정하는 유형
  ㉡ 미시간(Michigan) 대학 연구 : 1960년대 리커트(Likert) 등이 주도한 연구로, 리더의 행동을 직무 중심적 행동과 부하 중심적 행동으로 구분하고 부하 중심적 행동이 생산성과 만족감 측면에서 효과적이라 주장
  ㉢ 오하이오(Ohio) 주립대학 연구 : 리더십을 '구조설정(initiating structure)'과 '배려(consideration)'의 조합으로 살펴보는 이론
  ㉣ 블레이크와 머튼(Blake & Mouton)의 관리망모형
    • 무관심형(빈약형) : 생산과 인간에 대한 관심이 낮아 주로 자신의 직분유지를 위한 최소의 노력만 기울이는 유형

SEMI-NOTE

리더십의 성격
• 지도자와 추종자, 환경(상황) 변수 간의 의존성(변수의 상호의존성)
• 지도자와 추종자의 상호작용이면서 영향을 미치는 과정
• 조직의 목표 달성을 위한 목표지향적 개념
• 리더십의 효율성은 동태적·신축적·가변적 성격
• 지도자의 권위를 통해야만 발휘되는 기능

특성론에 대한 비판
• 집단의 특징·조직목표·상황에 따라 요구되는 리더십의 자질도 변함
• 모든 지도자의 자질이 동일한 것은 아니며, 지도자의 보편적인 자질은 존재하지 않음
• 지도자가 되기 전과 후의 자질이 사실상 동일함을 설명하기 어려움

블레이크와 머튼의 관리망모형

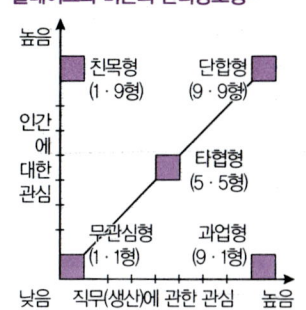

| SEMI-NOTE |

- 친목형 : 인간에 대한 관심은 높으나 생산에 대한 관심은 낮아 인간적인 분위기를 조성하는 데 주력하는 유형
- 과업형 : 생산에 대한 관심은 높으나 인간에 대한 관심은 낮아 과업에 대한 능력을 중시하는 유형
- 타협형(절충형) : 인간과 생산에 절반씩 관심을 두고 적당한 수준의 성과를 지향하는 유형
- 단합형 : 생산과 인간 모두에 관심이 높아 조직과 구성원들의 상호의존관계와 공동체의식을 강조함으로써 조직목표 달성을 위해 헌신하도록 유도하는 유형

③ 상황론
  ㉠ 탄넨바움과 슈미트(Tannenbaum & Schmidt)의 리더십
    - 리더십 유형은 지도자와 집단이 처한 상황에 따라 결정
    - 효율적인 리더십의 세 가지 변수 : 지도자 요인, 비지도자 요인, 상황요인
    - 리더가 직면하는 의사결정을 어떻게 처리하느냐에 따른 리더십 유형 : 독재적 의사결정, 협의적 의사결정, 공동 의사결정
  ㉡ 피들러(F. Fiedler)의 상황이론(목표성취이론)
    - '가장 좋아하지 않는 동료(Least Preferred Co-worker ; LPC)'라는 척도에 의하여 리더십 유형을 관계지향적 리더십과 과업지향적 리더십으로 구분
    - 리더와 부하 간의 관계가 좋고 과업의 구조화 정도가 높으며, 리더의 직위권력이 강할수록 리더에게 유리하며, 리더십 상황이 리더에게 유리하거나 불리한 경우에는 과업지향적 리더가 효과적인 반면, 유리하지도 불리하지도 않은 상황에서는 관계지향적 리더가 효과적이라 주장
  ㉢ 하우스와 에반스(House & Evans)의 통로–목표이론 : 리더의 행동(원인변수)이 부하의 기대감 등에 영향을 미치는 정도에 따라 부하의 동기가 유발된다는 이론, 즉 리더는 부하가 바라는 목표를 얻게 해줄 수 있는 경로가 무엇인가를 명확하게 해줌으로써 성과를 높일 수 있다는 것
  ㉣ 커와 저미어(Kerr & Jermier)의 리더십대체물이론
    - 리더십을 필요 없게 만들거나 중요성을 감소시키는 상황적 요인으로 대체물과 중화물을 제시
    - 리더의 행동을 필요 없게 하거나 행동의 효과를 약화·중화시키는 부하의 특성으로 능력·경험·훈련·지식, 독립 욕구, 전문가 지향성, 보상에 대한 무관심 등을 제시
  ㉤ 레딘(W. J. Reddin)의 3차원적 리더십 : 과업을 지향하는가 인간관계를 지향하는가에 따라 리더 행동의 기본유형을 네 가지로 분류하고 이를 효과성 차원에 접목한 이론
  ㉥ 허쉬와 블랜차드(Hersey & Blanchard)의 3차원적 리더십이론 : 오하이오(Ohio) 그룹의 연구와 레딘(Reddin)의 3차원 유형을 종합한 이론으로, 리더십을 인간 중심적 리더십(관계지향)과 과업 중심적 리더십(과업지향)으로 나누고, 효율성이라는 차원을 추가하여 리더십이론을 제시

그랜과 단세로(Graen & Dansereau)의 수직적 쌍방관계연결이론
- 리더와 각각의 부하 간의 관계가 서로 다를 수 있다는 것을 강조함. 수직적–쌍방관계란 리더와 각각의 부하가 이루는 쌍(pair)을 의미하는데 리더가 신뢰하는 내집단과 그렇지 않은 외집단이 있음
- 내집단의 구성원들은 외집단의 구성원들보다 근무성과와 만족도가 높음

대체물과 중화물
- 대체물 : 리더십을 불필요하게 만드는 요인으로, 과업이 일상적이거나 구조화되어 있고 환류가 빈번하게 이루어지며, 구성원이 과업 그 자체로 만족감을 느끼는 경우에는 리더십이 불필요하다고 주장
- 중화물 : 리더십의 필요성을 약화시키는 요인으로서, 명확한 계획과 목표, 규칙과 규정, 높은 응집력, 리더가 통제할 수 없는 보상체계, 리더와 부하 간의 긴 공간적 거리 등을 제시

ⓐ 유클(G. Yukl)의 다중연결모형 : 리더의 열한 가지 행동을 원인변수로 보면서, 여기에 여섯 가지의 매개변수와 세 가지 종류의 상황변수를 이용하여 부서의 효과성을 설명
④ 신속성론(신자질론)
  ㉠ 카리스마적 리더십(위광적 리더십) : 변혁적 리더십과 관련되며, 리더의 뛰어난 개인적 능력과 자신감, 도덕적 정당성 등에 대한 신념을 기초로 하는 신속성론의 리더십
  ㉡ 변혁적 리더십(Burns, Rainey & Watson 등) ★ 빈출개념

의의	거래적 리더십에 대응하는 개념으로 급변하는 환경에 적응하기 위한 변동추구적·개혁적 리더십. 현상유지를 거부하고 기존 사고의 틀을 벗어나 새로운 가치관과 시각에서 문제에 접근하고 해답을 구하도록 유도하며 기꺼이 위험을 감내하고 도전을 기회로 만들기 위해 노력하면서 미래의 비전을 실현하기 위한 변화를 선도함
카리스마적 리더십과의 차이	카리스마적 리더는 부하가 리더의 세계관에 따르도록 바랄 뿐이지만, 변혁적 리더는 카리스마적 리더십을 기반으로 하지만 부하에게 확립된 의견뿐 아니라 리더가 확립시킨 의견에도 문제를 제기할 수 있는 능력을 주입시킴
특징	• 새로운 비전 제시. 다른 사람들이 이를 내면화하여 탁월한 성취를 할 수 있도록 힘을 실어줌. 비전 달성을 위해서는 현상에 대한 점진적 변화가 아닌 과거와 단절된 변혁이 필요하며 그러한 변혁을 주도 • 추종자가 업무수행의 의미를 발견하고 몰입·헌신하도록 유도 • 사람들 사이에 신뢰 구축. 조직과 개인이 공생적 관계를 형성하고, 공동의 목표를 향해 단합하게 함 • 다양성과 창의성을 존중하고 지원 • 거래적 리더보다 낮은 이직률, 높은 생산성, 높은 직원만족.

  ㉢ 문화적 리더십 : 1980년대 이후의 새로운 리더십연구로서 변혁적 리더십이 진보한 것이나, 초점을 지도자와 추종자 간의 관계의 본질에 두는 것이 아니라 지도성-추종성 관계에 배어 있는 사회문화적 맥락에 둠
  ㉣ 발전적 리더십(서번트 리더십) : 부하에 대한 리더의 봉사적인 리더십으로, 리더의 종복정신을 강조
  ㉤ 촉매적 리더십 : 연관성이 높은 공공문제의 해결을 위해 리더가 전략적으로 생각하고 행동해야 하며 촉매작용적 기술과 능력이 필요하다는 이론
  ㉥ 분배된 리더십 : 리더십을 단일의 명령체로로 보지 않고 부하 등에게 힘을 실어주는, 즉 분배된(위임된) 공동의 리더십으로 봄
  ㉦ 영감적 리더십 : 리더가 향상된 목표를 설정하고 추종자들로 하여금 그 목표 성취에 대해 자신감을 가지도록 하는 리더십으로, 미래에 대한 구상이 핵심
  ㉧ 셀프 리더십 : 정보화 사회나 네트워크화 된 지능시대에서는 상호 연계된 리더십이나 구성원 모두가 리더라는 셀프 리더십이 필요
  ㉨ 참여지향 리더십 : 부하들이 의사결정에 어느 정도 참여해야 하는가 하는 규범적 리더십

SEMI-NOTE

카리스마적 리더의 특성(Conger & Kanungo)
• 현상에 반대하고 미래에 대한 이상적 비전을 가짐
• 개인적 위협과 대가를 무릅씀
• 현존 질서의 초월을 위하여 비인습적 수단을 활용하는 데 노력
• 과업환경에 민감하며, 목표를 강력히 명시
• 정예주의·창업가 정신을 추구

변혁적 리더십의 주된 구성요소
• 카리스마적 리더십
• 영감적 리더십
• 촉매적 리더십
• 개별적 배려
• 조직과 개인의 통합

슈퍼리더십(Super leadership)
사람들의 잠재능력과 최선의 노력을 끌어내고 개발하는 리더십. 모든 구성원이 충분한 잠재력을 가지며 좋은 성과를 낼 수 있다는 낙관주의에서 출발. 셀프리더십 역량이나 잠재력을 자극·촉진하여 부하가 자신의 일에 자발적 몰입과 책임감을 갖게 함

SEMI-NOTE

행정PR의 원칙

- **수평성(상호대등성)** : 행정PR은 언제나 주체와 객체의 대등한 지위를 전제로 함
- **의무성** : 국민은 정부활동에 대해 알 권리가 있고 정부는 이를 충족시킬 의무가 있음
- **교류성** : 행정PR은 정부의 입장만을 일방적으로 알리는 것이 아니라 국민의 의견을 듣기도 하는 상호 간의 의사전달과정임
- **객관성(진실성)** : 정부의 업무나 정책의 내용 및 성과에 대해 과장·왜곡·은폐해서는 안 되며, 사실 그대로를 알려야 함
- **교육성(계몽성)** : 국민을 계도·설득하고 건전한 여론이 조성되도록 함
- **공익성** : 행정PR은 개인적·정치적 목적을 위해 이용되어서는 안 됨

정보공개의 필요성

- 국민의 알 권리 보장 및 권익보호(정보공개제도에 의해 국민의 정보공개 청구권이 인정되고 공공기관의 정보공개가 의무화됨)
- 행정의 신뢰성·투명성 확보(행정통제)
- 행정부패 방지 및 개혁의 촉진
- 국민의 행정참여 신장

6. 행정PR(공공관계, 대민홍보)

(1) 행정PR(Public Relations)의 의의

① **개념** : 행정조직에 대한 공중의 태도를 평가하고 조직의 정책·사업에 대한 동의와 협조를 얻기 위한 적극적·계획적 활동

② **중요성**
  ㉠ **민주주의적 행정의 요청** : 공개행정과 주민참여를 보장하고 주권자인 시민에게 봉사하는 행정이 요구되고 있음
  ㉡ **합리적·능률적 행정이미지 확립** : 행정의 능률이나 효과는 국민의 실제 이미지에 많은 영향을 받으므로, 선입견이나 부정적 이미지를 벗고 긍정적 이미지를 알릴 필요가 있음
  ㉢ **인간적 행정의 부각** : 관료제의 경직성과 비인간적 측면을 방지하고 이를 극복

(2) 행정PR의 기능

순기능	• 주지기능 : 행정업적을 알리고 국민의 지지와 협조를 유도하는 기능 • 방어기능 : 정부활동의 정당성을 입증하고 반대파의 공격을 중화하는 기능 • 안정화기능 : 위기발생 시 민심을 수습하여 정부를 안정시키는 기능 • 중개기능 : 정부와 국민 사이의 의사교류를 위한 중개의 기능 • 교육기능 : 국민의 자질을 보다 바람직한 방향으로 향상시키는 기능 • 적응기능 : 급변하는 사회에 즉각 대응할 수 있게 태도를 유도하는 기능
역기능	• 국민의 자율적 결정·선택권을 침해하며 정확한 인식·전문성 형성을 제약 • 현실적인 사실이나 실책은 왜곡·은폐되고 여론 조성의 선전적 형태만 표현 • 정보 왜곡에 무감각하게 하여 정치적 무관심·무기력 초래 • 국가 기밀의 강조 등 행정의 비밀주의로 인한 제약

실력up 행정정보공개제도

- **정보공개의 개념**
  - 일반적 개념 : 국가, 지방자치단체 및 공기업 등 공공기관이 보유하고 있는 정보를 국민이나 주민의 청구에 의하거나 자발적으로 공개하는 것을 말함
  - 실정법상 개념 : 공공기관이 직무상 작성 또는 취득하여 관리하고 있는 정보를 법 규정에 따라 열람하게 하거나 그 사본·복제물을 제공하는 것
- **정보공개제도의 효용과 폐단**

효용	폐단
• 정보민주주의(tele-democracy) 구현 • 행정의 투명성과 신뢰성 제고 • 국민참여 및 열린 행정 구현	• 국가기밀의 유출과 사생활 침해의 우려 • 정보의 왜곡·조작 및 정보의 남용이나 오용 가능성 • 공개에 따른 비용과 업무부담의 증가 • 공무원의 위축 및 소극적 행정 조장, 업무수행의 유연성·창의성 저해 • 정보격차에 따른 공개 혜택의 형평성 저해

- **우리나라의 정보공개제도(공공기관의 정보공개에 관한 법률)**
  - 정보공개

정보공개의 원칙	공공기관이 보유·관리하는 정보는 국민의 알 권리 보장 등을 위하여 이 법에서 정하는 바에 따라 적극적으로 공개하여야 한다(법 제3조).
정보공개 청구권자	모든 국민은 정보의 공개를 청구할 권리를 가진다(법 제5조 제1항).

- 정보공개의 절차

정보공개 여부의 결정	• 공공기관은 정보공개의 청구를 받으면 그 청구를 받은 날부터 10일 이내에 공개 여부를 결정하여야 한다(법 제11조 제1항). • 공공기관은 부득이한 사유로 제1항에 따른 기간 이내에 공개 여부를 결정할 수 없을 때에는 그 기간이 끝나는 날의 다음 날부터 기산하여 10일의 범위에서 공개 여부 결정기간을 연장할 수 있다. 이 경우 공공기관은 연장된 사실과 연장 사유를 청구인에게 지체 없이 문서로 통지하여야 한다(법 제11조 제2항).
부분공개	공개청구한 정보가 비공개대상정보에 해당하는 부분과 공개 가능한 부분이 혼합되어 있는 경우로서 공개청구의 취지에 어긋나지 않는 범위 안에서 두 부분을 분리할 수 있는 경우에는. 비공개대상정보에 해당하는 부분을 제외하고 공개하여야 한다(법 제14조).
정보의 전자적 공개	공공기관은 전자적 형태로 보유·관리하는 정보에 대하여 청구인이 전자적 형태로 공개하여 줄 것을 요청하는 경우에는 그 정보의 성질상 현저히 곤란한 경우를 제외하고는 청구인의 요청에 따라야 한다(법 제15조).
비용부담	정보의 공개 및 우송 등에 드는 비용은 실비(實費)의 범위에서 청구인이 부담한다(법 제17조).
불복구제절차	청구인이 정보공개와 관련한 공공기관의 결정에 대하여 불복이 있거나 정보공개 청구 후 20일이 경과하도록 정보공개 결정이 없는 때에는 이의신청, 행정심판, 행정소송을 제기할 수 있다(법 제4장).

> **SEMI-NOTE**
>
> **정보공개제도와 행정PR**
> - **공통점** : 국민의 알 권리 충족 및 민주행정의 기본요체라는 점에서는 동일함
> - **차이점**
>   - 정보공개제도 : 원하는 자에게만(제한성) 청구를 통해(수동성, 비자발성) 원래 상태의 정보를 그대로(비가공성) 제공하는 것
>   - 행정PR : 일반국민이나 정책대상자 등에게(광범위성) 국가시책의 홍보 및 협조·지지확보(가공성)를 위해 청구가 없어도 제공(능동성)
>
> **정보공개청구권자**
> 국내에 일정한 주소를 두고 거주하거나 학술·연구를 위하여 일시적으로 체류하는 외국인과 국내에 사무소를 두고 있는 외국 법인 또는 단체도 청구대상이 됨
>
> **정보공개위원회의 설치**
> 정보공개에 관한 정책의 수립 및 제도개선에 관한 사항과 기준수립에 관한 사항, 공공기관의 정보공개운영실태 평가 및 그 결과처리에 관한 사항 등을 심의·조정하기 위하여 행정안전부장관 소속으로 설치

04절 조직의 발전과 변동

1. 목표관리(MBO ; Management By Objectives)

(1) 의의 및 특성

① MBO의 의의
  ㉠ 조직구성원의 자발적 참여와 합의를 토대로 조직목표가 설정되고 조직단위와 개인의 개별 목표가 부과되며, 구성원 각자의 권한과 책임 아래에 직접 직무를 수행하고 결과를 평가·환류시켜 조직의 효율성 제고에 기여하고자 하는 참여적·민주적·자율적·쇄신적·결과지향적 관리기법
  ㉡ 원래는 조직발전(OD) 등과 함께 동태적 조직관리체제로 논의되었으나, 공공부문에서는 PPBS의 지나친 집권화에 따른 한계를 극복하기 위한 예산기법으로 도입함

> **목표관리(MBO)의 과정**
> - 전체 조직의 상위목표 설정
> - 상·하급자 참여·합의를 통한 하위목표(팀 목표와 개인 목표) 설정
> - 목표 추구 활동과 중간평가
> - 참여식 기법에 의한 최종평가
> - 결과의 환류

SEMI-NOTE

MBO와 OD(조직발전)의 비교

MBO	OD
• 단기적 목표 성취 • 상향적(구성원 참여) • 내부 인사(계선실무자), 폐쇄적 • 목표모형 • 결과지향적인 목표·내용 중시 • 계량화된 목표 중시, 양적 극대화 • 일반적·상식적 관리기법 • 단순성	• 전체적 발전을 통한 장기적 효율성의 제고 • 하향적(최고관리층이 지휘·통제) • 특별한 외부 전문가의 영입, 개방적 • 체제모형, 거시적·포괄적 • 과정 중시 • 계량화와 무관, 질적·가치관 변화 • 행태과학(감수성, 상담) 활용 • 다각적인 태도(조직의 실적, 효율성, 건강도, 환경대응성)

조직혁신(OI ; Organization Innovation)
구성원의 행태뿐만 아니라 조직의 구조와 관리기술적 측면의 변화까지도 포함하는 포괄적인 개념

② MBO의 특성

상하 간의 신축적인 참여적 관리	목표설정에서부터 환류의 과정까지 조직구성원이 공동 참여하는 대표적인 참여적 관리방법
Y이론 또는 Z이론적 인간관	자발적 참여로 조직목표와 개인목표를 조화시키려는 Y이론 또는 Z이론적 인간관에 입각
자율적·분권적인 관리	구성원의 상호의존과 팀워크를 강조
목표설정, 참여, 환류	최종결과를 평가하고 개선책을 강구하는 환류과정을 중시하며, 조직의 쇄신성 제고에 기여함
종합적 관리방식	통합적인 체제 아래 이루어지는 종합적 관리방법
계량 가능 단기 목표 중시	계량 가능한 양적·단기적·가시적인 목표를 중시
결과지향적 관리방식	효율적인 집행을 위한 결과지향적 관리방식

③ MBO의 장단점
  ㉠ 장점
    • 목표의 명확화로 조직의 효율성 제고
    • 참여적 방법으로 조직구성원의 사기앙양 및 동기부여에 기여
    • 전체 목표와 개별 목표, 집권화와 분권화를 효율적으로 조화한 관리방식
    • 효과적 의사전달체제 확립으로 목표와 성과의 연결
    • 목표 달성에 따른 개인별 보상체계로 효율적 인사관리
    • 책임한계 명확화로 환류기능 강화
    • 자율적 책임제로 관리의 융통성 제고
  ㉡ 단점
    • 행정의 권위적·수직적 계층구조로 참여관리가 곤란
    • 목표에 대한 계량화와 가치평가가 곤란하여 주관적 평가의 위험 존재
    • 단기적·양적 목표에 치중하여 목표의 전환 초래
    • 관료주의적 타성을 초래(문서주의, red tape)
    • 유동적이고 불확실하며 복잡한 행정환경에서는 목표의 잦은 수정으로 적용에 제약
    • 상황에 따라 계속성을 유지하기 곤란

2. 조직발전(OD ; Organization Development)

(1) 의의 및 특징

① OD의 의의
  ㉠ 개념 : 조직의 건전성·효과성을 제고하기 위하여 조직구성원의 가치관·신념·태도 등 인간의 행태를 의도적으로 변화시켜 조직의 환경변동 대응능력과 문제해결 능력을 향상시키려는 계획적·지속적·개방적·복합적인 교육전략 또는 관리전략
  ㉡ 과정

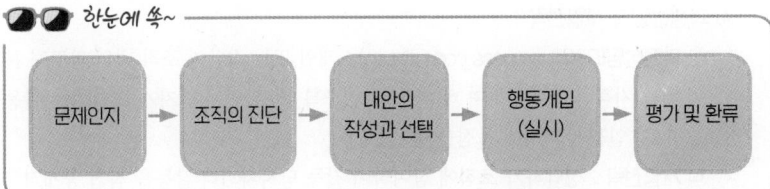

- 문제의 인지 : 조직발전의 필요성을 인지하는 것
- 조직의 진단 : 조직의 문제점을 객관적으로 진단
- 대안의 작성과 선택 : 전략과 실시대안을 결정
- 행동개입(실시) : 행동이 개입되는 단계로, 가장 많은 저항을 유발하는 단계
- 평가 및 환류 : 평가결과에 따라 개선책을 마련·시행하는 단계

② OD의 특징
- ㉠ 행태과학의 기법을 응용하며, 행동연구를 강조
- ㉡ 자아실현적·참여적인 Y이론적 인간관을 바탕으로 함
- ㉢ 계획적·지속적 변화과정이며, 조직 전체의 변화를 강조하는 전체 체제론적 접근방법을 취함
- ㉣ 조직의 효율성·효과성·건전성 제고를 목적으로 하며, 개인의 발전목표와 조직의 목표와의 조화 및 통합을 강조

(2) OD의 주요 기법

① 감수성훈련
- ㉠ 의의 : 외부와 차단된 인위적인 고립상황에서 10여 명의 낯선 소집단 구성원들이 비정형적 접촉 등의 인간관계를 통해 스스로를 성찰하고 타인을 이해하며 대인적 수용능력을 제고하여 개인의 태도와 행동의 변화를 유도하는 개인적 차원의 조직발전 기법
- ㉡ 특성
  - 행태과학적 지식을 통해 태도와 행동을 스스로 변화시킴
  - 개방적인 대인관계 조성(자기표현적 인간관 조성)
  - 타인에 대한 관심과 인식능력 및 문제 해결능력 제고

② 관리망훈련
- ㉠ 의의 : 감수성훈련을 개인에서 조직 전반으로 확대·발전시킨 장기적·포괄적 접근으로, 개인 간·집단 간의 관계 개선 및 전체 조직의 효율화가 연쇄적으로 진행될 수 있도록 하는 체계적·장기적·종합적 접근방법
- ㉡ 특성
  - 인간관계뿐만 아니라 직무상의 업적도 대상이 됨
  - 훈련과정의 지속을 위한 사후관리의 고려
  - 장기적·종합적 과정의 훈련기법(3~5년 소요)

③ 팀 빌딩(team building) 기법 : 수직적 계층제가 상하 간의 수직성이 강해 자율적 집단형성을 어렵게 하므로, 응집적 집단(팀)을 형성하여 의사소통을 원활히 하고 협동적·수평적 인간관계를 도모하는 기법

SEMI-NOTE

OD의 특징
- 과업수행기능보다 인간관계나 행정개혁 및 쇄신, 조직 내의 민주화를 강조
- 추진방향은 하향적이나 일방적·인위적 추진이 아니라 상하계층의 협동과 참여에 바탕을 둠

감수성훈련의 한계
- 시간과 노력의 과다 소요, 참가 인원의 제한
- 효과의 지속성 결여
- 훈련으로 인한 태도변화의 어려움
- 개인보다 집단적 가치에 대한 지나친 강조

감수성훈련과 팀 빌딩의 구분
감수성훈련(실험실훈련)이 개개의 행태변화와 능력 개선에 중점을 두는 기법인 데 비해, 팀 빌딩(팀 형성)은 팀(집단)의 공통문제 해결을 다루는 집단능력 향상과 관리행태에 중점을 두는 기법

SEMI-NOTE

태도조사환류기법의 적용단계
- 상담자와 조직의 최고관리층이 합의하여 조사 · 설계
- 모든 조직구성원들로부터 자료를 수집
- 조직의 최고관리층으로부터 시작하여 계서제상의 모든 작업집단에 하향적으로 자료수집의 결과를 환류
- 각 작업집단의 상관은 부하들과 함께 환류된 자료에 관하여 연구집회를 가짐

OD의 행정 적용상의 문제점
- 권력적 요인으로 수평적 참여가 곤란
- 행정 계층적 요인에 따른 수평적 참여 곤란
- 참여자의 이질성 · 다양성으로 인한 문제
- 최고관리층의 빈번한 교체로 일관성 있는 추진 곤란
- 법령상 제약으로 상하 간 신축성 확보 곤란

TQM의 등장배경
- 1920년대에 쇼하트(W. Shewhart)가 통계적 품질관리(SQM) 기법을 도입
- 미국의 통계학자 데밍(E. Deming)이 2차 세계대전 이후 일본에 전파하고, 1960~70년대에 일본에서 성공적으로 적용된 후에 1980년대에 미국으로 역수입

④ 과정상담과 개입전략
  ㉠ 과정상담(P-C ; process consultation) : 개인 또는 집단이 조직 내의 과정적 문제를 지각하고 이해하며 해결할 수 있도록 제3자인 상담자가 도와주는 활동으로, 인간적 과정에 초점을 둠
  ㉡ 개입전략 : 상담자가 조직에 참여하여 갈등 당사자끼리 갈등을 직접 공개적으로 해결하도록 유도하는 기법
⑤ 태도조사환류기법 : 조직구성원의 태도를 조직 전반에 걸쳐 체계적으로 조사하여, 그 결과를 조직 내의 모든 계층의 집단과 개인에 환류시켜 조직변화를 위한 기초 자료로서 활용하는 개입기법

(3) OD의 문제점과 극복방안

① OD의 문제점
  ㉠ 구조적 · 기술적 요인 경시(심리적 요인에 치중)
  ㉡ 효과의 장기적 지속이 불확실
  ㉢ 전문가 확보 곤란 및 시간 · 비용의 과다 소요, 절차 복잡
  ㉣ 외부 전문가와의 갈등, 상담자의 무능이나 상담에 대한 지나친 의존
  ㉤ 엘리트주의의 병폐
  ㉥ 최고관리층이 권력강화 수단으로 악용할 우려
② OD의 극복방안
  ㉠ 전문가 초빙을 통한 객관적 조직진단
  ㉡ 최고관리층의 지원과 적극적 관심, 기관장 · 인사담당자 등 참여
  ㉢ 개혁 분위기 조성
  ㉣ 지속적 분석과 평가 · 환류
  ㉤ 훈련집단 구성 시 비친근자 선정

3. TQM과 균형성과관리

(1) TQM(Total Quality Management, 총체적 품질관리)

① TQM의 의의 및 특성
  ㉠ 의의 : 고객만족을 위한 서비스 품질 제고를 1차적 목표로 삼고 구성원의 광범위한 참여 아래 조직의 과정 · 절차 · 태도를 지속적으로 개선하여 나가려는 고객지향적 · 장기적 · 전략적 · 총체적 품질관리철학을 말함
  ㉡ TQM의 특성
    • 고객 중심주의 - 고객이 품질의 최종결정자
    • 통합주의 - 전체 구성원에 의한 서비스의 질 결정
    • 조직의 총체적 헌신 요구
    • 과학적 분석기법에 기초한 합리주의
    • 무결점을 향한 지속적 개혁을 특징으로 하는 개혁 · 무결점주의
    • 서비스의 변이성 방지(품질의 일관성)
    • 구성원의 참여 강화

- 산출과정의 초기에 품질 정착

② TQM의 효용과 한계

효용	• 오늘날 개혁이론이 추구하는 가치를 반영한 관리모형으로 효용성이 매우 높음 • TQM이 추구하는 고객중심주의, 통합주의, 인간주의, 총체주의, 과학주의, 무결점주의는 오늘날 조직사회의 요청에 부합됨 • TQM의 지향성은 환경적 격동성과 경쟁의 심화, 조직의 인간화·탈관료제화 요청, 소비자 존중의 요청 등의 최근 상황에도 부합됨
한계	• 정부서비스는 노동집약적이고 산출과 소비가 동시에 이루어지며, 질의 측정이 곤란 • 정부서비스 고객에 대한 범위 설정이 곤란하며, 서비스 수혜자인 고객과 일반 고객과의 갈등조정이 곤란 • 정부의 취약한 조직문화와 외부영향의 불가피성으로 인해 질에 대한 총체적 관심 형성이 곤란 • 최고관리자의 빈번한 교체, 민간조직과 같은 강력한 조직내부 권한이 없음 • 공공조직의 업무는 매우 다양하며 정치적 환경이 매우 유동적이므로 장기적인 사업의 추진이 곤란

(2) 균형성과관리(BSC, 균형성과표) ★빈출개념

① 의의
- ㉠ 조직 전체의 전략적 목표와 성과를 중시하여 이를 토대로 하위계층의 목표를 작성하고, 이전 성과에 대한 재무지표를 통해 미래의 성과를 창출하는 전략적 성과관리체제
- ㉡ 재무·고객·업무프로세스·학습 및 성장 등 4개의 관점에서 균형적·전략적 성과관리를 추구
- ㉢ 기존의 성과평가가 매출액 같은 재무적 관점만을 반영하고 조직 인적 자원의 역량이나 고객의 신뢰와 같은 비재무적 성과를 경시한 점을 지적·보완한 성과평가체제(비재무적 성과까지 포함한 통합성과관리체제)

② 균형성과관리의 관점

관점(지표)	개념	측정지표
재무적 관점	조직의 재무적 성과를 중시하며, 기업의 주주를 대상으로 하는 관점	매출, 자본수익률, 예산 대비 차이 등
고객 관점	서비스의 구매자인 고객들을 대상으로 하여 그들의 요구를 반영하기 위한 관점	고객만족도, 정책 순응도, 민원인의 불만율 등
프로세스(절차) 관점	조직의 목표를 달성하기 위해 기업 내부의 업무 처리 방식과 과정을 어떻게 할 것인가에 대한 관점	시민참여, 적법절차, 의사소통 구조, 공개 등
학습과 성장 관점	4가지 관점 중 가장 하부구조에 해당하며, 변화와 개선의 능력을 어떻게 성장시킬 것인가에 대한 관점	내부 직원의 만족도, 학습 동아리의 수, 인적 자원의 역량, 지식 축적 등

SEMI-NOTE

TQM의 성공요건
- 최고관리자의 리더십과 지지(가장 중요한 요건)
- 장기적·전략적 기획
- 고객 중심
- 모든 직원의 참여, 권한부여, 팀워크
- 업무과정과 성과 개선을 위한 지속적인 노력
- 품질개선을 위한 훈련 및 기여에 대한 보상
- 객관적인 자료의 확보
- 품질보장(사전예방과 초기 감지를 통해 오류를 최소화하는 업무과정을 설계)

균형성과관리의 도입

균형성과관리가 공공부문에 도입된 것은 1993년 미국에 의해서이며, 우리나라의 경우에는 2001년부터 공공기관에 도입되고 2005년 이후에 정부 각 부처에 적극 도입·활용됨

균형성과관리의 필요성

기존 성과관리는 계량적 측정이 용이한 재무적 성과만 측정·관리했으나 재무적 성과는 과거 지향적 지표로서 지금까지 한 일의 결과만 보여주며 미래지향적 정보나 조직의 당면문제 해결방법을 제공하지 못함. 또한 지식정보사회에서 무형자산의 중요성이 커지는 상황에서 유형자산인 재무가치 중심의 성과평가는 순이익 같은 단기적 성과에만 집착하여 장기적 가치 창조나 미래의 성장을 낳는 무형 및 지적 자산에 대한 투자에 소홀했음

SEMI-NOTE

그라이너(Greiner)의 위기 대응 전략

그라이너는 조직의 성장단계를 5단계로 제시하며 그에 따른 단계별 위기 대응 전략을 제시함

성장	위기
창조의 단계	리더십의 위기
지시의 단계	자율성의 위기
위임의 단계	통제의 위기
조정의 단계	관료주의 위기
협력의 단계	탈진의 위기

(3) 전략적 관리(SM ; Strategic Management)

① 의의
   ㉠ 개념 : 전략적 관리는 1980년대 신공공관리론에서 주장한 것으로, 개방체제 하에서 환경과의 관계를 중시하는 변혁적 · 탈관료적 관리전략
   ㉡ 특징
   - 조직의 환경 분석과 이를 통한 환경의 이해를 강조
   - 조직의 변화에는 장기간이 소요된다는 장기적 시간관과 계획수립을 강조
   - 보다 나은 상태로 발전해 나가는 관리로서 장기목표를 지향하는 목표지향성 · 개혁지향성을 지닌 관리체제
   - 미래의 목표 성취를 위한 전략의 개발 및 선택을 강조

② TOWS 전략
   ㉠ SWOT 분석 : 조직의 내부요인인 강점(Strength)과 약점(Weakness), 외부요인인 기회(Opportunities)와 위협(Threats)을 분석하여 전략을 수립하고 집행하기 위한 방법
   ㉡ TOWS 전략

구분	전략
SO 전략(maxi-maxi)	조직의 강점과 기회를 모두 극대화하는 공격적 전략
ST 전략(maxi-mini)	위협에 대처할 수 있는 조직의 강점을 기반으로 위협을 회피하고 최소화하는 다양화 전략
WO 전략(mini-maxi)	약점을 최소화하고 기회를 극대화하는 방향전환 전략
WT 전략(mini-mini)	약점과 위협을 모두 최소화하는 방어적 전략

04장 인사행정론

01절 인사행정의 기초이론

02절 임용

03절 사기앙양 및 공무원 윤리

04장 인사행정론

SEMI-NOTE

현대 인사행정의 성격
- 개방체제성
- 가치갈등성
- 환경종속성
- 인적자원관리(HRM)
- 종합학문성

인사행정의 목표
- 유능한 인재의 등용
- 공무원의 능력발전
- 공무원의 능력발전을 통한 사기앙양
- 개인목표와 조직목표와의 조화유지

인사행정의 변천
- 엽관주의, 정실주의
  - 관료주의화 방지
  - 대응성, 책임성 제고
  - 효율성, 안정성 저해
- 실적주의
  - 효율성, 전문성 제고
  - 대응성, 책임성 저해
- 적극적 인사행정 : 실적주의 개념 확대

01절 인사행정의 기초이론

1. 인사행정의 개관

(1) 인사행정의 의의

① 개념
  ㉠ 인사행정이란 행정의 효율을 제고하기 위해 정부조직에 필요한 인적 자원을 동원하고 관리하는 활동
  ㉡ 행정목표의 효율적 달성을 위하여 정부조직에 소요되는 인력을 채용·관리하는 것을 의미하며, 이를 위해서는 유능하고 참신한 인재 확보가 중요

② 특성
  ㉠ 일반적 특성 : 과학성, 전문성, 적극성, 적응성, 수단성(기술성), 기능의 다양성 및 통합성 등
  ㉡ 정부 인사행정의 특성(기업 인사관리와의 차이) : 정치적 비합리성, 비시장성, 법정주의(재량협소), 다양성·광범위성, 행정적 제약성(공익, 평등, 윤리) 등

(2) 인사행정의 변수 및 과정

① 인사행정의 3대 변수

임용	인력계획, 모집, 시험, 선발·배치 등
능력 발전	교육훈련, 근무성적평정, 승진, 전직, 전보, 파견, 제안제도 등
사기앙양 (사기관리)	보수 및 연금, 복리후생, 인사상담, 고충처리, 인간관계, 신분보장, 직업공무원, 공무원단체, 공직윤리 등

② 인사행정의 과정

한눈에 쏙~
인력계획 ▶ 공직구조의 형성 ▶ 임용 ▶ 능력 발전 ▶ 동기부여 ▶ 통제

③ 인사행정제도의 변천
  ㉠ 절대군주시대의 인사행정(18C) : 군주의 사용인(종복)의 채용·관리(강력한 중앙집권화를 위한 절대관료제 형성)
  ㉡ 입법국가시대의 인사행정(19C)
    • 능력보다 정치적 충성도 등의 정치적 고려가 우선(정당의 사용인)
    • 영국의 정실주의와 미국의 엽관주의가 대표적 유형

ⓒ 현대국가의 인사행정 : 공무원을 국민에 대한 봉사자로 파악

고전적 인사행정 (19C 말~1930년대)	• 직무 중심의 과학적 · 합리적 · 객관적 인사(과학적 관리론) • 실적주의 인사, 직위분류제 등
신고전적 인사행정 (1930~1950년대)	인간의 가치를 중시하는 인간중심적 · 민주적 인사(인간관계론)
적극적 인사행정 (1950년대 이후)	• 체계적 · 적극적 · 효율적인 인적 자원 관리, 신축적 · 분권적 인사행정 • 적극적 모집, 능력발전, 정치적 임용의 허용, 인사권의 분권화, 인사행정의 인간화 등

2. 엽관주의와 실적주의 ★ 빈출개념

(1) 엽관주의

① 의의
  ㉠ 개념 : 공직임용이나 인사관리에 있어서의 기준을 정당에 대한 충성도와 공헌도에 두는 제도
  ㉡ 정실주의와의 비교

구분	발달국가	임용기준 및 근거	신분보장	대폭적 경질·교체
엽관주의	미국	정당에 대한 충성도(정치적 충성도), 정치적 보상	임의성(신분보장 안 됨)	있음(정권교체 시)
정실주의	영국	• 개인에 대한 충성도(개인적 충성도) • 혈연·학연·금력 등	종신제(보장)	없음

② 엽관주의의 연혁
  ㉠ 기반조성 : 미국 3대 대통령 제퍼슨(Jefferson)이 자신의 세력 확장을 위해 정당에 대한 기여도를 기준으로 공직경질·임용
  ㉡ 임기 4년제 : 1821년 임기 4년법을 제정하여 공무원 임기를 대통령의 임기와 일치시킴으로서 집권당과 공무원의 책임 일치를 도모
  ㉢ 공식적 채택 : 1829년 7대 대통령 잭슨(Jackson)이 엽관주의를 공식 인사정책으로 채택(잭슨 민주주의)

③ 엽관주의의 장단점

장점	단점
• 공무원의 적극적 충성심을 확보 • 공직경질제를 통한 공직특권화 방지 및 민주통제 강화(책임성과 대응성 증대) • 관료주의화와 공직침체의 방지(관료제의 쇄신) • 참여기회의 제공으로 평등이념에 부합	• 행정의 안정성·일관성·계속성·중립성 저해(행정의 단절성) • 행정능률의 저하, 위인설관(爲人設官)으로 인한 국가예산 낭비 • 공직의 정치적·행정적 부패, 공익 저해 • 공직의 기회균등정신 위배, 임용의 공평성 상실 • 관료의 정당사병화(위민행정의 확립을 저해)

SEMI-NOTE

적극적 인사행정의 흐름
• 후기인간관계론 : 개인목표와 조직목표의 통합
• 인적자원관리(HRM) : 구성원을 소중한 자원으로 인식하고 전략적으로 개발하고 활용
• 실적주의 인사의 한계 보완 : 대표관료제, 개방형 직위 등 엽관주의적 요소를 도입
• 직위분류제와 계급제의 상호접근 : 고위공무원단제(SES) 등

정실주의
영국에서 발달한 제도로, 개인적 친분 및 충성도에 따라 공직을 임용하는 제도(엽관주의보다 좀 더 넓은 개념)

엽관주의의 발달배경
• 민주정치와 정당정치의 발달, 다원주의 체제의 형성
• 집권자의 지지세력 확보의 필요성
• 공직특권화 방지 및 책임 확보를 위한 수단 확보
• 공직자의 직선제 효과의 구현

관료주의화
지나친 신분보장으로 관료집단이 특권집단화되는 현상

④ 우리나라의 엽관주의 : 엽관주의를 공식적인 인사정책으로 채택한 적은 없으나 1950년대 이후 집권력 강화를 위한 비합리적 엽관주의가 만연했으며, 이는 정치이념의 실현과 책임정치의 구현이라는 엽관주의 취지와는 거리가 멀었음. 오늘날에는 한정된 엽관인사의 영역을 법적으로 용인하고 있는데, 특히 정책결정을 담당하는 고위직이나 특별한 신임을 요하는 직위 등에서 허용됨

(2) 실적주의

① 의의 및 성립배경
  ㉠ 개념
    - 인사행정이나 공직임용의 기준을 당파성이나 정실, 혈연·지연이 아니라 개인의 객관적인 능력·실적·자격·업적·성적에 두는 제도
    - 기회균등의 보장을 통하여 능력과 자질을 과학적·합리적으로 분석하고 능력중심으로 인물을 임용하는 과학적·합리적·객관주의적 인사행정
    - 단순히 엽관주의의 방지에 주력한 소극적 인사행정이라 보기도 함
  ㉡ 성립 및 발전 배경
    - 엽관주의 폐해의 극복 : 대량경질로 인한 신분불안 해소, 행정의 안정성·일관성 확보, 행정의 정치적 중립 확립(부패한 정치로부터의 분리)
    - 정당정치의 부패 : 민주정치를 위한 공직경질의 본질 훼손, 당파성을 초월한 국민 전체에 대한 봉사를 추구
    - 집권당(공화당)의 선거 참패 : 엽관주의를 포기하게 되는 계기로 작용
    - 행정국가의 등장 : 행정기능의 확대와 질적 전문화·복잡화에 따른 전문행정가 확보의 필요성, 행정조사 및 개혁운동의 전개

② 실적주의의 수립과정

영국	• 실적주의 토대 구축 : 1853년 노스코트–트리벨리언(Northcote–Trevelyan) 보고서와 1855년 1차 추밀원령에 의한 공무원제도 개혁의 추진
	• 실적주의 확립
	  – 1870년의 글래드스톤(Gladstone) 내각의 2차 추밀원령에 의해 구축
	  – 공무원 자격시험을 실시, 공무원 계급 분류(행정, 집행, 서기, 서기보 계급), 재무권의 인사통제권 강화 등
	• 특징 : 재직자 중심의 폐쇄형 실적주의를 취해 신분보장을 통한 직업공무원제 확립에 기여

미국	• 배경
	  – 젠크스(Jenkes)의 공무원제도 개혁운동(1868)
	  – 영국의 실적주의를 연구한 이튼(Eaton) 보고서의 영향(1880)
	  – 가필드(Garfield) 대통령 암살 사건(1881)으로 엽관주의 폐해가 노출되고 실적주의 도입 필요성 제기(부패한 정치로부터 행정의 분리 요구)
	  – 펜들턴법(Pendleton Act) 제정(1883)으로 엽관주의를 극복하고 실적주의를 확립
	• 특징 : 직무 중심의 개방형 실적주의를 취해 직업공무원제 확립에는 기여하지 못함

③ 실적주의의 주요 내용(구성요소)
  ㉠ 인사행정의 과학화·합리화·객관화
  ㉡ 능력과 자격, 실적 중심의 공직임용(당파성과 정실 등을 배제)

SEMI-NOTE

우리나라의 엽관주의
우리나라 제도에서 엽관주의 원리가 공식적으로 완전히 배제되어 있는 것은 아니며, 정무직과 별정직의 많은 직위, 단순 노무종사자 등에 대한 엽관주의적 공직 임용이 공식적으로 허용되고 있음

실적주의의 기여요인과 위협요인(F. Mosher)
- 미국 실적주의 확립에 기여한 요인들 : 청교도적 윤리, 개인주의, 평등주의, 과학주의, 분리주의, 일방주의(unilateralism)
- 미국 실적주의를 위협하는 요인들 : 전문가주의(전문직업주의), 직업공무원제도, 공무원단체(노조)

펜들턴법(Pendleton Act)의 주요 내용
- 공개경쟁시험에 의한 공무원 채용
- 제대군인에 대한 임용 시 특혜 인정
- 공무원의 정치적 중립을 최초로 규정(정치자금 헌납과 정치활동금지)
- 전문과목 위주의 시험(시험제도의 실제적 성격)
- 초당적·독립적·집권적 중앙인사위원회(CSC)의 설치
- 민간부문과 정부조직 간의 인사 교류의 인정(개방형)
- 일정 기간의 시보(試補)기간 설정(조건부 임용제도)

ⓒ 공개경쟁시험의 도입 및 공직의 기회균등 보장(공직 개방, 차별 배제)
② 공무원의 신분보장
⑩ 정치적 중립(국민 전체에 대한 봉사자로서의 공무원 확립)
⑪ 인사권의 집권화(독립된 중앙인사기구를 통한 통일적·집권적 인사행정)

④ 실적주의의 장단점
  ㉠ 장점
    • 임용의 기회균등으로 평등이념 실현 가능
    • 신분보장을 통해 행정의 계속성·안정성과 직업공무원제 확립에 기여
    • 능력·자격에 의한 인사관리를 통한 과학적·합리적·객관적 인사행정 기여
    • 공무원의 정치적 중립과 부패방지
    • 행정의 전문화·능률화 기여(전문적 관료제 실현)
  ㉡ 단점
    • 인사행정의 소극적·비융통성 초래
    • 중앙인사기관의 권한 강화로 각 부처의 탄력적·창의적 인사 저해
    • 지나친 집권성과 독립성으로 외부에 대한 불신과 비협조 초래
    • 관료의 특권화를 유발하고 행정에 대한 민주통제 저해
    • 형식적인 인사행정으로 비인간화 초래
    • 행정의 민주적 책임성과 대응성 저해
    • 실질적인 기회균등의 문제(응시 기회의 균등이 곧 고용의 평등은 아님)

⑤ 엽관주의와의 관계
  ㉠ 가치의 측면 : 엽관주의는 상대적으로 민주성·대응성을 강조하고 실적주의는 능률성·안정성을 강조하나, 양자는 궁극적·기본적 가치로 민주성과 형평성을 추구한다는 점에서 상호 조화와 혼합 운용이 가능
  ㉡ 제도적 측면
    • 중요한 정책변동 시 정책의 강력한 추진을 위해서는 정실주의적·엽관주의적 임용이 요청됨
    • 신분이 철저히 보장되는 실적주의 관료제에 대한 효율적·민주적 통제 요청
    • 고위직에는 엽관주의적 요소의 가미가 요청됨
    • 개발도상국은 정당정치의 육성·발전을 위해서 엽관주의가 필요

(3) 적극적 인사행정

① 개념
  ㉠ 소극적인 실적주의와 과학적 인사행정만을 고수하지 않고, 엽관주의적 요소나 인간관계론, 대표관료제, 후기인간관계론, 신공공관리론에 의한 개방형 인사제도 등을 수용한 신축적이고 인간적·분권적인 인사관리방식
  ㉡ 실적주의의 지나친 소극성·비융통성, 인사권의 집권성, 직업공무원제의 폐쇄성 등의 한계를 보완·극복하기 위하여 등장한 발전적 인사관리방식

② 확립방안
  ㉠ 적극적 모집 : 실적주의의 소극성·비융통성을 극복·보완하여 유능한 인재를 외부로부터 적극적으로 모집하고, 모집방법을 다양화함

SEMI-NOTE

실적주의의 최근 경향
• 실적주의의 개념을 좀 더 적극적으로 해석하고 인사행정의 운영에 신축성과 경쟁성을 확대하려는 경향
• 인간관계론적 인사행정이나 대표관료제적 개념의 도입
• 엽관주의적 임용의 확대
• 정치적 중립성의 완화 등

엽관주의와 실적주의의 조화

구분	궁극적 가치	실현방법
엽관주의	민주성과 형평성	정치적·정당적 대응성
실적주의	민주성과 형평성	공개경쟁채용시험, 정치적 중립, 신분보장, 중앙인사기관 설치

적극적 인사행정의 성립배경
• 과학적 관리의 극복 및 인간관계론의 영향
• 대표관료제의 도입(소수자 평등고용제도, 고급행정관제 등)
• 후기 인간관계론(인적 자원관리, 직장생활의 질 운동 등)
• 신공공관리론에 의한 개방형 인사(외부 전문가 채용, 노동의 유연화, 정규직 감축 등)
• 직위분류제에 계급제적 융통성 가미 완화 등

SEMI-NOTE

인적자원관리의 특징
- 승진, 개발, 경력발전 등에 있어 비교적 잘 개발된 내부노동시장체제 중시
- 신축적인 업무조직체제를 특징으로 함
- 상황적응적인 보상체계와 지식에 기초한 보수구조를 지님
- 업무 관련 결정에 직원과 작업집단의 참여를 중시함
- 내부 커뮤니케이션구조의 활성화를 추구함

직업공무원제도의 일반적 특징
신분보장, 폐쇄형 인사제도(하위직 중심의 채용), 계급제 확립, 정치적 중립성 유지, 넓은 인사교류와 다양한 직무경험, 경력 중심의 일반행정가 양성 등

ⓒ 엽관주의의 가미 : 고위직에 정치적 임용이 부분적으로 가능하도록 탄력성을 부여
ⓒ 인사권의 분권화(집권성 극복) : 중앙인사기관의 인사권을 분리하여 각 부처에 위양함으로써 인사기능의 자율성을 증대
ⓔ 재직자의 능력발전 : 공무원의 교육훈련을 강화하고 합리적인 승진·전직·근무성적평정제도를 확립
ⓜ 인사행정의 인간화(인간관계의 개선) : 지나친 과학적 인사행정을 지양하고 인사상담제도·의사소통 등을 개선하여 행정의 인간화 및 사기앙양을 위해 노력
ⓑ 공무원단체의 활용 : 공무원의 권익 및 단체 활동의 보장과 근로조건의 개선에 노력

③ 인적자원관리(HRM ; Human Resource Management)
  ㉠ 의의
    - 인적자원관리는 기존의 인사관리나 인사행정을 대치하는 개념으로, 인적자원을 조직의 주요한 자산이자 전략적 자원으로 활용하고자 하는 후기 인간관계론의 하나임
    - 기존의 인사행정이 통제를 전제로 한 실적주의적 인사관리, 즉 개인과 조직 목표를 상충관계로 인식하는 교환모형이라면, 인적자원관리는 조직과 개인을 조화·통합하려는 Y이론적 관점에서 출발
  ㉡ 전통적 인사관리와의 비교

구분	전통적 인사관리	인적자원관리(HRM)
구성원에 대한 관점	비용(cost)	자원(resources)
인사관리의 중점	직무에 적합한 인재의 능률적 선발	변화에 적응하기 위한 인재의 능력 개발
인사관리의 특징	• 소극적·경직적·집권적 인사행정 • 절차와 규정 중시	• 적극적·신축적·분권적 인사행정 • 성과(결과)와 책임 중시, 조직과 개인 목표의 통합
배경이론	과학적 관리론	후기인간관계론
인사관리모형	교환모형	통합모형

3. 직업공무원제도

(1) 직업공무원제도의 의의

① 개념 : 유능하고 인품 있는 젊은이에게 개방되어, 공직이 매력 있는 것으로 여겨지고 능력과 업적에 따라 명예롭고 높은 지위로 승진의 기회가 보장됨으로써, 공직을 전 생애를 바칠만한 보람 있는 일로 생각할 수 있도록 조치가 마련되어 있는 인사제도

② 직업공무원제도의 장단점

장점	단점
• 공무원의 신분안정성 제고 • 공무원의 사기와 근무의욕 앙양 • 공무원의 직업의식 강화로 이직률 감소 • 행정의 지속성·안정성·일관성 유지 및 정치적 중립성 확보 • 유능한 인재 유치로 공무원의 질적 향상 • 전문 직업분야로서의 공직 확립 • 공직임용에서의 기회균등 중시(실적주의를 토대로 함)	• 특권집단화·관료주의화 초래 • 민주적 통제의 곤란과 무책임성, 신분보장에 따른 무사안일주의, 도덕적 해이 • 환경변동에의 저항 및 부적응 • 행정의 전문화·기술화 및 공직의 질 저하 (폐쇄형 충원으로 외부 전문가 진입 곤란) • 소수 집단의 독점성 초래, 공직으로의 기회균등 박탈(비민주성) • 공직의 성격상 직업전환 곤란

(2) 직업공무원제도의 확립요건과 위기

① 확립요건
- ㉠ 실적주의의 우선적 확립
- ㉡ 공직에 대한 높은 사회적 평가 유지
- ㉢ 적정보수와 연금제도 확립
- ㉣ 승진기회 보장 및 재직자훈련으로 능력발전
- ㉤ 유능하고 인품 있는 젊은 인재의 채용
- ㉥ 폐쇄형 인사제도 확립(개방형은 직업공무원제를 저해)
- ㉦ 장기적 인력수급 조절 및 직급별 인력계획 수립

② 위기
- ㉠ **개방형 인사제도의 도입** : 폐쇄적 직업관료제가 대응성이 떨어진다는 비판과 함께 최근 개방형의 계약 임용제가 선진국을 중심으로 일반화되면서 직업공무원제도는 중대한 도전에 직면함
- ㉡ **대표관료제의 대두** : 대표관료제는 정치적 중립과 실적만을 중시하는 직업관료제나 실적주의의 이념을 약화시킴
- ㉢ **정년 단축과 계급정년제** : 직업공무원의 정년이 날로 단축되고 상위직에 대한 계급정년제 도입이 논의되면서 직업관료제가 위협을 받고 있음
- ㉣ **후기관료제 모형** : 전문가 위주의 다원적·동태적 구조로 일시성·유동성을 특징으로 하므로, 일반행정가를 중심으로 구성되어 있는 직업관료제의 안정을 저해함

4. 대표관료제

(1) 대표관료제의 개념 및 특징

① 개념
- ㉠ 사회집단들이 한 국가의 인구 구성비율(인종이나 성별, 계층, 직업, 지역 등의 사회적 구성비율)에 맞게 관료조직을 차지해야 한다는 원리의 관료제
- ㉡ 공직임용 시 상대적 소외계층에 대한 임용할당제를 적용하는 것

SEMI-NOTE

직업공무원제도의 필요성
- 정권교체에 따른 행정 공백을 예방하여 행정의 계속성·안정성을 확보하는 제도적 장치
- 내각책임제의 정치와 행정의 분리로 인한 정권교체기의 혼란과 공백을 최소화
- 공무원 신분보장을 통해 행정의 일탈을 극소화하고, 행정의 능률성을 확보

대표관료제
대표관료제라는 용어는 킹슬리(Kingsley)에 의하여 가장 먼저 사용되었으며, 대표관료제의 개념을 비례대표까지 확대한 인물은 크란츠(Kranz)

SEMI-NOTE

대표관료제의 배경
- **실적주의의 한계** : 시험에 의한 공개채용제도는 교육에 대한 기회균등이 보장되지 않은 상태에서 사회적 약자에 대한 고려가 없어 진정한 기회균등이 아님을 제기
- **특정 계층의 공직·권력 독점** : 특정 계층이 정부관료제의 인적 구성을 낙점함에 따라 사회적 이해관계와 민주성이 반영되지 않음
- **내부통제장치의 필요** : 선거를 통한 선출이 아닌 임명직 관료집단에 대한 강력한 민주적 통제장치가 필요함

실적관료제와 대표관료제의 비교

구분	실적관료제	대표관료제
임용기준	개인 능력, 성적	집단별 할당
가치	생산성, 전문성	민주성, 형평성
형평성	기회의 평등	결과의 평등
초점	개인 중심	집단 중심
이념	자유주의	사회주의

ⓒ 개념상의 두 측면
- **소극적 대표** : 인구 구성상의 특징을 그대로 관료제 구성에 반영하는 피동적·비례적·1차적 대표(인적, 사회적, 태도적, 구성적 대표)
- **적극적 대표** : 인구 구성을 반영할 뿐만 아니라 출신 집단이나 계층을 적극 대변하고 책임을 진다는 능동적·역할론적·2차적 대표

② 대표관료제의 특징
ⓐ 실질적이며, 적극적인 균등 기회를 제공함
ⓑ 수직적 공평을 확보(역차별 논란)
ⓒ 1차 사회화만 고려(2차 사회화는 고려하지 않음)
ⓓ 비제도적 내부 통제 수단
ⓔ 실적주의의 폐단 시정
ⓕ 국민에 대한 대응성, 대표성, 책임성 향상

(2) 대표관료제의 효용성과 한계

① 효용성
ⓐ **정부관료제의 대응성·대표성 제고** : 소수 집단의 의사를 보다 잘 반영하고 참여기회를 확대하며, 정부정책결정과 서비스 질을 제고하여 관료제의 대응성·대표성 제고
ⓑ **내부적·비제도적 통제 강화** : 관료제에 대한 내부통제장치로 기능하며, 책임성을 제고
ⓒ **기회균등의 실질적·적극적 보장** : 실적주의 폐단을 시정하고, 수직적 형평과 민주성에 기여

② 한계
ⓐ **국민주권과 민주주의 원리에 소홀** : 관료제 내부통제에 치중하여 외부통제에 소홀
ⓑ **구성론적 대표성 확보의 곤란** : 인구 구성비율에 맞게 관료조직을 구성하는 것은 현실적·기술적으로 어려움
ⓒ **역할론적 대표성 확보의 곤란** : 대표관료가 출신집단 및 계층의 의사와 이익을 적극 대변·반영한다는 보장이 없고, 책임성 확보가 경험적으로 입증되지 않음
ⓓ **재사회화 문제를 고려하지 않음** : 임용 이후 대표성이나 이해관계가 변하는 경우를 고려하지 못함
ⓔ 능력과 자질을 중심으로 하는 실적주의와 상충되며, 행정의 효율성·전문성 저해
ⓕ 수평적 형평성의 저해 및 역차별의 우려가 존재
ⓖ 인사권자의 자의적 운영가능성, 계층제의 권력불균형 등

5. 중앙인사기관

(1) 중앙인사기관의 의의

① **중앙행정기관의 개념** : 국가의 인사기준을 세우고 정부 전체의 인사행정을 전문적·집권적으로 총괄하는 인사행정기관을 말함
② **조직상의 성격**

독립성	입법부와 사법부로부터의 독립 외에, 특히 정치적 권력을 지닌 행정부로부터의 독립을 의미
합의성	단독제 형태의 기관이 아니라 복수의 구성원으로 이루어지는 회의제식 위원회 형태
집권성	중앙인사기관의 권한을 강화하고 인사기능을 집중하여 인사행정의 공정성·통일성을 확보하고 인사기준 및 정책수립과 선발 등을 담당

실력UP 중앙인사기관의 유형

- **독립합의형(위원회형)**
  - 엽관주의나 정실주의의 폐해를 방지하고 인사행정의 중립성을 보장하기 위한 형태로, 행정부에서 분리·독립된 지위를 가짐
  - 과거 미국연방인사위원회나 현재의 실적주의보호위원회(MSPB), 영국의 인사위원회 등이 이러한 형태에 속함
- **비독립단독형(집행부형)**
  - 행정수반에 의해 임명된 1인의 기관장에 의해 관리됨
  - 미국의 인사관리처(OPM), 일본의 총무청 인사국, 과거 영국의 공공관리실(OPS) 등이 여기에 속함
- **절충형** : 독립성을 지니나 합의체 의사결정구조를 갖지 않는 독립단독형과, 독립성은 없으나 지도층이 합의체의 의사결정구조로 되어있는 비독립합의형이 있음
- **독립합의형과 비독립단독형의 장단점**

	독립합의형	비독립단독형
장점	• 합의에 의한 결정으로 인사 전횡 방지, 실적주의 확립에 유리 • 인사의 안정성 확보 • 일반국민 및 행정부와 관계 원만	• 책임 명확화 • 집행부 형태로 신속한 결정 • 행정수반이 인사기관을 국정관리수단으로 삼아 강력한 인사정책 추진 • 환경 변화에 신축 대응 • 정부기관과의 기능적 연계의 효과성
단점	• 책임 분산 및 결정 지연 • 적극적 인사 곤란 • 강력한 정책 추진 곤란 • 행정변화에 신축적 대응 곤란	• 인사의 공정성 저해 • 독선적이고 자의적 정실 인사 • 인사정책의 안정성·일관성 저해 • 양당적·초당적 문제의 적절한 반영·해결 곤란

(2) 각국의 중앙인사기관

① **미국**
  ㉠ **독립·합의제형** : 실적주의보호위원회(MSPB ; Merit Systems Protection Board)
  ㉡ **비독립·단독제형** : 인사관리처(OPM ; Office of Personnel Management)

SEMI-NOTE

중앙인사기관의 기능(F. Nigro)
- **준입법적 기능** : 법률의 범위 내에서 인사에 관한 규칙을 제정하는 독립적 기능을 수행함
- **준사법적 기능** : 위법 또는 부당한 처분에 대하여 공무원으로부터의 소청을 재결할 수 있는 권한을 가짐
- **기획기능** : 인사에 관한 기획과 선발 업무의 기능을 수행함
- **집행기능** : 인사행정에 관한 구체적 사무를 인사법령에 따라 수행함
- **감사 및 감독기능** : 인사업무의 위법성과 부당성을 조사하며, 공무원의 시정조치를 취함
- **권고·보좌적 기능** : 행정수반에게 인사행정에 관한 정책에 대해 권고·보좌하는 기능을 수행함

중앙인사기관의 유형 분류

특징	독립적	비독립적
합의적	독립합의형 (위원회형)	비독립합의형(절충형)
비합의적	독립단독형 (절충형)	비독립단독형(집행부형)

인사위원회(CSC)
인사관리국, 아래의 합의제의 독립기관으로, 기획 및 선발, 준입법·준사법 기능을 담당

② 영국
- ㉠ 독립·합의제형 : 인사위원회(CSC ; Civil Service Commission)
- ㉡ 비독립·단독제형 : 내각사무처(Cabinet Office)
③ 프랑스 : 인사행정처(비독립·단독제형)
④ 일본
- ㉠ 독립·합의제형 : 인사원(NPA)
- ㉡ 비독립·단독제형 : 내각관방의 내각인사국

(3) 우리나라의 중앙인사기관

① 인사혁신처
- ㉠ 기능
  - 인사행정에 관한 기본정책 및 운영의 기본방침, 인사 관계법령 제정·개폐
  - 채용 및 교육, 성과관리, 공무원 처우 개선
  - 고위공무원단 소속공무원의 채용 및 승진 기준 및 심사 사항 관장
  - 직무분석의 원칙·기준에 관한 사항 관장
- ㉡ 조직과 구성
  - 인사정책과 집행기능을 담당하며, 인재개발국·인사혁신국·인사관리국·윤리복무국 등을 둠
  - 고위공무원 임용심사위원회 : 고위공무원의 채용 및 심사, 개방형직위·공모직위 임용후보자 심사업무 등을 담당
  - 소청심사위원회 : 소청심사기능, 중앙고충처리 기능
② 기타 인사 관련 소속기관 : 소청심사위원회, 국가공무원인재교육원 등
③ 소청심사위원회
- ㉠ 의의
  - 인사혁신처 소속기관으로, 행정기관 소속공무원의 징계처분 또는 기타 그 의사에 반하는 불리한 처분에 대한 소청의 심사·결정 및 그 재심청구 사건의 심사·결정에 관한 사무를 관장하는 상설합의제기관(준사법적·중립적 의결기관)
  - 위원회의 결정은 구속력이 인정되어 처분청의 행위를 기속
- ㉡ 조직구성
  - 위원장(정무직) 1인과 5~7명의 상임위원(고위공무원단 소속의 임기제공무원), 상임위원 수의 2분의 1 이상인 비상임위원으로 구성
  - 상임위원의 임기는 3년(한 번만 연임 가능), 정무직으로 보함
- ㉢ 소청심사위원회 위원의 결격사유(국가공무원법 제10조의2)
  - 공무원 임용 결격사유에 해당하는 자
  - 정당법에 따른 정당의 당원
  - 공직선거법에 따라 실시하는 선거에 후보자로 등록한 자

SEMI-NOTE

한국의 중앙인사기관 연혁
- 1999년 5월 : 정부조직 개편에서 중앙인사위원회가 최초로 구성, 인사행정이 행정자치부 인사국과 중앙인사위원회로 이원화
- 2004년 6월 : 참여정부의 조직 개편 시 행정자치부의 인사기능을 중앙인사위원회에 통폐합하여 일원화
- 2008년 2월 : 이명박 정부의 출범 시 중앙인사위원회를 폐지하고 행정안전부(비독립단독형)로 통합
- 2014년 3월 : 박근혜 정부의 출범 시 행정안전부를 폐지하고 안전행정부로 개편
- 2014년 11월 : 박근혜 정부의 조직 개편 시 안전행정부의 공무원 인사와 윤리·복무·연금기능을 인사혁신처로 이관 받아 인사혁신 전담기관으로 새롭게 재편, 인사처와 안전처를 분리하여 행정자치부로 개편
- 2017년 7월 : 문재인 정부의 출범 시 국민안전처를 통합하여 행정안전부로 개편
- 2019년 2월 : 문재인 정부의 조직 개편 시 행정안전부를 세종특별자치시로 이전

6. 공직의 분류

(1) 경력직과 특수경력직 ★ 빈출개념

① 경력직공무원

㉠ 의의
- 실적과 자격에 따라 임용되고 그 신분이 보장되며 평생 동안(근무기간을 정하여 임용하는 경우에는 그 기간 동안) 공무원으로 근무할 것이 예정되는 공무원을 말함(국가공무원법 제2조)
- 실적주의 및 직업공무원제의 적용을 받으며, 시험을 통하여 임용

㉡ 종류

일반직 공무원	• 기술·연구 또는 행정 일반에 대한 업무를 담당하는 공무원으로, 직업공무원의 주류를 형성 • 보통 1급에서 9급까지의 계급으로 구분하며, 직군(職群)과 직렬(職列)별로 분류
특정직 공무원	• 법관, 검사, 외무공무원, 경찰공무원, 소방공무원, 교육공무원, 군인, 군무원, 헌법재판소 헌법연구관, 국가정보원의 직원, 경호공무원과 특수 분야의 업무를 담당하는 공무원으로서 다른 법률에서 특정직공무원으로 지정하는 공무원(검찰공무원은 제외)

② 특수경력직 공무원

㉠ 의의
- 경력직공무원 외의 공무원을 말하며, 직업공무원제나 실적주의의 획일적 적용을 받지 않고 정치적 임용이 필요하거나 특정한 직무를 담당하는 공무원
- 계급구분이 없고, 신분이 보장되지 않는 공무원

㉡ 종류

정무직 공무원	• 선거로 취임하거나 임명할 때 국회의 동의가 필요한 공무원 • 고도의 정책결정 업무를 담당하거나 이러한 업무를 보조하는 공무원으로서 법률이나 대통령령에서 정무직으로 지정하는 공무원
별정직 공무원	• 비서관·비서 등 보좌업무 등을 수행하거나 특정 업무 수행을 위하여 법령에서 별정직으로 지정하는 공무원 • 직무 성질이 공공성·기밀성, 특별한 신임을 요하는 직위에 있는 자 • 별정직공무원의 채용조건·임용절차·근무상한연령, 그 밖에 필요한 사항은 국회규칙, 대법원규칙 등의 법령에서 정함

(3) 특수한 일반직 공무원

① 임기제 공무원

㉠ 개념 : 전문지식·기술이 요구되거나 임용관리에 특수성이 요구되는 업무를 위하여 경력직 공무원을 임용할 때에 일정기간을 정하여 임용하는 공무원

㉡ 종류
- 일반임기제 공무원 : 직제 등 법령에 규정된 경력직 공무원의 정원에 해당하는 직위에 임용. 개방형 직위와 소속책임 운영기관의 장

SEMI-NOTE

우리나라의 공직분류
경력직과 특수경력직, 국가직과 지방직, 개방형과 폐쇄형, 정무관과 행정관, 직위분류제와 계급제로 구분

특정직 공무원의 특징
별도의 인사법령체계(외무공무원법, 경찰공무원법, 소방공무원법 등), 계급정년의 일부 적용, 별도의 계급체계 부여하는 등의 특징을 지님(외무공무원의 경우 직위분류제를 토대로 계급을 폐지하여 직무등급을 적용)

정무직 공무원
대통령, 국무총리, 국무위원(장관) 및 차관(차관급), 처장, 청장(경찰청장 및 해양경찰청장, 소방청장, 검찰총장은 특정직), 국가정보원장과 차장, 감사원장과 감사위원 및 사무총장, 중앙선거관리위원회 사무총장·차장 및 상임위원, 국회사무총장·차장, 헌법재판소장 및 헌재재판관, 국회의원, 지방자치단체장, 지방의회의원 등

별정직 공무원
국회수석전문위원, 국가정보원 기획조정실장, 비서관·비서, 장관정책보좌관 등

> SEMI-NOTE
>
> **우리나라 공직 분류 관련 주의사항**
> - 국회수석전문위원은 별정직, 국회전문위원은 일반직, 헌법재판관은 정무직, 헌법연구관은 특정직, 대법원장·대법관은 임명 시 국회의 동의를 요하지만 법관으로서 특정직
> - 중앙선관위 선거관리위원 및 상임위원은 정무직, 시·도 선관위 상임위원은 일반직
> - 국회·헌법재판소·중앙선관위의 사무차장은 정무직, 감사원 사무차장은 일반직, 법원행정처의 처장(대법관)·차장(판사)은 특정직

- 전문임기제 공무원 : 특정 분야에 대한 전문적 지식이나 기술 등이 요구되는 업무를 수행하기 위하여 임용
- 시간선택제 임기제 공무원 : 통상적인 근무시간보다 짧은 시간을 근무하는 공무원으로 임용되는 일반임기제 공무원 또는 전문임기제 공무원
- 한시임기제 공무원 : 휴직 공무원, 30일 이상의 병가 공무원, 출산·유산·사산으로 인한 30일 이상의 특별휴가 공무원, 시간선택제 전환공무원의 업무를 대행하기 위하여 1년 6개월 이내의 기간 동안 임용되는 공무원으로서 통상적인 근무시간보다 짧은 시간을 근무하는 임기제 공무원

② **전문경력관** : 계급 구분과 직군·직렬의 분류를 적용하지 않을 수 있는 일반직 공무원으로서 특수 업무에 종사하는 공무원

③ **시간선택제 채용공무원** : 통상적 근무시간을 근무하는 조건으로 신규채용하는 일반직 공무원. 일과 가정생활을 병행할 수 있는 근무여건을 조성하고 양질의 일자리 나누기를 통한 고용 창출을 유도하기 위해 도입

(4) 계급제와 직위분류제

① **계급제**
  ㉠ 의의 : 직위·직무 중심의 직위분류제와 달리 인간 중심적 입장에서 개인의 자격, 능력, 학벌, 신분 등에 따라 계급을 분류하고 이에 따라 공직을 분류하는 제도
  ㉡ 특징
  - 학력·신분 강조 : 계급제의 확립은 각 계급에 따른 학력이나 신분과 밀접히 관련됨
  - 폐쇄형의 인사충원체제 : 공무원의 사기앙양과 직업공무원제의 확립이 용이함(강한 신분보장)
  - 계급 간의 차별 : 계급에 따라 사회적 위신·보수·학력·사회적 출신성분 등의 차이가 심하며 계급 간 승진이 용이하지 않음
  - 고위계급의 엘리트화 : 소수의 고위계급을 엘리트화하여 특권집단화를 형성
  - 행정의 전문성 부족 : 외부 전문인력의 충원이 곤란하여 행정의 전문화 저해
  ㉢ 장단점

> **계급제의 특징**
> - 4대 계급제
> - 계급 간의 차별, 엄격한 계층제
> - 일반행정가 지향성
> - 탄력적 인사운영
> - 조직몰입의 제고
> - 강력한 신분보장과 직업공무원제

장점	단점
• 인사운영의 융통성·탄력성 확보, 적재적소의 인사배치(인사배치의 신축성)가 가능 • 일반적 교양·능력을 소유한 넓은 시야를 가진 인재의 등용이 용이(일반행정가 지향) • 직위분류제에 비해 행정조정·협조·협력이 원활	• 인사관리의 객관적 합리화 기준의 설정곤란 • 계급제와 엄격한 계층제로 환경변화에 탄력적 대응이 곤란(경직성) • 연공서열에 치우친 비합리적 보수 체계(직무등급 확립이 곤란함)

② 직위분류제
  ㉠ 의의
  • 각 직위에 내포된 직무의 종류와 곤란도, 책임도에 따라 공직을 수직적·수평적으로 분류하는 제도
  • 객관적인 직위·직무 중심의 공직분류라는 점에서 인간 중심의 분류인 계급제와 구별
  ㉡ 구성요소

직위(職位)	1명의 공무원에게 부여할 수 있는 직무와 책임
직급(職級)	직무의 종류·곤란성과 책임도가 상당히 유사한 직위의 군, 인사행정의 편의상 채용이나 보수 등에 있어서 동일한 취급을 할 수 있는 집단
등급	직렬과 직군을 초월하여 직무의 종류는 다르지만, 직무의 곤란도·책임도와 자격요건이 유사하여 채용이나 보수에 동일한 취급을 할 수 있는 직위의 군(직위의 횡적 집단, 우리나라의 경우 법령상 계급)
직렬(職列)	직무의 종류가 유사하고, 그 책임과 곤란성의 정도가 서로 다른 직급의 군
직군(職群)	직무의 성질이 유사한 직렬의 군
직류(職類)	같은 직렬 내에서 담당분야가 같은 직무의 군

  ㉢ 수립절차

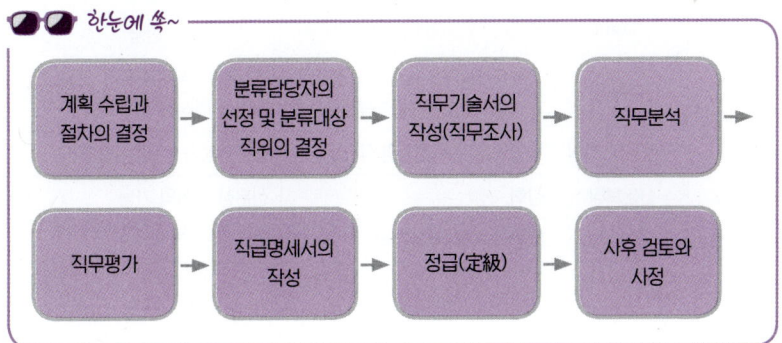

(5) 고위공무원단제도 ★ 빈출개념
  ① 개관
    ㉠ 의의 : 정부의 주요 정책결정이나 관리에 있어서 핵심적 역할을 담당하는 실·국장급 공무원을 범정부적 차원에서 일반 공무원과 별도로 구분·관리하여 정부생산성을 향상시키는 데 기여하도록 편성된 전략적 인사시스템
    ㉡ 주요 국가의 고위공무원단 제도

구분	미국	영국	호주	네덜란드
명칭	SES	SCS	SES	SPS
도입	1978	1996	1995	1995
관리기관	OPM (인사관리처)	Cabinet Office (국무조정실)	–	–

SEMI-NOTE

직위분류제의 도입
1923년 직위분류법이 제정되어 본격적으로 도입됨

직위분류제의 특징
• 사회적 출신배경·학력에 관계없이 개인의 업무수행능력과 지식·기술을 중시함
• 직무 수행의 적격자를 공직의 내부에서만 찾지 않고 모든 계층에서 외부인사의 임용이 자유로운 개방형의 인사제도
• 전문화된 분류체계로서 적재적소의 인사배치가 가능하며, 전문가를 선호함
• 직무분석과 직무평가를 통해 객관적 인사기준을 마련함으로써 적재적소의 인사배치와 인사행정의 능률화·합리화를 도모함
• 상하직 간의 계급의식이나 위화감이 크지 않음

미국의 고위공무원단 SES(Senior Executive Service)
• 도입 : 1978년 카터(Carter) 정부의 공무원제도개혁법을 통하여 엄격한 직위분류제의 순환 곤란 등의 문제점 극복하기 위하여 도입
• 특징
 – 직무의 개념을 포기하고 계급(사람 중심)의 개념을 도입
 – 계급제적 직업공무원제 요소를 부분적으로 가미

영국의 고위공무원단 SCS(Senior Civil Service)
• 도입 : 1996년 메이저(Major) 정부가 계급제의 폐쇄적이고, 비전문성의 문제를 극복하기 위하여 도입
• 특징
 – 관리계층 집단으로의 통합
 – 직위분류제적 요소(전문성)를 부분적으로 가미

② 우리나라의 고위공무원단제도
  ㉠ 의의 : 실장·국장급 고위공무원들의 자질 향상과 안목 확대, 부처 간 정책 조정 및 협의 촉진, 책임성 향상, 성취동기 부여를 위해 국가공무원체계 중 이들을 중하위직과 구별하여 별도로 관리·운영하는 인사시스템
  ㉡ 핵심요소

개방과 경쟁	개방형 직위제도, 부처 간 직위공모 등
성과와 책임	직무성과계약제, 직무등급제, 적격성심사, 인사심사 등
능력발전	역량평가제, 교육훈련, 최소 보임기간 설정 등
범정부적 통합적 시야	부처 간 인사교류, 직위공모 등

  ㉢ 기본방향(도입에 따른 기본방향의 전환)
    • 자기 부처 중심의 폐쇄적 인사 → 경쟁과 개방 강화(개방형·직위공모)
    • 계급·연공 → 직무·성과 중심의 직무성과급제
    • 연공서열에 따른 자동 진입 → 체계적 검증과 경쟁을 통한 진입
    • 성과관리 미흡 → 직무성과계약제를 통한 성과관리 강화
    • 순환보직 → 최소 보임기간 설정, 능력개발을 통한 전문성 강화
    • 각 부처 소속 → 고위공무원단 소속으로 통합적 시야 배양
  ㉣ 한국 고위공무원단과 미국 SES의 차이

구분	미국	한국
혁신방향	직위분류제에 계급제 도입(직무개념을 대신해 계급개념을 도입)	계급제에 직위분류제 도입(계급개념을 대신해 직무개념 도입)
공무원의 자질	일반행정가 + 전문행정가	전문행정가 + 일반행정가
신분보장	강화	신분상 불이익 가능
보수	직무급 → 직무성과급	연공급 → 직무성과급

02절 임용

1. 공무원의 임용

(1) 의의

① 임용의 개념 : 공무원관계를 발생·변경·소멸시키는 일체의 인사행위
② 임용권자(국가공무원법)
  ㉠ 5급 이상 : 행정기관 소속 5급 이상 공무원 및 고위공무원단에 속하는 일반직 공무원은 소속 장관의 제청으로 인사혁신처장과 협의를 거친 후에 국무총리를 거쳐 대통령이 임용한다(법 제32조 제1항).
  ㉡ 6급 이하 : 소속 장관은 소속 공무원에 대하여 제1항 외의 모든 임용권을 가진다(법 제 32조 제2항).

SEMI-NOTE

역량평가
• 역량 : 조직의 목표 달성과 연계하여 뛰어난 직무수행을 보이는 고성과자의 차별화된 행동특성과 태도
• 역량평가의 의의 : 실제 직무상황과 유사한 모의상황을 피평가자에게 다양하게 제시하고, 그 상황에서 피평가자의 역할과 행동을 훈련된 다수의 전문 평가자가 관찰하고 합의하는 절차를 통해 역량을 평가하는 객관적이고 과학적인 기법

공무원관계의 발생·변경·소멸
• 발생 : 신규채용 등
• 변경 : 승진, 전직, 전보, 파견, 강임, 휴직, 직위해제, 정직, 복직, 겸임 등
• 소멸 : 면직, 해임, 파면, 퇴직 등

(2) 임용의 유형

한눈에 쏙~

```
        ┌─ 외부임용 ─┬─ 공개경쟁채용
        │           └─ 경력경쟁채용
임용 ────┤
        │           ┌─ 수평적 이동 : 배치전환(전직·전보·파견근무)·겸임
        └─ 내부임용 ─┤
                    └─ 수직적 이동 : 승진·강임 등
```

① 외부임용(신규임용)
  ㉠ **공개경쟁채용** : 자격 있는 모든 사람에게 평등하게 지원 기회를 부여하고 공개경쟁시험을 통해 임용후보자를 선발하는 방법
  ㉡ **경력경쟁채용** : 공개경쟁채용이 부적당하거나 곤란한 경우 또는 특별한 자격이 있는 사람을 채용하는 경우에 실시되는 것으로, 경쟁을 제한하는 별도의 선발절차를 거쳐 공무원을 신규로 채용하는 것

② 신규임용절차

한눈에 쏙~

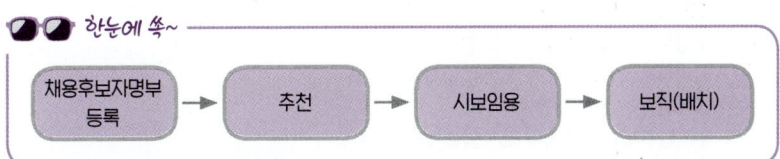

  ㉠ 채용후보자명부 등록
  • 시험 실시기관의 장은 5급 이하의 시험합격자가 결정된 후 임명 전에 후보자명부에 등록(4급 이상은 적용되지 않음)
  • 명부의 유효기간은 2년이며, 1년 범위 내에서 연장 가능(교육훈련, 임용유예신청 등의 특별한 사유가 없이 추천된 7급 및 9급 공무원 채용후보자는 합격일로부터 1년 경과 시 의무적으로 임용하도록 규정됨)
  ㉡ 추천
  • 시험 실시기관의 장은 각 기관의 결원 수 및 예상 결원 수를 고려하여 채용후보자 명부에 등재된 채용후보자를 시험성적, 훈련성적, 전공분야, 경력 및 적성 등을 고려하여 임용권을 갖는 기관에 추천
  • 단일추천제와 복수추천제 중 현재 우리나라는 단일추천제(동수추천제)가 일반적이며, 지정추천제(특별추천제)도 운영되고 있음
  ㉢ 시보임용
  • 시험에 의하여 응시자의 모든 적격성을 판별할 수는 없으므로 임용권자는 추천된 임용후보자 가운데 적격자를 선발하여 일정 기간 동안 시보공무원으로 임명함(미국의 조건부 임용제도와 유사)

SEMI-NOTE

인적자원계획 절차(Klingner)
조직목표 설정 → 인력 총수요 예측 → 인력 총공급 예측 → 실제 인력수요 예측(총수요-총공급) → 실제 수요인력 확보방안 결정 → 인력확보방안 시행 → 효과성 평가 및 환류

공개경쟁을 보장하는 요건
적절한 공고, 지원기회의 개방, 현실적 자격요건, 자격기준의 공평한 적용, 능력에 근거한 선발, 결과의 공개

시보임용의 대상 및 기간
우리나라의 경우 신규채용되는 5급 이하의 공무원에 대해 적용되며, 5급의 경우 1년, 6급 이하의 공무원은 6개월의 시보기간을 규정

우리나라의 시보임용
우리나라의 경우 선발과정으로서의 기능을 수행하지 못한 채 형식적으로 운용됨으로써, 기초 적응훈련의 실시라는 부수적 기능만을 소극적으로 수행

SEMI-NOTE

우리나라 공무원 임용결격사유(국가공무원법 제33조)
- 피성년후견인
- 파산선고를 받고 복권되지 아니한 자
- 금고 이상의 실형을 선고받고 그 집행이 종료되거나 집행을 받지 아니하기로 확정된 후 5년이 지나지 아니한 자
- 금고 이상의 형을 선고받고 그 집행유예 기간이 끝난 날부터 2년이 지나지 아니한 자
- 금고 이상의 형의 선고유예를 받은 경우에 그 선고유예 기간 중에 있는 자
- 법원의 판결 또는 다른 법률에 따라 자격이 상실되거나 정지된 자
- 공무원으로 재직기간 중 직무와 관련하여 형법 제355조 및 제356조에 규정된 죄를 범한 자로서 300만 원 이상의 벌금형을 선고받고 그 형이 확정된 후 2년이 지나지 아니한 자
- 성폭력범죄의 처벌 등에 관한 특례법 제2조에 규정된 죄를 범한 사람으로서 100만 원 이상의 벌금형을 선고받고 그 형이 확정된 후 3년이 지나지 아니한 사람
- 미성년자에 대한 다음 어느 하나에 해당하는 죄를 저질러 파면·해임되거나 형 또는 치료감호를 선고받아 그 형 또는 치료감호가 확정된 사람(집행유예를 선고받은 후 그 집행유예기간이 경과한 사람을 포함한다)
  - 성폭력범죄의 처벌 등에 관한 특례법 제2조에 따른 성폭력범죄
  - 아동·청소년의 성보호에 관한 법률 제2조 제2호에 따른 아동·청소년대상 성범죄
- 징계로 파면처분을 받은 때부터 5년이 지나지 아니한 자
- 징계로 해임처분을 받은 때부터 3년이 지나지 아니한 자

근무성적평정과 직무평가(직위분류제)의 차이
직무평가는 직무자체를 객관적으로 평가하는 것이지만 근무성적평정은 사람을 기준으로 실현된 직무의 성과를 평정하는 것이므로 직무와 공무원의 관계를 주관적으로 평가하는 것임

- 시보제도는 응시자의 공직 적격성을 파악하는 최종적인 검증방법인 동시에 초임자의 적응훈련이라는 성격도 지님
- ㉣ **배치(보직)** : 시보기간이 끝난 뒤 정규공무원으로 임용되고, 초임 보직을 부여받음

실력UP 적극적 모집

- **의의** : 자격요건의 강화 등을 통해 단순히 부적격자를 가려내는 소극적 모집과는 달리, 유능한 인재를 적극적으로 공직에 유치하는 활동을 말함
- **필요성**
  - 공직에 대한 낮은 사회적 평가
  - 공무원의 보수수준이 상대적인 저소득
  - 공무원의 승진기회 감소
  - 인력공급에 비해 인력수요 증가
  - 공무원 이직률의 증가
  - 정보 업무의 전문화 제고
- **자격요건**
  - 소극적 기준(외형적·형식적 기준) : '~는 안 된다.'고 규정. 최저자격요건 제시, 부적격자 사전 배제(국적, 연령, 지역, 성별, 학력 등)
  - 적극적 기준(내용적·실질적 기준) : '~를 갖추어야 한다.'고 규정. 일정 능력자의 적극적 유치(지식, 기술, 경험, 가치관, 태도 등)
- **모집방법**
  - 모집자격 및 기준의 완화와 기회균등 보장
  - 모집정책에 대한 사후평가 및 환류의 강화
  - 장기적이고 일관성 있는 인력 수급계획의 수립
  - 공직에 대한 사회적 평가의 제고
  - 수시접수제도, 제출서류 및 수험절차의 간소화

2. 근무성적평정

(1) 근무성적평정의 의의

① **개념** : 공무원이 근무하는 조직체에 있어서의 근무실적, 직무수행능력 및 태도 등을 일정한 기준에 따라 체계적·정기적으로 평가하여 이를 인사행정자료로 활용하는 것

② **효용(용도)**
  ㉠ 인사행정의 기준 제공(상벌의 판단 기준, 적재적소 인사배치의 자료)
  ㉡ 교육훈련의 기초자료(훈련의 필요성 및 수요 파악을 위한 자료)
  ㉢ 채용시험의 타당도 측정 시 비교 자료
  ㉣ 직무수행능력 및 근무능력 향상의 토대(평정결과의 공개)
  ㉤ 상·하급자 간의 협조 및 의견교환, 이해의 증진

(2) 평정기법(평정모형)

① 평정기법별 분류

도표식 평정 척도법	• 가장 광범위하게 이용되는 기법으로, 한쪽 편에는 실적·능력 등을 나타내는 평정요소를 표시하고 다른 편에는 우열을 나타내는 등급을 구분하여 표시 • 평정표 작성 : 목표를 명확히 설정하고 직무분석을 통해 적절한 수의 평정요소를 선택하며, 상대적 중요도에 따라 평정요소 간의 가중치를 부여
강제배분법	피평정자들을 우열의 등급에 따라 구분한 뒤 몇 개의 집단으로 분포비율에 따라 강제적으로 배치하는 방법
산출기록법	일정한 시간당 생산량을 기록하여 비교·평가하는 방법으로, 업무의 성질이 비교적 단순한 일상적·반복적 업무에 적용(상대평가방법)
서열법 (인물비교법)	• 피평정자 간의 근무성적을 서로 비교해서 서열을 정하는 방법 • 쌍쌍비교법(쌍대비교법, 2인비교법)은 피평정자를 두 사람씩 짝지어 비교를 되풀이하여 평정하는 방법으로, 서열법(인물비교법)의 일종
중요사건 기록법	피평정자의 근무실적에 큰 영향을 주는 중요사건들을 평정자로 하여금 기술하게 하거나 중요사건들에 대한 설명구를 미리 만들어 평정자로 하여금 해당 사건에 표시하게 하는 방법
체크리스트법 (사실표지법)	적절한 평가의 판단 기준이 되는 표준행동목록을 미리 작성해 두고, 평정자가 피평정자에게 해당하는 목록의 항목을 골라 단순히 가부를 표시하게 한 후 선택 항목의 점수합계로 결정하는 방법
강제선택법	2개 또는 4~5개의 기술항목 가운데 피평정자의 특성에 가까운 것을 골라 표시하도록 강제선택시키는 방법으로, 강제선택식 체크리스트법이라고 함
직무기준법	직무수행의 구체적인 기준을 정하여 실적과 비교·평정하는 방법으로, 여러 가지 직무분석기법이 사용됨
목표관리법	조직 상하 구성원의 참여를 통해 단기 업무목표를 설정하고 그 결과를 공동으로 평가·환류시키는 목표관리(MBO)방식을 근무성적평정에 활용한 기법
행태기준 평정척도법	평정의 임의성과 주관성을 배제하기 위하여 도표식 평정척도법에 중요사건기록법을 절충한 방법
행태관찰 척도법 (BOS)	평정요소별 행태에 관한 구체적인 사건·사례를 기준으로 평정하는 한편, 등급에서는 도표식 평정척도법과 유사하게 사건을 빈도로 표시하는 척도를 구성하는 기법

② 평정주체별 분류

- ㉠ **감독자(상급자) 평정** : 상급자가 평정하는 가장 전통적인 방법으로, 수직적 계층구조가 강한 조직에 적합
- ㉡ **부하평정** : 부하가 상관을 평정하는 상향식 평정
- ㉢ **동료평정** : 동료에 의한 평정으로, 집단평정의 일종
- ㉣ **다면평정(집단평정·전방위평정)** : 감독자(상급자)뿐만 아니라 부하나 동료, 일반국민(민원인)까지 평가주체로 참여시키는 평가방법으로, 오늘날 수직적 구조가 완화되고 조직이 동태화됨에 따라 부각되고 있는 평정방법

SEMI-NOTE

도표식 평정척도법의 장단점
- 장점
  - 평가자의 직관과 선험을 바탕으로 하여 평가요소가 결정되기 때문에 작성이 빠르고 쉬우며 경제적임
  - 상벌목적에 이용하는 것이 편리함
  - 평정결과가 점수로 표시되므로 계량화와 통계적 조정에 용이
- 단점
  - 평정요소의 합리적 선정이 곤란
  - 등급의 비교기준 불명확
  - 연쇄효과와 집중화·관대화 경향
  - 일반적 요소를 기준으로 하므로 피평정자의 능력개발을 위한 자료 형성 곤란

중요사건기록법의 장단점
- 장점 : 피평정자와의 상담 촉진에 유용하고, 사실에 근거한 평가가 가능
- 단점 : 이례적인 행동을 지나치게 강조할 위험, 상호비교가 곤란

강제선택법의 장단점
- 장점 : 평정자의 편견이나 정실을 배제할 수 있으며, 신뢰성과 타당성이 높음
- 단점 : 기술항목의 작성이 어렵고 작성 비용도 많이 들며, 평정 결과에 대한 상의가 곤란

근무성적평정의 문제점
- 근무성적평정의 신뢰도와 타당도 등 효용도가 낮음
- 다목적인 단일 평정방법이 없음
- 집중화·관대화 경향, 연쇄효과의 억제 곤란
- 평정자의 주관적 가치의 배제가 곤란하여 공정한 평가가 곤란

(3) 평정의 오차(오류) ★ 빈출개념

① **연쇄효과(halo effect, 후광효과 · 현혹효과)의 오류** : 특정 평정요소에 대한 평정자의 판단이 연쇄적으로 다른 요소의 평정에도 영향을 미치거나, 피평정자의 막연하고 전반적인 인상이 평정에 영향을 미치는 현상
② **시간적 오차(근접효과의 오류, recency effect error)** : 평정실시 시점에 있어 쉽게 기억할 수 있는 최근의 실적이나 능력을 중심으로 평가하려는 데서 생긴 오차
③ **분포상의 오차(distributional error)**
　㉠ **집중화 오차** : 평정자가 모든 피평정자들에게 대부분 중간 수준의 점수나 가치를 주는 심리적 경향으로 인해 중간 척도에 점수가 집중되는 오차
　㉡ **관대화 오차와 엄격화 오차** : 상관이 부하와의 인간관계를 의식하여 평정등급을 전반적으로 높이거나(관대화) 낮추는(엄격화) 것
④ **규칙적(일관적) 오차와 불규칙적(총계적) 오차**
　㉠ **규칙적(일관적 · 체계적) 오차** : 어떤 평정자의 가치관 및 평정기준의 차이 때문에 다른 평정자들보다 언제나 규칙적으로 후하거나 나쁘게 평정하는 것
　㉡ **불규칙적(총계적) 오차** : 평정자의 평정기준이 일정하지 않아 관대화 · 엄격화 경향이 불규칙하게 나타나는 것
⑤ **논리적 오차(logical error)** : 평정요소의 논리적 상관관계에 의한 오차, 즉 어떤 평정요소가 특별히 좋거나 아주 나쁜 점수를 받은 경우 상관관계가 있는 다른 요소도 높게 또는 낮게 평정하는 오차
⑥ **상동적 오차(stereotyping, 유형화 · 정형화 · 집단화의 오차)** : 피평정자의 성별이나 출신 배경(학교 · 지역 등), 연령, 종교 등에 대한 평정자의 편견이나 선입견, 고정관념 등이 영향을 미치는 것
⑦ **해바라기효과(sunflower effect)** : 관리자가 최고관리자에 대하여 자신의 유능함을 나타내고자 자기 부하직원에 대한 평정을 모두 후하게 평정하는 것
⑧ **대비오차** : 특정 피평정자에 대한 평가를 바로 직전의 피평정자와 대비하여 평정하는 것
⑨ **유사적 오차(similarity error)** : 객관적 기준보다는 평정자 자신의 성향과 유사한 부하를 높이 평가하는 오차

(4) 배치전환(配置轉換)

① **의의** : 동일한 등급 · 계급 내에서 보수의 변동 없이 수평적으로 직위를 옮기는 것
② **유형**

구분	내용
전직	동일한 직급수준에서 다른 직렬로 수평적 이동(전직시험 존재)
전보	동일 직급 · 직렬 내에서 보직 변경(필수보직기간 2~3년 존재)
파견	임시적으로 국가기관이나 타 기관에 근무
겸임	한 공무원에서 둘 이상의 직위를 부여(겸임 기간은 2년 이내이나 2년 연장 가능)

③ **장단점**

SEMI-NOTE

이기적 착오
자신의 실패에 대한 책임은 지지 않고 성공에 대한 개인적 공로는 강조하려는 것

투사
자신의 감정이나 특성을 다른 사람에게 전가하려는 것

선택적 지각 및 방어적 지각의 착오
- **선택적 지각의 착오** : 자신에게 유리한 부분적인 정보만을 받아들여 판단을 내리는 것
- **방어적 지각의 착오** : 자신의 습성이나 고정관념에 어긋나는 정보를 회피하거나 왜곡시키는 것

기대성 착오
사전에 가지고 있는 기대에 따라 무비판적으로 사실을 지각하는 것

배치전환의 용도
- **소극적 용도**
  - 징계의 수단 또는 사임 강요 수단
  - 개인적 특혜의 수단 또는 개인 세력 확대의 수단
  - 부정부패 방지 수단
- **적극적 용도**
  - 공무원 능력 발전과 인간관계 개선
  - 권태방지와 조직의 활성화
  - 보직 부적응 해소와 부서 및 부처 간의 갈등 해소
  - 개인의 희망 존중 또는 승진 기회의 제공

㉠ 장점
- 공무원의 능력 및 조직 활력 증진
- 부서 및 부처 간의 갈등 완화
- 효율적 인력관리와 적재적소의 인력 배치
- 비공식집단의 폐해 제거
- 권태감 방지

㉡ 단점
- 전문행정가 양성의 어려움
- 부정부패 등의 악용 소지
- 행정의 안정성과 일관성 확보의 어려움

(5) 경력개발프로그램(CDP : Career Development Program)

① 의의 : 조직의 요구와 개인의 요구가 일치되도록 개인의 경력목표를 설정하고 이를 달성하기 위한 경력계획을 수립하여 각 개인의 경력을 개발하는 활동

② 특징
㉠ 부처의 조직을 몇 개의 전문분야와 하나의 공통분야로 구분하고 개인별 전문분야를 지정하여 지정된 전문분야 내에서 인사관리를 실시. 전문분야 내에서 이동할 수 있도록 보직경로를 운영하고 교육훈련과 연계
㉡ 연공서열 위주의 Z자형 순환형 보직경로를 직급별 맞춤형(행정직의 경우 工자형, 기술직은 T자형)으로 개선
㉢ 조직의 효율성 극대화와 개인의 생애설계 욕구를 결합시킨 제도로서 조직의 수요와 개인의 욕구가 전문성이라는 공통분모에서 접점을 찾아 결합(개인이 제시한 경력목표와 조직이 제시한 경력경로를 전문성이라는 공통분모 하에서 서로 접목시킴)
㉣ 직급이 아닌 직무중심의 경력계획 수립. 직무에서 요구되는 역량과 개인 보유 역량 간의 적합 여부 판단 및 필요역량 개발에 중점

경력개발프로그램의 도입배경
순환보직제도(배치전환)의 폐해와 전문성 약화

경력개발프로그램의 유용성(목적)
- 조직목표와 개인목표의 통합을 통한 조직의 경쟁력 강화
- 업무의 전문성 제고
- 맞춤형 인재의 개발 및 확보
- 공무원의 역량 제고
- 개인의 자아실현욕구 충족
- 조직과의 일체감(조직몰입) 향상

03절 사기앙양 및 공무원 윤리

1. 공무원의 사기

(1) 사기와 생산성과의 관계

① 밀접한 관련성을 인정하는 입장(사기실재론) : 동기부여 욕구이론(Herzberg는 개인의 심리적 만족감이나 근로의욕의 자극은 생산성 향상을 가져온다고 봄)
② 밀접한 관련성을 부정하는 입장(사기명목론) : 동기부여 기대이론(Vroom, Coser, Schachter 등의 일반적 견해에 해당하며, 사기는 생산성을 결정하는 한 요인이지 필요충분조건이 아니라는 입장)

사기와 생산성의 관계
- **사기실재론** : 사기는 생산성과 직접적 관계가 있으며, 사기는 생산성 향상의 충분조건임
- **사기명목론** : 사기는 생산성과 직접적 관계가 없으며, 사기는 생산성 향상의 필요조건에 불과함

SEMI-NOTE

사기의 중요성
- 조직 효과성을 제고
- 조직에 대한 충성심·일체감 고취 및 기강확립
- 법규나 규칙에 대한 자발적 준수
- 창의력과 자긍심 제고
- 역경 극복의 능력과 강한 응집력 배양
- 창의성의 합리적 발휘에 기여

사기의 결정요인

경제적 요인	사회심리적 요인	
생존욕구	관계욕구	성장욕구
· 보수 · 연금 · 안전 · 근무여건	· 귀속감 · 대인관계	· 성취감 · 성공감 · 참여의식

사기의 진작방안
- 인간관계의 개선 및 인간적 가치의 존중
- 휴가 및 포상제도
- 참여확대 및 권한위임
- 제안제도의 채택, 상담 및 고충처리의 확대

고충처리제도의 의의
공무원의 신분보장 및 사기앙양, 하의상달의 촉진 등을 통해 적극적 인사행정이나 직업공무원제의 발달에 기여함

(2) 사기측정방법

사회측정법 (sociometry)	구성원 간의 심리적 호(好)·오(惡)의 관계를 파악하며 호(好)의 관계가 지배적이어서 구성원 간 심리적 견인관계의 정도가 높을 때는 사기가 높고, 낮을 때는 사기가 낮다고 봄
태도조사와 의견조사	· 직원의 태도와 의견을 조사하는 것 · 조사방법 : 면접과 질문지를 통한 조사, 일상적 관찰과 정보수집, 사회측정법, 투사법(그림이나 잉크자국 등의 자극에 대한 반응상태를 관찰·파악하는 방법) 등
행동경향법	직무 만족도를 알아보기 위해 직무에 대하여 어떻게 행동하고 싶은지를 물어 파악하는 방법
외현행위관찰법 (근무관계기록조사)	생산성조사, 이직률조사, 출퇴근율(근태에 관한 기록)조사, 사고율조사 등

(3) 사기의 결정요인 및 진작방안

① 사기의 결정요인
  ㉠ 경제적·물질적 요인
    - 보수·연금, 작업환경, 안전 등을 포함한 물질적·일차원적 욕구
    - 일반적으로 경제적 요인을 중시하는 X이론에서는 사기의 극대화가 곤란함
  ㉡ 사회·심리적 요인
    - 사회적 요인 : 관계욕구와 관련된 요인으로, 귀속감·일체감, 원만한 대인관계욕구 등
    - 심리적 요인 : 성장욕구와 관련된 요인
    - 기타 요인 : 인정 및 성취감, 성공에 대한 욕구(승진욕구 등), 참여욕 등

② 사기의 진작방안
  ㉠ 공정하고 합리적인 승진보장
  ㉡ 공직에 대한 사회적 평가의 제고
  ㉢ 공무원단체의 인정 및 활성화
  ㉣ 공무원 보수의 적정화, 연금제도
  ㉤ 공무원 신분보장 및 능력발전

2. 공무원의 사기와 관련된 제도

(1) 고충처리제도

① 개념 : 고충처리는 공무원의 근무조건이나 인사관리, 신상문제, 직장생활 등과 관련된 불만이나 고충을 심사하고 그 해결책을 강구하는 것을 말함

② 대상 및 절차
  ㉠ 고충처리 대상
    - 근무조건에 관한 고충 : 보수, 근무시간·휴가, 근무환경, 후생복지 등
    - 인사관리에 관한 고충 : 임용(승진·전보·전직 등), 인사행정(근무성적 및 경력평정, 교육훈련 등), 업적 성취(상훈, 제안 등)에 관한 것

- 신상에 관한 고충 : 차별대우, 기타 직무수행과 관련된 것
- ㉡ 처리절차
  - 비공식적 절차(감독자에 의한 고충처리) : 직원의 고충을 감독자가 일찍 포착하여 공식적인 고충제기에 이르지 않도록 하는 절차, 즉 공무원의 고충이 각 감독계층에서 감지·해결되는 것
  - 공식적 절차(전담기구에 의한 고충처리) : 고충처리 전담기구를 설치하고 이를 통해 고충을 처리하는 것(고충처리위원회)

(2) 신분보장

① 개념 : 공무원의 신분보장이란 잘못이 없는 한 공무원이 자신의 의사에 반하는 신분상의 불이익 처분을 당하지 않는 것을 말함

② 필요성
- ㉠ 행정의 안정성·지속성 확보
- ㉡ 부당한 압력 배제 및 행정의 중립성 보장
- ㉢ 행정의 능률성·합리성·전문화에 기여
- ㉣ 창의적·자율적 직무수행
- ㉤ 인사권자의 자의 배제 및 공무원의 심리적 안정으로 사기앙양
- ㉥ 공익 증진 및 공평한 행정의 구현에 기여

(3) 공무원 퇴직(면직)

① 강제퇴직
- ㉠ 당연퇴직 : 임용권자의 처분에 의해서가 아니라 재직 중에 법률에 규정된 일정한 사유의 발생으로 인하여 공무원관계가 소멸되는 경우(형사처벌 등의 임용결격사유가 발생하거나 사망·국적상실 등의 경우 등)
- ㉡ 직권면직 : 일정한 사유에 해당되는 경우 임용권자의 직권에 의해 공무원신분을 박탈하는 것
- ㉢ 징계면직 : 파면과 해임 등의 징계에 의해 면직되는 경우

② 임의퇴직
- ㉠ 의원(依願)면직 : 공무원 스스로의 희망에 의하여 면직되는 경우
- ㉡ 명예퇴직 : 공무원으로 20년 이상 근속(勤續)한 자가 정년 전에 자진하여 퇴직하는 경우 예산의 범위 안에서 명예퇴직수당을 지급하는 것

(4) 정년제도

① 의의 : 행정의 생산성과 정부 역량을 제고하고 새로운 인력충원을 통한 조직의 신진대사를 촉진하기 위해 일정한 법정시기에 도달된 공무원을 자동으로 퇴직시키는 제도

② 필요성
- ㉠ 행정의 생산성·유동성 확보
- ㉡ 직원의 신진대사 등의 인사관리, 고용증대효과
- ㉢ 새로운 기술의 도입을 통한 능률성 제고

SEMI-NOTE

고충처리제도와 인사상담

고충처리는 고충접수뿐 아니라 해결책 강구까지 포함한 개념이므로, 조직 부적응을 스스로 해결하도록 하기 위한 면접 절차인 인사상담(카운셀링)보다는 더 포괄적인 개념임

신분보장

공무원은 형의 선고나 징계처분 또는 국가공무원법에서 정하는 사유에 따르지 않고는 본인의 의사에 반하여 휴직·강임 또는 면직을 당하지 않음(1급 공무원과 직무등급이 가장 높은 등급의 직위에 임용된 고위공무원단 소속 공무원은 제외)

휴직
- 의의 : 공무원이 일정 사유로 직무에 종사할 수 없는 경우 면직시키지 않고 일정 기간 동안 신분을 유지하면서 직무에 종사하지 않아도 되도록 하는 조치
- 직위해제와 휴직 : 직무에 종사하지 않는 점은 같지만 직위해제는 제재적 의미를 가진 보직 해제이며 복직이 보장되지 않는 점에서 휴직과 다름
- 휴직의 종류
  - 직권휴직
  - 청원휴직

SEMI-NOTE

계급정년제의 장단점
- 장점
  - 퇴직률 제고로 공직 참여기회 확대 (관료제의 민주화)
  - 적정 유동률 유지로 신진대사 촉진
  - 관료침체 방지, 낡은 관료문화 타파, 인사적체 해소
  - 무능한 공무원 도태의 방편
- 단점
  - 획일적 적용 시(인위적인) 이직률 조절 곤란
  - 숙련공무원의 인위적 배제에 의한 공직손실
  - 대상 공무원의 신분 불안과 직업적 안정성 약화로 인한 사기 저하

징계기구
- 중앙징계위원회 : 국무총리 소속으로 설치되며, 위원장(인사혁신처장) 1인을 포함하여 17명 이상 33명 이하의 공무원위원과 민간위원으로 구성하며, 민간위원의 수는 위원장을 제외한 위원 수의 2분의 1 이상이어야 함
- 보통징계위원회 : 중앙행정기관 소속으로, 위원장 1명(설치기관의 장) 포함 9명 이상 15명 이하의 공무원위원과 민간위원으로 구성하며, 6급 이하 공무원, 연구사·지도사 등의 징계사건을 심의·의결

소청심사
- 징계에 대한 불복 시 소청심사위원회에 소청제기가 가능
- 신분상의 불이익(징계, 강임, 휴직, 직위해제, 면직처분 등)이나 부작위(복직거부, 급여 미지급 등)가 소청심사의 대상(근무성적평정 결과나 승진탈락 등은 대상이 아님)
- 소청심사위원회의 결정은 처분청의 행위를 기속하며, 소청심사를 거치지 않고서는 행정소송 제기 불가(필요·의무적 전치절차)

③ 종류

연령정년제	가장 일반적인 정년제도로, 법정연령에 달하면 자동 퇴직하는 제도. 우리나라는 60세가 정년(2013년부터 전 계급의 정년이 60세로 동일)
근속정년제	공직의 근속연한이 일정 기간에 달하면 자동 퇴직하는 제도
계급정년제	공무원이 특정 계급에서 법정기간 내에 승진하지 못하면 기간만료와 동시에 퇴직시키는 제도(우리나라의 경우 군인·경찰·검찰 등 일부 특정직의 상위직에서 적용하고 있음)

(5) 징계

① 개념 : 법령이나 명령 등을 위반한 때 이에 대한 처벌로서 공무원의 신분을 변경하거나 상실하게 하는 것

② 국가공무원법상의 징계
  ㉠ 경징계
  - 견책
    - 전과에 대하여 훈계하고 회개하게 하는 것으로, 6개월간 승진·승급이 제한됨
    - 가장 가벼운 징계이며 사용빈도가 높음
  - 감봉
    - 1~3개월의 기간 동안 보수의 1/3을 감하는 처분
    - 징계처분 집행이 끝난 날부터 12개월간 승진·승급 제한

  ㉡ 중징계
  - 정직
    - 1~3개월의 기간 동안 공무원 신분은 보유하나 직무에 종사하지 못함(별도의 보직이 없음)
    - 보수는 전액 삭감, 징계처분 끝난 날부터 18개월간 승진·승급 제한
  - 강등
    - 1계급 아래로 직급을 내림(고위공무원단에 속하는 공무원은 3급으로 임용하고, 연구관 및 지도관은 연구사 및 지도사로 함)
    - 공무원 신분은 보유하나 3개월간 직무에 종사하지 못하며, 그 기간 중 보수는 전액을 감함
    - 징계처분 집행이 끝난 날부터 18개월간 승진·승급 제한
  - 해임
    - 강제퇴직의 하나로 공무원직이 박탈되며, 3년간 재임용이 제한됨
    - 퇴직급여에는 영향이 없음(다만, 공금횡령 및 유용 등으로 해임된 경우는 퇴직급여의 1/8~1/4이 감액 지급되며, 징계부가금이 부과되는 경우도 있음)
  - 파면
    - 공무원직이 박탈되며, 5년간 재임용이 제한됨
    - 재직기간에 따라 퇴직급여의 1/4 내지 1/2이 감액 지급됨

(6) 공무원단체

① 개념 : 공무원의 권익을 존중하고 근무조건을 개선하기 위하여 조직되는 공식적·합법적인 공무원 노동조합

② 공무원단체의 인정에 관한 논의

인정론 (찬성론)	• 권익보장과 불만해소를 통한 사기진작 • 공무원의 의견전달 수단 • 관리층의 의사결정에 도움 • 대화와 협상을 통한 행정개선 및 행정의 민주화와 행정발전에 기여 • 실적주의의 강화 • 올바른 직업윤리의 확립과 부패 방지
제한론 (반대론)	• 국민 전체에 대한 봉사자로서의 공무원(공익에 반함) • 실적주의 인사원칙을 저해 • 행정능률 및 행정의 계속성 저해 • 특권집단화(국가와 특별권력관계), 관리층의 인사권 제약 • 노사구분이 애매하며 교섭대상의 확인도 어려움 • 사상적 혼란 및 국가 발전 저해

③ 공무원단체의 활동내용
　㉠ 단결권 : 공무원들이 근무조건 향상을 위하여 관리층과 대등한 교섭력을 가지기 위하여 자주적 단체를 구성하고 가입할 수 있는 권리
　㉡ 단체교섭권 : 공무원이 근무조건을 향상시키기 위하여 단결체를 통하여 관리층과 자주적으로 교섭하는 권리
　㉢ 단체행동권(노동쟁의권) : 공무원의 단체교섭이 순조롭지 않아 동맹파업·태업·직장폐쇄 등의 쟁의행위를 할 수 있는 권리

④ 우리나라의 공무원단체
　㉠ 가입 범위
　　• 6급 이하의 일반직공무원 및 이에 상당하는 일반직공무원
　　• 특정직공무원 중 6급 이하의 일반직공무원에 상당하는 외무행정·외교정보관리직공무원
　　• 6급 이하의 일반직공무원에 상당하는 별정직공무원
　㉡ 노동조합 전임자의 지위
　　• 공무원은 임용권자의 동의를 받아 노동조합의 업무에만 종사할 수 있으며, 사실상 노무에 종사하는 공무원으로서 노동조합에 가입된 자가 조합 업무에 전임하려면 소속 장관의 허가를 받아야 함
　　• 노동조합 전임자에 대하여는 그 기간 중 휴직명령을 하여야 함(보수를 지급하지 않는 직권휴직)
　　• 공무원이 전임자임을 이유로 승급이나 신분 관련한 불리한 처우를 해서는 안 됨
　㉢ 교섭 및 체결 권한 등
　　• 노동조합의 대표자는 노동조합에 관한 사항이나 조합원의 보수·복지, 근무조건에 관하여 정부교섭대표와 교섭하고 단체협약을 체결할 권한을 가짐

SEMI-NOTE

공무원단체의 필요성
• 전반적인 행정개선에 기여
• 사기앙양을 위한 방안
• 공무원 수 증가에 따른 공무원 집단의사의 통로
• 관리층과 직원의 상호이해 증진 및 대내적 민주화에 기여
• 공직윤리의 확립에 기여
• 직업공무원제 확립 및 실적주의의 강화에 기여

공무원의 노동조합 설립
노동조합을 설립하려는 경우에는 국회·법원·헌법재판소·선거관리위원회·행정부·특별시·광역시·특별자치시·도·특별자치도·시·군·구(자치구) 및 특별시·광역시·특별자치시·도·특별자치도의 교육청을 최소단위로 하며, 고용노동부장관에게 설립신고서를 제출해야 함

쟁의행위의 금지
노동조합과 그 조합원은 파업, 태업 또는 그 밖에 업무의 정상적인 운영을 방해하는 일체의 행위를 해서는 안 됨

정치활동의 금지
노동조합과 그 조합원은 정치활동을 해서는 안 됨

공무원 노동관계 조정위원회의 구성
단체교섭이 결렬된 경우 이를 조정·중재하기 위하여 중앙노동위원회에 공무원 노동관계 조정위원회를 둠

자율적 규제윤리의 예
우리나라의 공무원윤리헌장, 공무원 윤리헌장실천강령 등

SEMI-NOTE

　　　　• 정책결정에 관한 사항, 임용권의 행사 등 그 기관의 관리·운영에 관한 사항으로서 근무조건과 직접 관련되지 않은 사항은 교섭의 대상이 될 수 없음
　　　ⓔ **조정신청** : 단체교섭이 결렬된 경우에는 당사자 어느 한 쪽 또는 양쪽은 중앙노동위원회에 조정을 신청할 수 있으며, 조정은 조정신청을 받은 날부터 30일 이내에 마쳐야 함
　　　ⓕ 공무원직장협의회와 중복 가입 가능(직장협의회 설립·운영 가능)
　　　ⓖ 복수노조가 인정됨(판례에서 인정, 복수노조를 금지하는 명문규정도 없음)

3. 공무원 윤리

(1) 공직윤리

① **자율적 규제윤리** : 공무원 스스로 직업윤리를 확립하고 이를 준수하는 것으로, 자율적이나 구속력과 구체성이 없어 실효성이 낮음
② **법률적·강제적 규제윤리**
　㉠ 국가공무원법상 13대 의무 ★ 빈출개념
　　• 선서 : 공무원은 취임할 때에 소속 기관장 앞에서 대통령령 등으로 정하는 바에 따라 선서(宣誓)하여야 함
　　• 성실 의무
　　• 복종의 의무
　　• 직장 이탈 금지
　　• 친절·공정의 의무
　　• 종교중립의 의무 : 공무원은 종교에 따른 차별 없이 직무를 수행하여야 함
　　• 비밀 엄수의 의무 : 공무원은 재직 중은 물론 퇴직 후에도 직무상 알게 된 비밀을 엄수(嚴守)하여야 함
　　• 청렴의 의무
　　• 외국 정부의 영예 등을 받을 경우 : 공무원이 외국 정부로부터 영예나 증여를 받을 경우에는 대통령의 허가를 받아야 함
　　• 품위 유지의 의무
　　• 영리 업무 및 겸직 금지
　　• 정치 운동의 금지
　　• 집단 행위의 금지 : 공무원은 노동운동이나 그 밖에 공무 외의 일을 위한 집단 행위를 하여서는 안 됨. 다만, 사실상 노무에 종사하는 공무원은 예외로 함
　㉡ 공직자윤리법상의 의무

구분	내용
재산등록 의무	대통령·국무총리·국무위원·국회의원 등 국가의 정무직공무원, 지방자치단체의 장, 지방의회의원 등 지방자치단체의 정무직공무원, 4급 이상의 일반직 국가공무원 및 지방공무원과 이에 상당하는 보수를 받는 별정직공무원 등은 본인, 배우자, 본인의 직계존속·직계비속의 보유재산을 등록하고 변동사항을 신고해야 함

공무원 의무의 분류

구분	의무
기본적인 의무	성실
신분상의 의무	선서, 종교중립의 의무, 비밀 엄수의 의무, 외국 정부의 영예 등을 받을 경우, 품위 유지의 의무, 정치 운동의 금지, 집단 행위의 금지
직무상의 의무	복종의 의무, 직장 이탈 금지, 친절·공정의 의무, 청렴의 의무, 영리 업무 및 겸직 금지

공직윤리 확보방안
• 정부차원의 신뢰성·투명성 확보
• 공직 내부의 윤리시스템 정비 및 공직풍토의 개선
• 윤리 관련 법제도 등의 정비
• 공무원 윤리교육의 체계화
• 가치의 전환 및 재량권의 적정화, 사회 환경의 조성

공직윤리 확보의 전제조건
• 문화적 제약의 극복(유교이념의 극복)
• 법과 제도에 대한 신뢰
• 체념 및 냉소주의 극복
• 부패환경에 대한 지속적 관심과 부단한 노력
• 단기안적 정책의 오류 인식 및 극복

재산공개 의무	대통령, 국무총리, 국무위원, 국회의원, 국가정보원의 원장 및 차장 등 국가의 정무직공무원, 지방자치단체의 장, 지방의회의원 등 지방자치단체의 정무직공무원, 일반직 1급 국가공무원 및 지방공무원과 이에 상응하는 보수를 받는 별정직공무원, 대통령령으로 정하는 외무공무원 등의 공직자 본인과 배우자 및 본인의 직계존속·직계비속의 재산에 관한 등록사항과 변동사항 신고내용을 공개하여야 함
외국 정부 등으로부터 받은 선물의 신고	공무원 또는 공직유관단체의 임직원은 외국으로부터 선물을 받거나 그 직무와 관련하여 외국인에게 선물을 받으면 지체 없이 소속 기관·단체의 장에게 신고하고 그 선물을 인도하여야 함. 이들의 가족이 외국으로부터 선물을 받거나 그 공무원이나 공직유관단체 임직원의 직무와 관련하여 외국인에게 선물을 받은 경우에도 또한 같음
퇴직 공직자의 취업제한	재산등록의무자와 부당한 영향력 행사 가능성 및 공정한 직무수행을 저해할 가능성 등을 고려하여 국회규칙, 대법원규칙, 헌법재판소규칙, 중앙선거관리위원회규칙 또는 대통령령으로 정하는 공무원과 공직유관단체의 직원은 퇴직일부터 3년간 취업심사대상기관에 취업할 수 없음. 다만, 관할 공직자윤리위원회로부터 취업심사대상자가 퇴직 전 5년 동안 소속하였던 부서 또는 기관의 업무와 취업심사대상기관 간에 밀접한 관련성이 없다는 확인을 받거나 취업승인을 받은 때에는 취업할 수 있음

(2) 공직부패

① 일반적 부패 유형

㉠ **직무유기형 부패** : 시민이 개입되지 않은 관료 개인의 부패로, 관료로서의 직무를 소홀히 하여 발생한 부패

㉡ **후원형 부패** : 관료가 정실이나 학연·지연 등을 토대로 특정 단체나 개인을 불법적으로 후원하는 부패

㉢ **사기형 부패(비거래형 부패)** : 공금의 유용이나 횡령, 회계부정 등 거래 상대방 없이 공무원에 의해 일방적으로 발생하는 부패

㉣ **거래형 부패** : 뇌물을 매개로 이권을 불법적으로 제공하는 부패로, 공무원과 민간인 간의 뇌물과 특혜의 교환 등이 거래형 부패(외부부패)의 예

㉤ **제도화된 부패(체제부패)**
- 행정체제에서 부패의 방법이나 과정, 범위, 수준, 금액 등이 어느 정도 일반화되어 있어 부패행위가 일정한 행위 유형을 나타내는 것
- 부패가 실질적인 규범으로 되는 경우, 즉 부패가 일상화되고 부패를 저지른 사람들이 조직의 옹호를 받고 당연시되는 부패

㉥ **우발적 부패(일탈형 부패)** : 구조화되지 않은 일시적 부패로서 공금횡령 등 주로 개인의 윤리적 일탈로 인한 개인적 부패(단속공무원이 돈 받고 단속 눈감아 주기 등)

② 부패의 용인 가능성에 따른 유형

흑색부패	사회체제에 명백하고 심각한 해악을 미치는 부패로, 구성원 대다수가 인정하고 처벌을 원하는 부패

SEMI-NOTE

공직부패의 특징
- 직무관련성
- 의식적 행동
- 다양성
- 권력작용의 산물
- 호혜성
- 은폐성
- 자기확산적 성격
- 영향의 포괄성

체제부패의 예
떡값이나 뇌물, 촌지, 민원처리과정에서의 급행료 등

권력형 부패와 생계형 부패
- **권력형 부패(정치적 부패)** : 상층부가 정치권력을 부당하게 행사하는 거대한 부패로, 겉으로 드러나지 않으며 주로 정책결정 이전 단계에서 영향력을 발휘
- **생계형 부패(행정적 부패)** : 하층부가 생계유지 목적의 차원에서 범하는 부패

백색부패	사회에 심각한 해가 없거나 사익 추구의 의사가 없는 선의의 부패로, 구성원 대다수가 어느 정도 용인할 수 있는 관례화된 부패
회색부패	• 사회에 영향을 미칠 수 있는 잠재성을 지닌 부패로, 사회구성원 일부는 처벌을 원하나 다른 일부는 용인하는 부패 • 과도한 선물수수와 같이 윤리적으로 문제될 수 있지만 법률로 규정하는 것에 대해서는 논란이 있는 경우 등

(3) 공무원의 정치적 중립

① 개념 : 공무원은 국민 전체에 대한 봉사자로서 그 직무를 수행함에 있어 어떤 특정 정당에 치우치지 않고 공평무사하게 봉사해야 한다는 것
② 확보방안
  ㉠ 직업공무원의 자율성 강화 및 공직윤리의 정착화
  ㉡ 공직의 정치의식 향상 및 권력 가치에 집중된 가치체계의 분화
  ㉢ 평화적인 정권교체 및 정치풍토의 건전화 · 정상화
  ㉣ 공무원 신분의 공평성 · 대표성 확보, 민중통제의 강화
③ 각 국가의 정치적 중립
  ㉠ 미국
    • 엽관주의의 폐단 극복을 위해 정치적 중립을 최초 규정(Pendleton 법)
    • 뉴딜정책 실시와 더불어 정치활동을 광범위하고 엄격하게 제한(Hatch 법)
    • 참정권 제한에 대한 비판으로 1974년 연방선거운동법이 개정되어 공무원의 정치적 중립이 완화됨
  ㉡ 영국
    • 법적 장치보다는 윤리적 차원에서 요청, 미국보다 상당히 완화
    • 1919년 휘틀리(Whitley) 협의회와 1948년 마스터맨(Masterman) 위원회의 활동이 결정적인 영향을 미침
  ㉢ 독일 · 프랑스 · 이탈리아 : 공무원이 국회의원직에 당선되면 공직을 사임, 의원직 사퇴 시 복직 허용

SEMI-NOTE

정치적 중립의 등장배경
• 실적주의와 직업공무원제의 본질적 내용의 하나로서 대두됨
• 특히 인사행정에 있어 정치적 중립이 주요하게 대두된 것은 실적주의 출현과 맥을 같이 함

정치적 중립의 기본이념
공평성(공익성), 비정치성(능률성)

정치적 중립의 특징
• 충원과정에서의 정치적 간섭 배제
• 정책수행에서의 공평성과 객관성
• 정치적 활동의 최소화
• 정치적 경쟁으로부터 초연

정치적 중립의 한계
• 공무원의 기본권(참정권) 제한
• 정당정치 발달 저해
• 대표관료제의 갈등
• 참여관료제의 저해

05장 재무행정론

01절 예산의 기초이론

02절 예산결정이론 및 예산제도론

03절 예산과정

05장 재무행정론

01절 예산의 기초이론

1. 예산의 의의 및 본질

(1) 예산의 의의 및 구성

① 예산의 개념
  ㉠ 일반적 개념 : 일정 기간(1회계연도) 동안의 국가의 수입과 지출에 관한 예정적 계산(정부사업의 예정계획서)
  ㉡ 형식적·실질적 개념
    - 형식적 개념(법적 개념) : 헌법이나 국가재정법에 의하여 행정부에서 일정 형식과 절차에 따라 편성하여, 국회에서 심의·의결하여 확정한 1회계연도의 재정계획
    - 실질적 개념 : 국가의 재정수요와 이에 충당할 재원을 비교·배정한 1회계연도 동안의 정부 세입·세출에 관한 예정적 계산
  ㉢ 전통적·현대적 개념
    - 전통적 개념 : 행정부에서 편성된 예산이 입법부의 심의·의결을 거쳐 집행되는 과정(입법부 통제 중심의 예산)
    - 현대적 개념 : 1회계연도에 있어서 계획된 목표들을 성취할 수 있도록 체계적으로 연관시키는 과정(관리·기획 중심의 개념)

② 예산의 구성

세입 예산	세입은 일정 회계연도에 있어 국가나 자치단체의 지출원인이 되는 모든 현금적 수입(조세와 공채, 국유재산매각, 수입, 사용료·수수료 등이 재원이 됨)
세출 예산	세출은 일정 회계연도에 있어 국가나 자치단체의 목적 수행을 위한 모든 지출 (승인된 예산의 범위 안에서만 지출 가능)

(2) 예산의 성격 및 기능

① 예산의 성격
  ㉠ 자원배분
  ㉡ 정치적 게임의 과정
  ㉢ 보수적 영역
  ㉣ 책임성 확보
  ㉤ 다양한 형태의 정보
  ㉥ 정책결정자의 가치판단을 내포

② 예산의 기능
  ㉠ 법적 기능 : 입법부가 심의·확정한 용도와 액수의 범위 내에서만 지출되었는가, 즉 법률에 근거하여 지출이 이루어졌는가를 파악하는 기능

SEMI-NOTE

예산의 정의(A. Wildavsky)
예산을 한정된 자원을 둘러싼 정치적 투쟁의 결과물이라 정의함

예산과 재정
- 예산 : 국가의 수입 및 지출 계획서이므로 국가재정의 핵심적 내용에 해당되며, 좁게는 일반회계만을 의미하지만 넓게는 일반회계와 특별회계를 포함
- 재정(공공재정) : 예산보다 넓은 개념으로, 예산과 기금, 조세, 차입금 등 포함

예산의 성격
- 자원배분계획
- 권력적 상호작용
- 보수적 영역
- 정책정보의 창출
- 공공정책의 회계적 표현
- 책임확보 수단

ⓒ 정치적 기능
- 예산의 배분과정은 단순히 합리적·총체적으로 결정되는 것이 아니며, 대립하는 다양한 정치적 이해관계를 조정·타협하는 과정을 통해 가치를 배분함(A. Wildavsky)
- 의회는 예산심의와 결산심사를 통해 행정부를 견제하고 감시
- 정책은 예산을 통해 형성·구체화됨(궁극적으로 예산에 반영되어 실현됨)

ⓒ 행정적 기능

통제(Control)기능 (1920~1930년대)	• 재정민주주의 실현을 위한 의회의 통제기능으로, 예산의 전통적 기능에 해당 • 의회의 재정통제와 중앙예산기관의 내부통제(품목별예산, 정기배정 등)가 포함
관리(management)기능 (1950년대)	행정부가 가용자원을 동원하여 경제적·효율적으로 관리하는 기능(성과주의예산, 배정유보 등)
계획(planning)기능 (1960년대)	자원 획득·배정·사용을 위해 정책을 직접 결정하는 기획과 예산의 연계기능(PPBS)
감축기능 (1970년대 후반 이후)	자원난 시대에 사업의 우선순위를 원점에서 검토·배분(ZBB)
결과 및 참여지향 기능 (1980년대~)	1980년대 신공공관리론 입장에서 투입보다는 결과(outcomes), 기관보다는 시민참여 중심의 개혁적 예산제도 도입

(3) 예산의 원칙

① 전통적 예산원칙(입법부 중심의 원칙)
  ㉠ 공개성의 원칙
  - 의의 : 예산과정의 주요한 단계 및 내역은 공개해야 한다는 원칙
  - 예외 : 신임예산, 국가 기밀에 속하는 국방비·외교활동비, 정보비
  ㉡ 명료성의 원칙
  - 의의 : 수입·지출 내역 및 용도를 명확히 하고, 예산을 합리적으로 분류하여 누구나 쉽게 이해할 수 있도록 하는 원칙
  - 예외 : 총괄(총액)예산, 안전보장 관련 예비비
  ㉢ 완전성의 원칙
  - 의의 : 한 회계연도의 모든 수입을 세입으로, 모든 지출을 세출로 한다는 원칙, 즉 정부의 세입·세출은 전부 예산에 계상되어야 한다는 원칙(예산총계주의)
  - 예외 : 순계예산, 기금, 현물출자, 전대차관, 차관물자대(借款物資貸), 초과수입을 관련 경비에 초과 지출할 수 있는 수입대체경비, 수입금마련지출제도
  ㉣ 단일성의 원칙
  - 의의 : 예산은 모든 재정활동을 포괄하여 하나의 단일예산(일반회계)으로 편성해야 한다는 원칙
  - 예외 : 특별회계, 기금, 추가경정예산 등

SEMI-NOTE

예산의 경제적 기능
- 경제안정기능
- 경제성장 촉진기능
- 소득재분배기능
- 자원배분기능

예산원칙의 의미
예산의 원칙은 예산안의 편성·심의·집행·회계검사 등 예산운영의 전반적 과정에서 지켜야 할 일반적 원칙(준칙)을 말하며, 특히 집행과정에서 강조

예산총계주의
국가재정법 제17조(예산총계주의)에 따르면 "한 회계연도의 모든 수입을 세입으로 하고, 모든 지출을 세출로 한다."고 규정함으로써 예산완전성의 원칙을 천명하고 있음

| SEMI-NOTE |

한정성(한계성)의 원칙
- 양적 한정성 : 금액 한도의 제한, 예산에 계상된 금액 이상의 지출 금지
- 질적 한정성 : 비용의 용도 · 목적의 제한
- 시기적 한정성 : 1회계연도 내에 세입 · 세출을 완료해야 한다는 원칙

사전의결이 필요한 사항
명시이월, 계속비, 국고채무부담행위, 일반회계, 특별회계, 기금, 추가경정예산, 이용, 가예산 · 잠정예산, 예비비 총액

전통적 예산원칙과 현대적 예산 원칙의 비교
- 전통적 예산원칙
  - 19세기 입법국가에서 발달
  - 통제지향성
  - 재정 통제
  - 조세부담 경감 및 위법한 지출 방지
- 현대적 예산원칙
  - 20세기 행정국가에서 발달
  - 행정관리지향성
  - 신축성 유지
  - 예산 집행의 효율성 제고

ⓜ 한정성(한계성)의 원칙
- 의의 : 예산의 각 항목은 상호 명확한 한계를 지녀야 한다는 원칙, 즉 예산의 사용목적 · 금액 · 사용기간 등에 명확한 한계가 있어야 한다는 원칙
- 예외 : 예산의 이용, 전용, 예비비, 추가경정예산, 이월, 계속비, 지난연도 지출 및 수입, 국고채무부담행위

ⓗ 정확성의 원칙 : 예산추계가 정확하도록 예산과 결산은 가급적 일치해야 한다는 원칙, 예비비 지출, 이용 · 전용 · 이월 등 예산의 신축성 확보수단이나 예산불용액의 발생은 예산과 결산의 불일치를 초래하는 원인이 됨

ⓢ 사전의결(사전승인)의 원칙
- 의의 : 행정부가 예산을 집행하기 전에 입법부의 심의 · 의결을 받아야 한다는 원칙
- 예외 : 준예산, 사고이월, 예비비 지출, 전용, 재정상의 긴급명령, 선결처분 등

ⓞ 통일성의 원칙
- 의의 : 전체 세입으로 전체 세출을 충당해야 한다는 국고통일의 원칙, 즉, 모든 수입을 하나의 공통된 일반세원에 포함하여 지출함으로써 특정 세출로 직접 연결시켜서는 안 된다는 원칙
- 예외 : 특별회계, 기금, 수입대체경비, 목적세(교육세, 농어촌특별세, 지방교육세, 지역자원시설세) 등

② 현대적 예산원칙(H. Smith)

행정부 계획의 원칙	예산은 행정부의 사업계획을 충실히 반영시켜야 한다는 원칙, 즉 사업계획과 예산편성을 유기적으로 연결시켜야 한다는 원칙
행정부 책임의 원칙	행정부는 예산을 집행함에 있어 입법부의 의도에 따라 합법성과 합목적성, 효과성 · 경제성을 고려해야 한다는 원칙
보고의 원칙	예산과정은 선례나 관습보다는 각 수요기관의 재정 및 업무보고에 기초를 두어야 한다는 원칙
적절한 관리 수단 구비의 원칙	예산의 효과적인 이용을 위하여 재정통제와 신축성 유지를 위한 적절한 수단이 구비되어야 한다는 것
협력적(상호교류적) 예산 기구의 원칙	중앙예산기구와 각 부처예산기구는 상호 간 의사전달협력체계가 구축되어야 한다는 원칙으로, 활발한 상호작용과 의사소통을 통해 능률적 · 적극적인 협력관계를 확립하는 것
다원적 절차의 원칙	재정운영의 탄력성 · 효율성 제고를 위해 사업 성질에 따라 예산의 형식 · 절차를 다양하게 해야 한다는 원칙(특별회계, 기금제도 등을 운영)
시기 신축성 (융통성) 원칙	상황의 변화에 신속히 대응할 수 있는 장치를 마련하여 사업계획 실시 시기를 경제적 필요에 따라 융통성 있게 조정할 수 있어야 한다는 원칙 (계속비, 이월, 단년도 예산 등을 허용)
행정부 재량의 원칙	예산을 세목이 아닌 총괄사업으로 통과시키고 집행상의 재량범위를 확대해야 한다는 원칙

2. 예산의 종류 ★ 빈출개념

(1) 일반회계예산과 특별회계예산

① 일반회계예산
  ㉠ 국가활동의 총세입·총세출을 포괄적으로 편성한 예산으로서, 일반적으로 예산이라 하면 일반회계를 의미함
  ㉡ 조세수입 등을 주요 세입으로 하여 국가의 일반적인 세출에 충당하기 위하여 설치

② 특별회계예산
  ㉠ 의의 : 국가에서 특정한 사업을 운영하고자 할 때, 특정한 자금을 보유하여 운용하고자 할 때, 특정한 세입(조세 외 수입)으로 특정한 세출에 충당함으로써 일반회계와 구분하여 회계처리할 필요가 있을 때에 법률로써 설치
  ㉡ 특징
    • 설치 목적 : 사업성이 강하거나 일반회계와 분리하는 것이 예산운영에 능률성이 있을 경우 설치
    • 예산원칙 : 특정 세입으로 특정 세출에 충당되므로 통일성 원칙의 예외, 일반회계와 분리되어 있으므로 단일성 원칙의 예외. 예산에 포함되어 국회의 사전의결을 받으므로 완전성 원칙에는 합치됨
    • 수입원 : 재원은 일반적 조세가 아닌 별도의 특정 수입 또는 일반회계로부터의 전입금으로 확보
    • 관리 : 중앙정부의 각 부처가 관리. 책임운영기관특별회계는 계정별로 중앙행정기관의 장이 운용하고 기획재정부장관이 통합관리
    • 정부기업예산법상 특징 : 원가계산, 감가상각, 예산집행상 신축성, 회계처리의 구분, 발생주의 회계

(2) 기금

① 개념 : 국가의 특수한 정책목적을 실현하기 위해 예산원칙의 일반적인 제약으로부터 벗어나 좀 더 탄력적으로 운용할 수 있도록 특정 사업을 위해 보유·운용하는 특정자금으로 예산에 의하지 않고 운용 가능

② 기금의 운용(국가재정법)
  ㉠ 기금운용계획안의 수립
    • 기금관리주체는 매년 1월 31일까지 당해 회계연도부터 5회계연도 이상의 기간 동안의 신규사업 및 기획재정부장관이 정하는 주요 계속사업에 대한 중기사업계획서를 기획재정부장관에게 제출하여야 한다(법 제66조 제1항).
    • 기획재정부장관은 자문회의의 자문과 국무회의의 심의를 거쳐 대통령의 승인을 얻은 다음 연도 기금운용계획안 작성지침을 매년 3월 31일까지 기금관리주체에게 통보하여야 한다(법 제66조 제2항).
    • 기금관리주체는 기금운용계획안 작성지침에 따라 다음 연도의 기금운용계획안을 작성하여 매년 5월 31일까지 기획재정부장관에게 제출하여야 한다(법 제66조 제5항).

SEMI-NOTE

특별회계예산의 필요성
• 특정사업의 안정적 추진 가능
• 정부가 자본을 투자하여 운영하는 사업의 수입·지출을 명확화함으로써 경영의 합리화
• 행정기관의 재량성 확대, 적극성·창의성 도모를 통한 행정능률의 증진
• 행정기능의 전문화·다양화에 부응

기금의 특징
• 예산의 단일성·완전성·통일성 원칙의 예외
• 예산과의 차이
  – 재원의 다양성, 유상급부
  – 자금 적립 가능
  – 특정 수입과 지출의 연계가 강함
  – 운용의 자율성·신축성

관리주체별 유형
• 정부관리기금(직접관리기금) : 공무원연금기금, 양곡증권정리기금 등
• 민간관리기금(간접관리기금) : 신용보증기금 등의 금융성기금

| SEMI-NOTE |

기금관리주체
기금관리주체는 국정감사 및 조사에 관한 법률에 따른 감사의 대상기관임

ⓒ 기금운용계획안의 국회제출
- 정부는 기금운용계획안을 회계연도 개시 120일 전까지 국회에 제출하여야 한다. 이 경우 기금운용계획안에 계상된 국채발행 및 차입금의 한도액은 예산총칙에 규정하여야 한다(법 제68조 제1항).
- 기금관리주체는 기금운용계획이 확정된 때에는 기금의 월별 수입 및 지출 계획서를 작성하여 회계연도 개시 전까지 기획재정부장관에게 제출하여야 한다(법 제68조 제2항).

ⓒ 증액 동의 : 국회는 정부가 제출한 기금운용계획안의 주요항목 지출금액을 증액하거나 새로운 과목을 설치하고자 하는 때에는 미리 정부의 동의를 얻어야 한다(법 제69조).

ⓔ 기금운용계획의 변경
- 기금관리주체는 지출계획의 주요항목 지출금액의 범위 안에서 대통령령이 정하는 바에 따라 세부항목 지출금액을 변경할 수 있다(법 제70조 제1항).
- 기금관리주체는 기금운용계획 중 주요항목 지출금액을 변경하고자 하는 때에는 기획재정부장관과 협의 · 조정하여 마련한 기금운용계획변경안을 국무회의의 심의를 거쳐 대통령의 승인을 얻은 후 국회에 제출하여야 한다(법 제70조 제2항).
- 제2항에도 불구하고 주요항목 지출금액이 다음의 어느 하나에 해당하는 경우에는 기금운용계획변경안을 국회에 제출하지 아니하고 대통령령으로 정하는 바에 따라 변경할 수 있다(법 제70조 제3항).
  – 금융성 기금 외의 기금은 주요항목 지출금액의 변경범위가 10분의 2 이하
  – 금융성 기금은 주요항목 지출금액의 변경범위가 10분의 3 이하. 다만, 기금의 관리 및 운용에 소요되는 경상비에 해당하는 주요항목 지출금액에 대하여는 10분의 2 이하로 한다.

금융성 기금과 비금융성 기금

구분	주요항목 지출금액 변경범위	통합재정	국회 심의 · 의결
금융성 기금	30% 이하	통합재정에 포함 안 됨	국회 심의 · 의결 대상
비금융성 기금	20% 이하	통합재정에 포함 됨	

④ 기금결산 : 각 중앙관서의 장은 회계연도마다 소관 기금의 결산보고서를 중앙관서결산보고서에 통합하여 작성한 후 기획재정부장관에게 제출하여야 한다(법 제73조).

⑤ 기금운용의 평가
- 기획재정부장관은 회계연도마다 전체 기금 중 3분의 1 이상의 기금에 대하여 대통령령이 정하는 바에 따라 그 운용실태를 조사 · 평가하여야 하며, 3년마다 전체 재정체계를 고려하여 기금의 존치 여부를 평가해야 한다(법 제82조 제1항).
- 기획재정부장관은 평가결과를 국무회의에 보고한 후 국회에 제출하는 국가결산보고서와 함께 국회에 제출해야 한다(법 제82조 제3항).

통합예산
정부부문에서 1년 동안 지출되는 재원의 총체적 규모로서, 국가는 물론 지방재정까지 포함하는 정부예산의 총괄표(회계가 아닌 재정통계이므로 현금주의로 작성됨)

(3) 통합예산(통합재정)

① 의의 : 일반회계 · 특별회계, 기금 등을 모두 포함하는 정부의 재정활동을 체계적으로 한데 묶어 분류함으로써 재정규모의 파악과 재정이 국민경제에 미치는 효과를 파악하는 데 용이한 예산

② 특징
ⓒ 법정예산인 일반회계와 특별회계 외 기금, 세입 · 세출 외 자금까지 포함해 예

산범위를 폭넓게 파악
ⓛ 내부 거래는 물론 실질적 내부 거래에 해당하는 회계 간의 예탁, 이자지급 등의 거래까지 모두 공제한 예산순계 개념으로 작성됨
ⓒ 재정의 국민경제적 효과를 분석할 수 있도록 경상거래와 자본거래를 구분하는 등 경제적 분류로 작성됨

(4) 예산절차상 분류 – 본예산, 수정예산, 추가경정예산

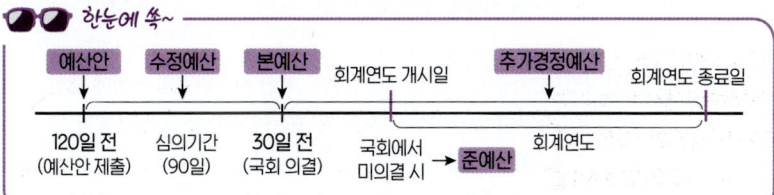

① 본예산
  ㉠ 정부가 예산을 편성하여 회계연도 개시 120일 전까지 국회에 제출하고 국회는 회계연도 개시 30일 전까지 의결하여 최초로 확정(성립)된 예산
  ㉡ 국회에 상정되어 정기국회에서 다음 회계연도 예산으로 정상적으로 의결·확정한 당초예산

② 수정예산
  ㉠ 정부가 예산안을 국회로 제출한 후 예산이 최종 성립(의결) 전에 국내외 여건의 변화로 부득이하게 예산안 내용의 일부를 수정하여 편성·제출한 예산
  ㉡ 제출된 수정예산안은 국회 상임위원회와 예산결산특별위원회의 심사를 받아야 함(이미 제출한 예산안에 대한 심사가 진행 중인 경우는 함께 심사하며, 이미 제출한 예산안의 심사가 종료된 경우에는 별도 수정예산안에 대한 소관 상임위원회와 예산결산특별위원회의 종합심사를 받아야 함)

③ 추가경정예산 ★ 빈출개념
  ㉠ 의의
    • 예산이 국회를 통과하여 확정(성립)된 후에 생긴 사유로 인하여 이미 성립된 예산에 추가·변경이 있을 때 편성되는 예산
    • 예산 단일성의 원칙에 대한 예외로, 마지막 추가경정예산을 최종예산이라고 함
  ㉡ 편성 사유 : 국가재정법에서는 재정건전성 제고를 위해 추가경정예산이 편성되는 경우를 다음으로 제한하고 있음
    • 전쟁이나 대규모 자연재해가 발생한 경우
    • 경기침체, 대량실업, 남북관계의 변화, 경제협력과 같은 대내·외 여건에 중대한 변화가 발생하였거나 발생할 우려가 있는 경우
    • 법령에 따라 국가가 지급하여야 하는 지출이 발생하거나 증가하는 경우
  ㉢ 특징
    • 정부는 국회에서 추가경정예산이 확정되기 전에 미리 배정·집행할 수 없음

SEMI-NOTE

통합재정의 유용성
• 정부의 전체적 재정규모 파악
• 재정운영의 건전성 파악
• 재정지표의 국가 간 비교 용이
• 재정의 국민경제적 효과 분석
• 정책수립의 능률화

우리나라의 수정예산
우리나라에서는 수정예산이 지금까지 총 4회 편성됨(1970년·1981년·2009년의 본예산, 1980년의 추가경정예산)

추가경정예산
본예산과 별개로 성립하지만, 본예산의 항목·금액을 추가하거나 수정하는 것으로, 추가경정예산이 일단 성립하면 본예산이 흡수되어 본예산과 추가경정예산을 통산하여 전체로서 집행하게 되므로 당해 회계연도 결산에 당연히 포함됨

수정예산과 추가경정예산의 비교
예산의 편성 후에 변경된다는 점에서 추가경정예산과 유사하나, 추가경정예산은 예산안이 국회를 통과하여 성립된 후에 변경되는 데 비해 수정예산은 예산안이 국회를 통과(최종의결·성립)하기 전에 수정된다는 점에 차이가 있음

SEMI-NOTE

우리나라의 준예산
우리나라는 제2공화국 헌법 때(1960년)부터 현재까지 준예산 제도를 채택하고 있으나, 사유가 발생하지 않아 사용한 적은 없음(지방자치법상 지방정부의 준예산은 2004년 부안군, 2013년 성남시에서 사용한 적 있음)

준예산의 지출용도
- 헌법이나 법률에 의하여 설치된 기관 또는 시설의 유지·운영
- 법률상 지출의무가 있는 경비
- 이미 예산으로 승인된 사업의 계속을 위한 경비(계속비)

미국의 잠정예산
미국은 의회가 회계연도 개시 전에 예산법을 통과시키지 못하면 잠정예산법을 의결하여 운영하나 잠정예산법도 의결되지 않거나 의결된 잠정예산법을 대통령이 거부하여 잠정예산이 성립되지 못하면 예산부족이 발생하고 예산배정 및 예산집행이 불가능해져 연방정부폐쇄(shut-down)가 이루어짐

조세지출
- 예산상의 지출(직접지출)과 대비되는 간접지출 수단에 해당되며, 형식은 조세이나 실질은 지출에 해당된다는 점에서 '숨은 보조금'이라고도 함
- 지나치게 이용하면 국고수입의 상실과 과세 불공평, 자원배분의 비효율성 등을 초래하게 됨(조세특혜, 합법적 탈세 등)
- 직접지출보다 신설이 용이하며, 일단 신설되면 폐지가 곤란하고 법률에 따라서 이루어지므로 지속성과 경직성이 강함

- 추가경정예산은 본예산과 별개로 성립하지만 성립 후에는 통합하여 운용됨
- 우리나라의 경우 매년 평균 1~2회 정도의 추가경정예산이 편성되고 있음

(5) 예산 불성립 시 제도 – 준예산, 가예산, 잠정예산

① 준예산
  ㉠ 의의 : 새로운 회계연도가 개시될 때까지 예산이 불가피하게 성립되지 못한 경우 정부가 국회에서 예산안이 의결될 때까지 일정 범위 내에서 전년도 예산에 준하여 경비를 지출할 수 있는 제도
  ㉡ 특징
    - 예산불성립 시 이용하도록 규정된 것으로 예산 사전의결의 원칙에 대한 예외
    - 지출기간의 제한이 없으며(해당 연도의 예산이 성립할 때까지 제한 없이 사용 가능), 국회의 의결도 불요
    - 해당 연도 예산이 성립되면 준예산은 효력을 잃으며, 그동안 집행된 예산은 성립된 예산에 의해 집행된 것으로 간주

② 가예산
  ㉠ 회계연도 개시일 전까지 예산안이 성립되지 못한 경우 최초 1개월분을 국회의 의결로 집행할 수 있는 예산제도
  ㉡ 1개월간의 기간 제한이 있다는 점에서 잠정예산과 다르며, 국회의결을 필요로 한다는 점에서 준예산과 다름
  ㉢ 우리나라는 제1공화국 때 사용된 적이 있으며(총 9차례 의결되어 6차례 사용됨), 프랑스는 제3·4공화국 때 실시한 적이 있음

③ 잠정예산
  ㉠ 회계연도 개시 전까지 본예산이 성립되지 않았을 때 잠정적으로 예산을 편성하여 의회에 제출하고 의회의 사전의결을 얻어 사용하는 제도. 사용기간은 대부분의 국가에서 규정되어 있지 않으며 의회 의결 시 정해지기도 함
  ㉡ 영국·미국은 예산심의 제도상 관행적으로 사용, 일본은 부득이한 경우 예외적으로 사용함. 우리나라는 사용한 적 없음

(6) 조세지출예산

① 의의
  ㉠ 조세지출은 각종 사회적·경제적 목적의 달성을 위해 세제상의 혜택(조세감면·비과세 등)을 통해 특정 활동이나 특정 집단에게 지원을 해주는 것. 정부가 특정목적을 달성하기 위해 당연히 징수해야 할 세금을 거두지 않는 세제상의 특혜적 지원책으로 통상적 예산에 나타나는 직접지출(direct expenditure)에 대비되는 개념

직접지출(예산지출)	재화나 용역을 구입하거나 민간에 보조금 형태로 지원
조세지출(간접지출)	• 징수해야 할 조세를 면세·감액함으로써 지원(조세우대조치) • 형식적으로는 조세의 일종이지만, 실질적으로는 보조금(숨은 보조금)

ⓒ 국가의 경제·사회적 목적 달성을 위해 비과세·감면·공제 등을 통해 특정 산업을 보호·육성하기 위한 정책적 수단
② 연혁
  ㉠ 1967년 독일(서독)에서 처음 도입되었고, 1974년 미국의 예산개혁법에서 예산제출 시 조세지출 내역을 매년 함께 제출하도록 제도화한 이후 대부분의 선진국이 도입
  ㉡ 우리나라 : 1999년부터 재정지출의 효율화를 위해 기획재정부가 재정지출보고서를 매년 의회에 제출하여 예산심의 자료로 활용하였고, 2007년 제정된 국가재정법에서 2011년 회계연도부터 기획재정부장관이 조세지출예산서를 작성·제출하도록 규정(지방정부의 경우 2010년부터 지방세지출예산제도를 도입)

02절 예산결정이론 및 예산제도론

1. 예산결정이론

(1) 합리주의

① 의의 : 예산결정과 관련된 모든 요소를 과학적 분석기법을 사용하여 총체적·종합적으로 검토·결정하는 예산이론. PPBS(계획예산제도), ZBB(영기준예산제도) 등
② 원리
  ㉠ 과정 : 합리적·분석적 의사결정을 걸쳐 예산을 배분 및 결정
  ㉡ 결과

거시적 배분	예산 총액의 적정규모와 관련된 것으로, 공공부문과 민간부문 간의 적절한 자원 배분을 뜻함. 합리주의에서는 공공재와 민간재 간의 사회무차별곡선과 생산가능곡선이 만나는 점에서 자원의 적정 배분이 이루어진다고 봄
미시적 배분	공공부문 내의 자원 배분 문제로서 주어진 예산 총액의 범위 내에서 각 사업 간의 자금 배분을 뜻함. 소비자가 주어진 소득으로 효용을 극대화하도록 재화의 소비량을 결정하는 원리인 '한계효용 균등의 원리'가 적용된다고 봄

③ 특징
  ㉠ 의사결정의 합리모형을 예산결정에 적용(경제적 합리성을 중시)
  ㉡ 목표와 수단을 구분하고, 목표 달성을 극대화할 수 있는 수단 강구
  ㉢ 결정과 관련된 모든 요소를 종합적으로 검토하는 총체적·통합적 접근
  ㉣ 대안에 대한 종합적이고 완전한 정보를 획득하고 최적의 대안을 선택
  ㉤ OR(관리과학), 경제적 분석 등을 통해 정부 정책을 선택
  ㉥ 절대적 합리성을 추구하고 사업비용의 극소화를 강조
  ㉦ 분석은 하향적·거시적으로 이루어지는 경우가 많음

SEMI-NOTE

계획예산제도(PPBS)

계획예산(PPBS ; Planning Programming Budgeting System)이란 장기적인 계획 수립(planning)과 단기적인 예산(budgeting)을 프로그램 작성(programming)을 통하여 유기적으로 결합시킴으로써 자원배분에 관한 의사결정을 합리적으로 행하려는 제도

합리주의 예산이론의 한계

• 경제적·기술적 합리성의 지나친 강조
• 정치적 합리성 무시(이해관계의 조정을 경시, 의회 심의기능 약화)
• 인간의 인지적 한계, 과다한 비용 소모
• 문제나 목표의 불명확성 및 목표설정의 곤란
• 계량화가 불가능한 예산단위를 무리하게 수량화·전산화
• 예산결정의 집권화(PPBS 등)
• 절차의 복잡성과 공무원의 보수적 태도(PPBS, ZBB의 실패요인)

(2) 점증주의

① 의의
- ㉠ 전년도의 예산액을 기준으로 다음 연도의 예산액을 결정하는 방법
- ㉡ 총체주의의 비현실성을 완화하여, 상황의 불확실성과 인간 능력의 부족을 전제로 한 결정이론
- ㉢ 린드블롬(Lindblom), 윌다브스키(Wildavsky) 등이 의사결정의 점증모형을 예산에 적용
- ㉣ LIBS(품목별예산제도), PBS(성과주의예산제도) 등

② 원리
- ㉠ 과정

거시적 과정	수많은 관련 기관(입법부, 행정부, 각 부처, 관련 집단 등)의 정치적 상호작용(상호 조절)
미시적 과정	연속적이고 제한된 비교 분석으로, 모든 대안을 포괄적으로 검토하는 것이 아니라 제한된 수의 대안만을 비교하여 결정하는 방식을 따름

- ㉡ 결과
    - 총예산규모 : 뚜렷하게 점증적이면서, 예산은 전년도 예산(base)의 함수. 윌다브스키는 예산을 기초액(base)과 공평한 몫의 추가적 배분(fair share)으로 정의
    - 기관 간 관계 : 행정부와 의회 간 또는 기관 간 선형적·안정적·규칙적 함수 관계
    - 사업별 예산 : 총액이 아닌 사업(program)으로 볼 때에는 비점증적 형태

③ 특징
- ㉠ 예산결정은 보수적·단편적·선형적(경향적)·역사적 성격(전년도 예산을 기준으로 하여 소폭의 증감으로 결정)
- ㉡ 정치적·과정 중심적 예산결정(다원주의, 정치적 합리성)
- ㉢ 예산결정을 오류로부터 점차 수정 가능한 연속과정으로 파악
- ㉣ 전체 대안이 아닌 중요한 몇 가지 대안만 고려하며, 대안에 대한 부분적 분석에 치중
- ㉤ 비합리적이며 주먹구구식의 성향으로 품목별예산과 성과주의예산에 적합
- ㉥ 분석은 상향적·미시적으로 이루어짐

④ 한계
- ㉠ 보수주의적 성격(정치적 실현가능성과 결정체제의 안정성에 치중)
- ㉡ 예산개혁을 위한 규범이론으로서의 한계
- ㉢ 점증의 정도나 대상 등에 대한 합의 부족
- ㉣ 이론적 설명의 불충분(특히, 최근 예산감축을 강조하는 하향적·거시적 예산결정을 설명하지 못함)
- ㉤ 자원 부족 시 적용이 곤란

SEMI-NOTE

품목별예산제도(LIBS)
품목별예산(LIBS ; the Line Item Budgeting System)은 지출의 대상과 성질에 따라 세부 항목별로 분류하여 편성하는 예산

성과주의예산제도(PBS)
성과주의예산(PBS ; Performance Budgeting System)은 예산사업마다 업무단위를 선정한 후 업무단위의 원가와 업무량을 통해 예산액을 계산해서 사업별·활동별로 분류해 편성하는 예산제도

윌다브스키의 점증주의 예산의 특징
- 예산결정은 경험적임
- 예산결정은 단순화됨
- 예산결정은 만족화기준을 사용함
- 예산결정은 점증적임

선형적 함수관계
예산이 매년 5%씩 증가한다고 할 때 전년도 예산액(x)과 금년도 예산액(y) 간에는 'y = 1.05x'와 같은 일정한 규칙적인 함수관계가 존재한다는 것임

2. 예산제도 ★ 빈출개념

(1) 예산제도의 발달 단계

한눈에 쏙~

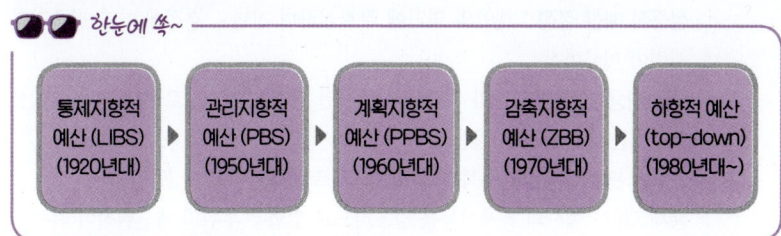

① 통제지향적 예산
  ㉠ 전통적인 통제지향적 예산제도는 1920년대 품목별예산(LIBS)이 대표적
  ㉡ 수입과 지출에 적정화를 기하며, 특히 좁은 문제(투입)에 관심을 가져 세출예산에 있어서 낭비를 억제하는 데 중점을 둠
  ㉢ 통제기능에 중점을 두며, 합법성이나 민주성을 중시함

② 관리지향적 예산
  ㉠ 1950년대 성과주의예산(PBS)이 대표적
  ㉡ 다소 구체적인 문제(투입과 산출)에 관심을 가지며, 지출된 예산으로 최대의 성과를 얻으려는 능률성을 중시함

③ 계획지향적 예산
  ㉠ 1960년대 계획예산(PPBS)이 대표적
  ㉡ 광범위한 문제(장기적 목적)에 관심을 가지며, 장기목표의 달성을 위해 기획과 예산을 연결하여 효과성 제고를 추구함

④ 감축지향적 예산
  ㉠ 1970년대 영기준예산(ZBB)이 대표적
  ㉡ 석유파동을 계기로 재정난 해소를 위한 감축기능 중시
  ㉢ 영기준을 적용하여 사업의 우선순위에 따라 예산을 편성·결정

⑤ 하향적 예산
  ㉠ 미국 레이건(Reagan) 정부에서 적극적으로 추진되었으며, 성과주의예산과 계획예산, 영기준예산의 특징을 포괄하며, 특히 성과주의예산에 대하여 새로운 관심을 가짐
  ㉡ 하향적 예산(top-down budgeting)은 재정지출 증가를 억제하고 효과적인 목표 달성을 위해 행정수반(기관장)에게 예산에 대한 전반적인 관리권을 부여함

SEMI-NOTE

예산제도의 의의 및 발달
- 예산제도는 예산개혁의 결과로 새로 구성되는 예산과정을 말하며, 예산개혁은 예산과정에 합리적인 절차를 도입하려는 방향으로 전개되어 왔음
- 일반적인 예산제도의 발달과정(예산개혁의 과정)은 품목별예산에서 프로그램예산으로 전개·발달되어 왔으며, 프로그램예산은 성과주의, 계획예산, 영기준예산, 신성과주의예산의 순으로 전개됨

시대별 미국 예산개혁
- 1900년대 초반: 품목별예산(LIBS)
- 1950년대: 성과주의예산(PBS)
- 1960년대: 계획예산(PPBS)
- 1970~1980년대: 영기준예산(ZBB)
- 1990년대~: 결과지향예산

윌다브스키의 예산문화론(비교예산론)
예산결정의 중요한 환경변수인 국가의 경제력과 재정의 예측성을 통해 각국의 예산결정행태를 비교·설명. 예산결정은 기존예산에 공평한 몫의 배분이 추가된다는 점증주의의 우월성에 기초하여 미국 같은 다원주의 사회에서는 완전한 합리주의 예산의 도입은 불가능하며 바람직하지 않다고 봄

SEMI-NOTE

품목별예산제도의 연혁
- 근대 국가의 국왕이 가지고 있던 재정권을 의회가 통제하려는 노력에서 연유한 것으로 봄
- 20C 초 미국 정부운용의 부정부패를 막으려는 진보주의 운동으로 등장. 1912년 능률과 절약을 위한 대통령위원회(태프트 위원회)의 권고로 1921년 예산회계법 제정과 함께 행정부제출 예산제도가 확립되면서 대부분의 연방부처에 도입

품목
품목에는 일반적으로 인건비(기본급, 수당 등), 물건비(운영비, 여비, 장비구입비 등), 경상이전비(보조금, 출연금, 배상금 등), 자본지출(시설비, 토지매입비 등), 융자·출자, 보전재원, 정부내부거래, 예비비 등이 있음

성과주의예산의 도입
지출목적이나 사업성과가 불분명한 품목별예산의 문제점을 극복하기 위해 1950년대 행정국가의 등장과 함께 도입됨(1950년 미국 Truman 행정부에서 최초로 도입)

성과주의예산 관련 주의사항
성과주의예산은 사업계획과 예산을 연계시키며 정부계획 수립이 용이하지만 계획예산(PPBS)에 비하면 개별적인 단위사업을 중시하므로 장기적인 계획과의 연계가 약하며 정책목표달성을 위한 사업의 우선순위 분석이나 정책대안의 비교·평가 등 계획·기능·활동 간의 비교·측정에 관한 가치판단의 기준을 제공하지 못함

(2) 품목별예산제도(LIBS ; Line Item Budget System)

① 특징
- ㉠ **1년주의** : 매년 반복되는 1년 주기의 단기예산으로, 단년도 지출에 초점을 둠
- ㉡ **점증적 예산 결정** : 대안의 평가에 무관심하며 전년도 결정에 따라 점증적인 결정이 이루어짐
- ㉢ **투입(비용) 중심** : 기관의 지출에 대해서만 관심을 가지므로 지출효과나 예산절감에는 관심을 두지 않음
- ㉣ **품목별 분류** : 예산을 품목별로 표시하므로 사업별 비교가 불가능함
- ㉤ **통제 지향** : 예산의 통제기능을 강조하므로 입법부 우위의 예산원칙이 적용됨

② 장단점

장점	단점
• 편성 및 운영방법이 비교적 간단·용이하며, 이해가 용이(모든 예산편성의 기초) • 지출예산별 금액이 표시되므로 재정적 한계와 공무원의 회계책임이 명확하고, 부패가 억제됨 • 명시된 지출품목 이외에 지출 불가능(비능률적 지출이나 초과지출을 억제) • 정책에 대해 중립적이며 다양한 정책과 조화가 가능	• 예산의 지나친 세분화로 예산집행의 신축성·자율성·융통성을 저해 • 산출(사업)이 아닌 투입(예산) 중심의 예산편성으로 인해 정부 사업에 대한 전체적 상황파악이 곤란(각각의 예산항목만 강조하여 사업이나 정책우선순위를 경시) • 사업 성과와 정부생산성에 대한 정확한 평가가 곤란

(3) 성과주의예산(PBS ; Performance Budget System)

① 특징
- ㉠ 예산의 배정과정에서 필요 사업량이 제시되므로 예산과 사업의 연계가 가능
- ㉡ 주요사업을 세부 사업(활동)으로 나누고 각 세부 사업마다 업무측정단위(성과단위)를 선정한 후, 하나의 업무측정단위의 원가(단위원가)와 업무량을 통해 예산액을 산출
- ㉢ 품목별예산이 통제지향적 예산제도인 데에 비해, 성과주의예산은 능률·관리지향적 예산제도임

② 장단점

장점	단점
• 관리층에 효율적인 관리수단을 제공하며, 의사결정력 제고(의사결정의 합리화) • 국민과 의회가 정부사업의 목적과 활동을 이해하기 쉬움 • 실적평가 및 장기계획 수립 및 실시에 유용하며, 차기 회계연도 예산 반영 가능 • 예산편성에 있어 자원배분의 합리화·효율화에 기여함	• 품목별 분류에 비해 입법부의 엄격한 예산통제가 곤란함(통제지향이 아닌 능률·관리지향적 예산제도) • 이미 확정된 사업에 한정된 우선순위 분석이나 대안평가로는 합리적 검토가 곤란함 • 자원배분결정의 합리성이 부족함 • 업무측정단위(성과단위) 선정 및 단위원가 계산 등 기술적으로 곤란함

(4) 계획예산(PPBS)

① 단계

😎 한눈에 쏙~

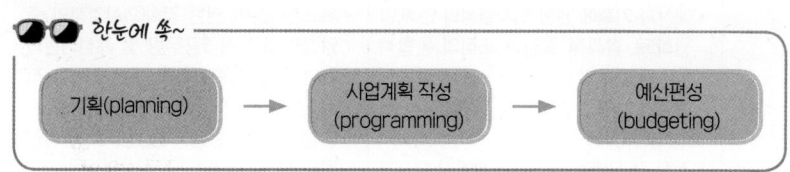

㉠ 기획(planning, 장기 계획 수립) : 장기 재정계획을 수립하고 조직의 목표와 그 우선순위를 결정하는 단계로, 목표 달성을 위한 대안의 비교를 위해 비용편익분석 등 체제분석을 사용함

㉡ 사업계획 작성(programming) : PPBS 전체에서 핵심적인 단계
  - 실시계획 결정 : 장기 계획을 실행하기 위한 구체적 활동단계로, 실행 방법 및 가능성을 검토하여 사업의 실시계획을 작성
  - 사업구조 작성 : 사업을 세분화하여 사업구조(프로그램구조) 작성(사업범주 · 하위사업범주 · 사업요소)
  - 사업재정계획 작성 : 산출과 연차별 소요예산에 관한 종합표로서 보통 5년의 연동계획으로 작성

㉢ 예산편성(budgeting)
  - 구체적인 실시계획을 예산에 반영하는 단계로, 1회계연도의 실행예산을 편성(단기적 예산편성)
  - 채택된 프로그램의 초년도분을 실시하는 데 필요한 자금을 뒷받침하는 단계

② 특성

㉠ 목표지향성 : 조직목표를 구체적으로 설정하고 이를 효과적으로 달성할 수 있는 활동을 산출로 표시(목표의 명확한 정의)

㉡ 효과성 : 투입보다 최종산출물 등 목표 달성도를 중시(대안을 비교 · 평가하여 효과성 높은 대안을 선택)

㉢ 절약과 능률 추구 : 최소의 자원을 투입하여 최대의 효과 산출을 추구

㉣ 과학적 객관성과 합리성 : 주관과 편견을 배제하고 체제분석 등 과학적 분석 기법을 이용하는 합리주의 예산(비용편익분석 등 계량적 · 체계적 분석 기법 사용을 강조)

㉤ 장기적 안목 : 장기적 시계에서 프로그램 선택 · 예산편성(장기계획과 예산을 유기적으로 연결시키는 연동예산)

㉥ 균형 조정 : 체제예산의 성격을 지니므로 균형과 조화를 추구하며 대립을 조정하는 특성을 지님

SEMI-NOTE

계획예산
장기적인 계획수립(planning)과 단기적인 예산(budgeting)을 프로그램 작성(programming)을 통하여 유기적으로 결합시킴으로써 자원배분에 관한 의사결정을 합리적으로 행하려는 제도

사업구조의 구성
- 사업범주(program category) : 조직 상층부가 전략적으로 결정하는 대단위사업
- 하위사업범주(program subcategory) : 사업범주를 다시 분류한 중간단위의 사업
- 사업요소(program element) : 사업구조의 기본단위로서 최종산출물을 생산하는 부처의 활동(산출을 명백히 정의할 수 있어야 하며 부처의 최종산출물이어야 함)

계획예산의 도입 및 채택
- 1958년 미국 랜드(RAND) 연구소의 노빅(Novick), 히치(Hitch) 등이 프로그램예산을 개발, 국방성에 건의하면서 비롯됨
- 1960년 히치와 맥킨(McKean)은 《핵시대의 국방경제학》에서 계획예산제도의 채택을 주장
- 1963년 맥나마라(McNamara) 국방장관은 국방성에 계획예산을 시범적으로 도입
- 1965년 존슨(Johnson) 대통령에 의해 연방정부에 도입되었으나 1971년 닉슨(Nixon) 행정부 등장으로 중단
- 우리나라에서는 1979년 국방부가 도입하였고, 1983년 이후 본격적으로 채택됨

③ 장단점

장점	단점
• 예산과 기획에 관한 의사결정의 연계(일원화)로 합리적 결정과 조직의 통합적 운영이 가능 • 절약과 능률을 제고하며 자원배분의 합리화에 기여 • 조직 간 장벽을 제거하고 활발한 의사교환으로 조직의 통합적 운영 실현(부서 갈등의 조정 등) • 정책목표를 명확히 하며 목표 달성을 위한 효율적 수단 분석이 가능	• 최고관리층의 권한 강화(의사결정의 중앙집권화)로 하급공무원 및 계선기관의 참여 곤란, 상황변화에 대한 신속한 적응 곤란 • 행정목표의 무형성·추상성으로 명확한 목표 설정 및 사업구조 작성이 곤란 • 목표 간 우선순위 결정이 곤란하여 목표 간의 갈등과 대립이 빈발 • 정치적 합리성이나 다원적 이해관계 반영을 경시(경제적 합리성에 치중)

(5) 영기준예산(ZBB)

① 편성 절차

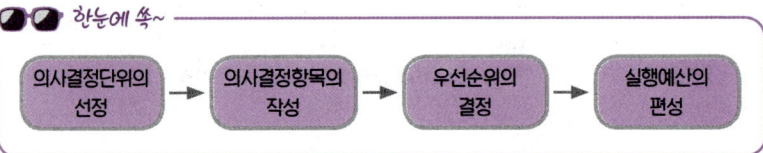

② 장단점

장점	단점
• 모든 사업을 전면적·체계적으로 분석·평가하여 결정, 자원배분을 합리화 • 예산의 감축으로 자원난 극복에 기여 • 운영기준 및 정보제공으로 계층 간 상호정보교류 및 융통성 확보가 가능 • 하의상달로 각 수준의 관리자 참여가 가능하며 지도자 훈련의 기회 제공	• 기득권자의 저항 등으로 실제 정부사업 축소나 폐지가 곤란 • 소규모 조직이 희생될 가능성 증가 • 사업활동과 대안개발에 고도의 전문지식과 기술을 요하며, 업무량과 시간이 과중 • 가치판단영역에 비용효과분석의 적용과 경제적 서비스를 평가·결정하는 한계

실력up 영기준예산과 일몰법(sunset law)의 비교

구분	영기준예산(ZBB)	일몰법(sunset law)
차이점	• 예산편성에 관련된 행정직 과정 • 조직 각 수준의 관리재(상층 + 중하층) 참여, 모든 수준의 정책심사 • 매년 사업재평가 실시(단기적)	• 예산에 관한 심의·통제를 위한 입법적 과정 • 행정 상위계층의 주요정책 심사 • 3~7년(장기적)
공통점	• 자원난 시대에 대비하는 감축관리의 일환 • 기득권의식을 없애고 자원의 합리적 배분을 기함 • 현 사업의 능률성·효과성을 검토하여 사업계속 여부를 결정하기 위한 재심사	
조화	매년 반복되는 단기적 예산심사인 ZBB는 장기적인 시야가 결여되므로 일몰법에 의해 이를 보완할 수 있고, 일몰법에 의한 사업의 장기적 권한 부여에 있어 자원, 실질목표, 사업의 성질, 예산결과를 ZBB 방법으로 파악할 수 있음	

SEMI-NOTE

ZBB와 PPBS의 의사결정단위
• PPBS : 의사결정단위는 사업단위 → 단위 설정의 경직성
• ZBB : 의사결정단위는 사업단위 또는 조직단위 → 단위 설정의 융통성

의사결정항목
ZBB의 핵심적인 작업으로, 의사결정단위에 대한 분석 및 평가결과를 명시해 놓은 기본문서

ZBB와 일몰법의 조화
일몰법의 기본적 목적은 행정기관이나 사업의 종결보다는 평가에 의한 행정부의 책임성의 증대와 비효율적 행정의 비대화를 방지하는 장치로서, 우선성을 기준으로 하는 자원배분인 점에서 ZBB와 유사함. ZBB는 매년 반복되는 단기적 예산심사여서 장기적 시야가 결여되므로 일몰법에 의해 이를 보완할 수 있고, 일몰법에 의한 사업의 장기적 권한부여에 있어 자원, 실질적 목표, 사업성질, 예산결과를 ZBB로 파악할 수 있음

(6) 최근의 개혁적 예산제도

① **총괄배정예산(bulk budgeting)** : 중앙예산기관이 상한선에 의하여 총괄적인 규모로 재원을 배분한 후, 각 부처로 하여금 분야별 재원범위 내에서 사업 우선순위에 따라 예산을 편성하도록 하고 다시 중앙예산기관이 이를 최종 조정하는 제도

② **지출통제예산(expenditure control budget)** : 각 부처가 부서 내 모든 지출항목을 없애고 중앙예산기관이 정해준 예산총액의 범위 내에서 구체적인 항목별 지출을 집행기관의 재량에 맡기는 성과지향적 예산제도

③ **산출예산(output budget)**
  ㉠ 의의 : 1989년 뉴질랜드 정부에서 실시한 제도로, 공공서비스의 생산과정인 '투입 – 산출 – 효과' 단계 중 재화 및 서비스의 산출에 모든 초점을 맞춰 예산을 편성하는 제도(정부가 재화와 서비스의 독점공급자이므로 산출물의 시장가격이 형성될 수 없기 때문에 등장한 개념)
  ㉡ 특징 : 실제 수입과 지출을 정확히 파악하기 위해 발생주의 회계방식을 사용하며, 재무성과표가 작성되므로 정부서비스의 가격을 정확히 산정하고 경영 성과를 명확히 평가할 수 있음

④ **운영예산(operating budget)**
  ㉠ 의의 : 1987년에 호주에서 도입한 예산제도로서, 예산을 크게 사업비와 운영비로 구분하고, 경상비에 해당하는 행정경비를 운영경비라는 항목으로 통합하여 운영하는 제도
  ㉡ 특징 : 각종 행정경비를 하나로 통합하여 운영하며, 운영비의 신축적 운영으로 운영비의 상한선 내에서는 관리자가 재량적으로 운용할 수 있으며 각종 행정경비 간의 전용이 보다 용이함

⑤ **다년도예산(multi-year budget)** : 1년 단위의 단년도예산의 문제점을 극복하기 위해 3년 이상의 장기적 안목에서 자유로이 정책을 결정한 후, 이를 기초로 여러 해에 걸친 다년도예산을 편성할 수 있는 제도

(7) 최근 우리나라의 주요 재정개혁제도

① **의의** : 노무현 정부는 3대 재정개혁과제로 국가재정운용계획(2003년 도입), 성과관리제(2003년 도입), 총액배분자율편성제(top-down예산, 2004년 도입, 2005년도 예산편성부터 적용)를 시행하고 국가재정법에 명문으로 규정, 2007년부터 디지털 예산회계시스템을 도입

② **총액배분·자율예산편성제(사전재원배분제, top-down 방식)**
  ㉠ 의의 : 단년도 예산편성방식과 달리 재정당국(기획재정부)이 국정목표와 우선순위에 따라 장기(5개년) 재원배분계획을 수립하면, 국무위원들이 토론(국무회의)을 통해 연도별·분야별·부처별 지출한도를 미리 설정하고(Top-Down), 각 부처는 그 범위 내에서 사업의 우선순위에 따라 자율적으로 개별 사업별 예산을 편성·제출하여 협의·조정하고, 재정당국이 이를 심사하여 정부예산을 최종 확정하는 제도

SEMI-NOTE

지출통제예산의 특징
지출의 자율성, 전용의 신축성, 이월의 허용과 효율성 배당제도(지출수요에 따라 예산운용을 신축적으로 함으로써 절감된 예산은 다음 연도에 이월하여 해당 부처가 사용할 수 있도록 하는 것), 자율과 책임의 조화

신성과주의예산(NPB ; New Performance Budgeting)
예산집행 결과 어떠한 산출물을 생산하고 어떤 성과를 달성하였는가를 측정하여 이를 기초로 평가하는 결과 중심의 예산체계로 1990년대 책임성 확보를 강조하는 선진국 예산개혁 방향을 성과평가를 통해 연계시킨 제도를 말함

다년도예산의 특징
- 매년 예산편성 작업에 따른 업무의 부담을 경감
- 연도 말 과대집행(지출)에 따른 낭비 방지
- 충분한 심의 기간 확보에 따른 예산심의 충실화
- 예산편성보다 예산집행의 성과평가에 대한 관심을 제고

총액배분·자율예산편성제의 특징
- 전략적 재원배분(기획)과 부처 자율(분권적 접근)을 결합
  - 거시예산 : 정책과 우선순위에 입각한 전략적 재원배분 방식
  - 유사 소유권 개념이 부여된 예산 : 부처의 자율과 책임을 동시에 강조
  - 비교우위 개념에 부합하는 역할 분담 : 중앙예산기구는 재원배분 계획과 전략을 수립하고, 개별 사업부서는 집행업무를 담당하는 체계를 정립
- 예산에 대한 주된 관심을 금액에서 정책으로 전환
- 예산 배정과 집행관리의 강화와 수시 점검

SEMI-NOTE

총액배분·자율예산편성제의 도입배경
상향식 예산편성제도의 한계로 인하여 개별사업별 검토중심의 단년도·상향식 예산편성방식을 탈피하고, 사전에 국가재원을 정책과 우선순위에 따라 전략적으로 배분하고, 이에 따라 각 부처가 예산을 자율적으로 편성하는 방식으로, 예산편성방식을 전면 혁신하여 2004년 도입. 참여정부의 4대 재정개혁과제로 추진

재정사업자율평가
- 각 부처가 재정사업을 자율적으로 평가하고 기획재정부가 이를 확인·점검하여 예산편성 시 활용
- 미국 OMB(관리예산처)의 PART(Program Assessment Rating Tools)를 우리 현실에 맞게 수정 적용한 것

재정사업심층평가
정밀검토가 필요하다고 판단되는 소수의 개별 재정사업에 대해 심층평가를 실시하고 재정운용에 활용

ⓒ 예산운용절차
- 국가재정운용계획수립 : 중앙예산기관은 각 부처가 제출한 중기사업계획서상의 신규사업 및 계속사업계획을 기초로 연차별 재정규모와 분야별·부처별 지출한도의 초안을 협의과정으로 통해 준비. 지출한도계획의 초안은 국무회의에 제출되고 국무회의는 국정목표와 우선순위에 따라 국가재정운용계획(5개년 연동계획)을 결정·공표
- 지출한도 설정 : 국가재정운용계획을 토대로 국무회의에서 분야별·부처별 지출한도를 미리 설정하여 기획재정부장관이 예산편성지침·기금운용계획안작성지침에 포함하여 통보(top-down). 지출한도는 칸막이식 재원확보 유인을 차단하기 위해 일반회계·특별회계·기금을 모두 포함하여 설정
- 각 부처의 예산 요구 : 각 부처는 부처별·부문별 지출한도와 편성기준에 따라 부처의 우선순위를 반영하는 예산요구서를 작성하여 기획재정부장관에게 제출
- 정부의 예산안 결정 : 기획재정부장관은 각 부처의 예산요구가 지출한도와 편성기준을 준수했는지 검토하고 국가재정운용계획의 정책방향과 우선순위에 부합되는지 확인한 후 각 부처의 예산요구를 수정·보완하여 정부 예산안 편성·확정

③ 성과관리제

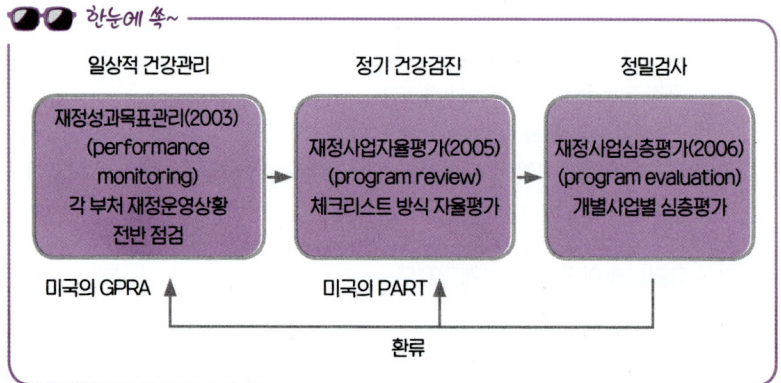

㉠ 도입목적
- 성과계획서에 명시된 성과지표의 목표치와 사업진행 후 실적치를 비교·분석하여 예산편성 과정에 환류시킴으로써 예산과정의 효율성·효과성 제고
- 예산편성 및 집행의 자율성과 책임성·투명성 제고

ⓒ 재정성과목표관리 : 매년 부처별로 전략목표-프로그램목표(성과목표)-단위사업 체계를 바탕으로 성과지표를 사전에 설정한 후 이에 따라 성과를 평가하고 재정운영에 환류. 미국의 GPRA(Governmnet Performance and Results Act)를 벤치마킹해 도입

03절 예산과정

1. 예산과정의 개관

(1) 예산과정의 의의

㉠ 의의 : 일반적으로 예산은 매년 '편성 → 심의 → 집행 → 결산 및 회계검사'의 순환과정을 거치는데, 이를 예산과정이라 함

㉡ 특징
- 합리성 : 한정된 자원의 합리적 배분에 관한 의사결정과정이면서 정책결정 과정 – 경제적 합리성 확보를 위해 분석적·계량적 방법 활용
- 정치성 : 가치배분을 둘러싼 정치투쟁과정으로서 고도의 정치적 성격 – 여러 참여자 간 영향력의 균형 및 상호조정을 통한 의사결정
- 동태적 과정 : 여러 가지 복합적 요소가 작용하는 과정이며, 경제변동 등 상황변동에 따른 신축성 필요
- 주기적·순환적 과정 : 예산과정은 일정기간 내에 완결되는 1회적인 현상이 아니라, 시간선상(회계연도)에서 지속적으로 진행되는 동태적 과정(예산주기)

(2) 회계연도(FY ; Fiscal Year) ★ 빈출개념

① 개념 : 일정 기간에 있어서의 수입과 지출을 구분·정리하여 양자의 관계를 명확하게 하기 위한 예산의 유효기간(예산집행의 유효기간)

② 중요성

㉠ 회계연도 독립의 원칙 : 각 회계연도의 경비는 그 연도의 세입 또는 수입으로 충당하여야 한다는 원칙(예외로는 예산의 이월, 계속비, 과년도 수입·지출 등이 있음)

㉡ 출납정리기한 : 한 회계연도에 속하는 세입과 세출은 원칙적으로 당해 연도 내에 완결되어야 함

③ 우리나라 회계연도(예산집행의 유효기간) : 우리나라의 회계연도는 1년(1월 1일~12월 31일)

FY-1년	예산편성 (행정부 –기획재정부)	· 중기사업계획서 제출(중앙관서의 장 → 기획재정부 장관) · 국가재정운용계획 수립, 기획재정부장관이 시안 작성, 국무회의 심의 · 예산편성지침 통보(기획재정부 장관 → 각 중앙관서의 장) · 예산요구서 제출 : 매년 6월 30일까지, 각 중앙관서의 장 → 기획재정부 장관 · 예산안 사정·편성(기획재정부 예산실) · 예산안 국회제출(회계연도 개시 120일 전까지)
	예산심의 (국회)	· 대통령 시정연설 · 각 상임위원회 예비심사 → 예산결산특별위원회 종합심사 · 본회의 의결(회계연도 개시 30일 전까지)

SEMI-NOTE

예산주기

예산과정의 4단계가 시간적 차원에서 단계적으로 반복되는 과정. 예산주기가 반복되므로 예산과정에서 새로운 정보를 흡수하여, 사업의 제안·심사에 반영하며, 정부의 책임을 물을 수 있음. 우리나라의 예산주기는 3년으로, 2022년에는 2021년도 예산의 결산, 2022년도 예산의 집행, 2023년도 예산의 편성·심의가 이루어짐

회계연도
- 통상 1년이나 2년(미국의 일부 주), 6개월인 경우도 있음
- 우리나라는 국가재정법 규정에 따라 1년(1월 1일~12월 31일)

각국의 회계연도
- 1월 1일~12월 31일 : 한국, 프랑스, 독일, 이탈리아, 스위스, 네덜란드, 터키, 아르헨티나, 브라질, 중국 등
- 4월 1일~3월 31일 : 영국, 캐나다, 일본, 파키스탄, 인도 등
- 7월 1일~6월 30일 : 스웨덴, 호주, 필리핀 등
- 10월 1일~9월 30일 : 미국

출납기한

출납은 회계연도 말일까지 완료(출납정리기한)

FY (회계연도)	예산집행 (각 기관)	• 예산배정요구서 제출(중앙관서의 장 → 기획재정부 장관) • 예산배정계획서 작성(기획재정부 장관 → 국무회의에 제출, 대통령 승인) • 예산배정 통지(기획재정부 장관 → 감사원) • 예산 배정(기획재정부 장관 → 중앙관서의 장) • 예산 재배정(중앙관서의 장 → 산하기관의 장)
FY+1	결산 및 회계검사 (기획재정부, 감사원, 국회)	• 출납기한(출납사무완결) • 중앙관서결산보고서 제출(중앙관서 장 → 기획재정부 장관) • 국가결산보고서 작성 · 제출(기획재정부장관 → 감사원) • 감사원의 결산검사 및 결산검사보고서 제출(감사원 → 기획재정부 장관) • 국가결산보고서 국회 제출(정부 → 국회) • 소관 상임위원회의 예비심사 → 예산결산특별위원회의 종합심사 → 본회의 심의 • 국회의 결산심의 완료(정기회 개회 전까지)

2. 예산의 편성

(1) 예산편성 및 편성기구

① **예산편성의 의의** : 정부가 다음 회계연도에 수행할 정책이나 사업계획을 재정적인 용어와 금액으로 표시하여 완전한 계획안으로서의 예산안을 확정하는 절차

② **예산편성기구**

행정부형	행정부에서 예산을 편성하는 행정부 예산편성주의를 말하며, 우리나라를 비롯한 대부분의 국가에서 채택하고 있음
입법부형	예산을 법률의 형식으로 하고 있는 영국과 미국에서 취하는 형태로, 실질적으로는 행정부의 요구와 조서이송을 바탕으로 하는 행정부 편성주의
독립형	독립된 별도의 위원회에서 예산을 편성하는 유형(필리핀)

(2) 편성방식 및 절차

① **편성방식**
  ㉠ **상향적 방식(bottom-up)** : 각 부처에서 예산요구서를 제출하면 중앙예산기관에서 이를 검토 · 사정하여 예산을 확정
  ㉡ **하향적 방식(top-down)** : 중앙에서 국가 전체의 전략적 재정계획에 따라 지출한도를 설정하면 그 범위 안에서 예산을 편성

② **편성절차**

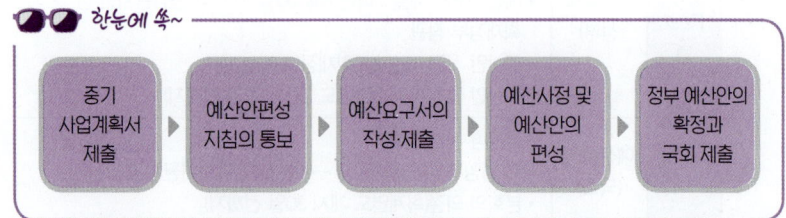

SEMI-NOTE

행정부형의 장단점
• 장점
  - 국회의 예산심의 및 파악이 용이
  - 전문성 제고
  - 관련 정보 및 자료관리의 용이
  - 예산집행 용이
  - 행정의 복잡 · 전문화 경향 반영
  - 행정수요의 객관적인 판단 및 반영 용이
• 단점
  - 대국민 책임 확보
  - 예산통제 곤란
  - 의회기능 약화

우리나라의 편성방식
상향적 방식(예산요구서 제출)에 하향식 방식(지출한도)을 결합한 방식을 취하고 있음

㉠ **중기사업계획서 제출** : 각 중앙관서의 장은 미리 통보(전년도 12월 말까지 통보)된 국가재정운용계획 작성지침에 따라 매년 1월 31일까지 당해 회계연도부터 5회계연도 이상 기간 동안의 신규사업 및 기획재정부장관이 정하는 주요계속사업에 대한 중기사업계획서를 기획재정부장관에게 제출해야 함

㉡ **예산안편성지침의 통보**
- 기획재정부장관은 국무회의의 심의를 거쳐 대통령의 승인을 얻은 다음 연도의 예산안편성지침을 매년 3월 31일까지 각 중앙관서의 장에게 통보해야 함(국회 예산결산특별위원회에도 보고)
- 기획재정부장관은 국가재정운용계획과 예산편성을 연계하기 위하여 예산안편성지침에 중앙관서별 지출한도를 포함하여 통보할 수 있음

㉢ **예산요구서의 작성·제출** : 각 중앙관서의 장은 그 소관에 속하는 다음 연도의 세입세출예산·계속비·명시이월비 및 국고채무부담행위 요구서(예산요구서)를 작성하여 매년 5월 31일까지 기획재정부장관에게 제출해야 함

㉣ **예산사정** : 기획재정부는 각 부처의 예산요구서를 종합적으로 분석·검토

㉤ **예산안의 편성** : 기획재정부장관은 예산요구서에 따라 예산안을 편성하여 국무회의의 심의를 거친 후 대통령의 승인을 얻어야 함

㉥ **예산안의 국회제출** : 정부는 대통령의 승인을 얻은 예산안을 회계연도 개시 120일 전까지 국회에 제출해야 함

(3) 우리나라 예산편성의 구성형식

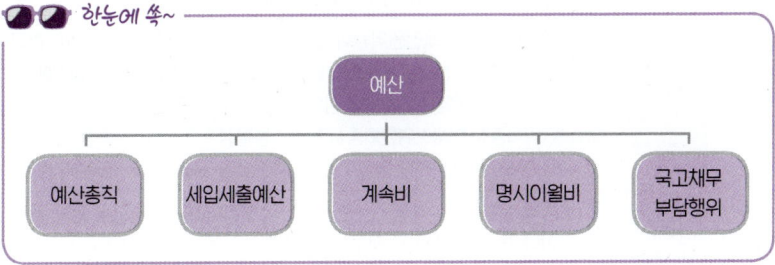

① **예산총칙**
  ㉠ 세입세출예산, 계속비, 명시이월비, 국고채무부담행위에 관한 총괄적 규정
  ㉡ 국채와 차입금의 한도액 등 예산집행에 관하여 필요한 사항의 규정
② **세입세출예산** : 예산의 핵심 부분으로, 1회계연도의 모든 수입·지출의 예정액을 구체적으로 표시. 예비비도 여기에 포함됨
③ **계속비** : 완성에 수년을 요하는(5년 이내) 사업의 경비에 대해 그 총액과 연부액(年賦額)을 미리 정해 국회의 의결을 받음으로써, 매 회계연도마다 그 예산에 대해 국회의 의결을 받지 않고 지출할 수 있는 경비
④ **명시이월비** : 세출예산 중 경비의 성질상 연도 내에 지출을 하지 못할 것이 예측될 때에는 그 취지를 세입세출 예산에 명시, 미리 국회의 승인을 얻어 다음 연도에 이월하여 사용할 수 있는 비용
⑤ **국고채무부담행위** : 국가가 예산 확보 없이 미리 채무를 부담하는 행위

SEMI-NOTE

국가재정운용계획의 수립(국가재정법 제7조 제1항)

정부는 재정운용의 효율화와 건전화를 위하여 매년 해당 회계연도부터 5회계연도 이상의 기간에 대한 국가재정운용계획을 수립하여 회계연도 개시 120일 전까지 국회에 제출하여야 한다(제1항).

다양한 예산확보 전략
- **일반적 전략** : 수혜자 동원(파업, 시위 등), 사업의 중요성 부각, 신뢰의 확보 등
- **상황적 전략** : 방대한 자료 제시, 인맥 동원이나 정치적 후견자 활용, 언론의 동원(언론플레이), 사업 우선순위의 조정(인기사업을 뒤로 배치), 인기사업과 신규사업의 결합(사업 끼워팔기식 전략), 공약사업 등 역점사업의 활용, 위기 시 혁신적 사업의 제시·착수, 기관장의 정치적 해결 모색, 정보격차의 활용, 기존예산의 삭감 저지(기득권 보호전략), 양보 및 획득전략(대를 위해 소를 희생하는 전략) 등

3. 예산의 심의

(1) 예산심의의 의의

㉠ 개념 : 국민의 대표기관인 의회가 행정감독권을 행사하여 행정부가 수행할 사업계획의 타당성 · 효율성을 검토하고 예산안을 확정(성립)하는 것

㉡ 기능
- 행정부를 감독 · 통제하는 기능을 수행
- 정부가 추진해야 할 사업계획과 수준을 결정
- 국가발전의 목표 달성을 위한 자원의 합리적 배분을 실현
- 의회는 예산심의를 통해 세법 및 조세에 관한 법률의 제정 및 개정
- 의회는 정부 활동을 비판 · 감시하고, 그 효율성을 분석하여 예산심의에 반영

㉢ 예산심의의 변수

정부형태 (권력구조)	• 의원내각제(내각책임제) : 의회 다수당이 집행부(내각)를 구성하므로 예산심의과정이 엄격하지 않음. 실제 영국 · 일본은 의회에서 예산 수정이 거의 없음 • 대통령중심제 : 삼권분립에 입각하여 행정부와 입법부가 견제와 균형 관계이므로 의회의 예산심의 권한이 막강하고 예산심의가 엄격함
단원제와 양원제 (의회구조)	• 단원제 : 양원의 갈등관계가 문제되지 않으므로 신속한 심의가 가능하지만 신중한 심의는 곤란함. 우리나라의 경우 • 양원제 : 단원제보다 신중하고 양원 간 갈등이 존재하여 양원의 의견을 조율할 필요가 있으므로 예산통과를 위한 거부점 수가 더 늘어나 의회가 더 큰 영향력을 행사할 수 있음
본회의 중심주의와 위원회 중심주의	• 본회의 중심주의(전원위원회중심주의) : 예산심의를 모든 의원이 참석한 본회의에서 하는 제도. 공개토론이 이뤄지므로 민주주의 정신에 부합. 영국은 상임분과위원회 심의 없이 본회의에서만 심의 • 위원회중심주의(소위원회중심주의) : 능률성 · 전문성 · 신속성 · 탄력성을 통해 행정에 대한 감시 · 통제 강화. 우리나라 · 미국 · 일본의 경우
예산증액 제한	• 영국, 우리나라 : 폐지 · 삭감권만 가짐(우리나라는 지출항목 금액 증액이나 새 비목 설치 시 정부 동의 필요) • 미국, 일본 : 폐지 · 삭감권뿐만 아니라 새 비목 설치나 증액도 가능
예산의 형식	예산 형식은 의결의 형식(예산의결주의)보다 법률의 형식(예산법률주의)이 더 엄격함

(2) 우리나라의 예산심의 ★빈출개념

① 예산심의절차

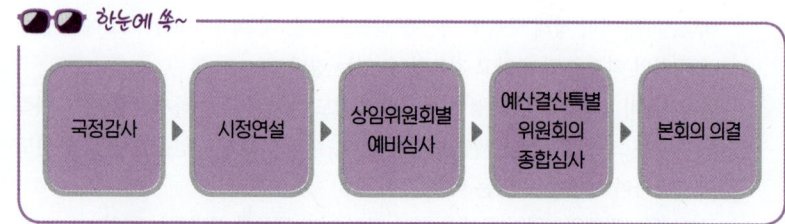

SEMI-NOTE

국회의 예산심의
행정부가 편성한 예산을 국회가 심의하여 확정하는 것으로 예산총액을 결정하고, 사업의 정당성을 검토. 이 과정에서 국회는 행정부의 각종사업이나 행정관리방법 등을 검토하고, 궁극적으로는 행정부를 견제 · 통제할 수 있으므로 국회는 사업분석과 정책분석 능력을 갖춰야 함

미국의 대통령중심제
미국 의회는 새 비목 설치권과 증액권도 보유하며 행정부가 요구하지 않은 예산도 의회가 입안하여 의결하기도 함

미국과 영국의 양원제
동일한 양원제라도 미국은 상 · 하원의 예산심의 권한이 동등한 반면, 영국은 하원이 우선권을 가짐

예산심의의 한계
- 예산결정에 있어서 의회심의의 수동성
- 포괄적 예산조정이 아닌 한계적 조정
- 행정부 예산요구액에 대한 부종성(附從性)

국정감사
본격적 예산심의에 앞서 매년 국회 정기회 집회일(9월 1일) 이전에 감사 시작일부터 30일 이내의 기간을 정하여 소관 상임위원회별로 국정감사를 실시하고 예산운영에 대한 현장조사 및 자료수집을 하고 그 결과를 신년도 예산안에 반영(단 본회의 의결로 정기회 기간 중에 감사 실시 가능). 따라서 예산심의과정에 국정감사가 포함되지는 않음

㉠ **시정연설** : 회계연도 개시일 120일 전까지 예산안이 국회에 제출되면, 본회의에서 대통령의 시정연설과 기획재정부장관의 제안설명이 이루어짐
㉡ **상임위원회별 예비심사** : '소관부처 장관의 제안 설명 → 전문위원의 검토 보고 → 정책질의 → 부별심의와 계수조정 → 결과보고'의 순으로 이루어짐
㉢ **예산결산특별위원회의 종합심사**
- 의원 50인 이내로 구성되는 특별위원회(상설기구)로서, 예산심의의 핵심적 역할을 수행
- 종합심사절차 : 기획재정부장관의 예산안 제안 설명 → 전문위원의 검토보고 → 국정 전반에 대한 종합정책 질의 및 답변 → 부별 심사 또는 분과위원회 심사 → 예산안조정소위원회의 계수조정 → 예산결산특별위원회의 전체회의 의결(찬반토론 후 표결)

㉣ **본회의 의결** : 회계연도 30일 전까지 의결해야 하며, 본회의 의결로 예산은 완전하게 성립함(공포절차 불요)

② **문제점(한계)**
㉠ 예산위원회와 결산위원회가 분리되지 못하며, 전문성이 부족함
㉡ 심의과정에서 국민의 의견투입이 취약함
㉢ 심의 기간이 짧아 비합리적이며, 획일적·일률적인 삭감이 난무함
㉣ 국회의원의 이권추구 및 전근대적인 가치관

4. 예산의 집행

(1) 예산집행의 의의

① **개념** : 국가의 수입·지출을 실행·관리하는 모든 행위로, 예산에 계상된 세입·세출뿐만 아니라 예산 성립 후에 일어날 수 있는 세입·세출 전부를 포함한 국가의 모든 수입·지출행위를 말함

② **목표**
㉠ **재정통제** : 성립된 예산은 입법부와 국민의 의도를 계수적으로 표현한 것이므로, 재정상의 한계를 엄수해야 할 것이 요구됨(재정민주주의의 구현)
㉡ **예산의 신축성 유지** : 예산은 어디까지나 예정적 수치이므로 예산 성립 후에 정세와 상황의 변동에 따라 예산과 현실의 괴리현상이 발생할 수 있는데, 이러한 변동에 적응하기 위해 집행에 있어 신축성이 요구됨
㉢ **재정통제와 신축성의 조화** : 예산집행은 입법부의 의도와 재정한계를 엄수해야 하면서도 예산 성립 후의 여건변화에 적응하기 위해 신축성을 유지해야 하는 두 가지 대립적 목적을 달성해야 함

(2) 예산집행상의 재정통제

① **예산의 배정과 재배정**
㉠ **예산의 배정** : 자금의 집중적인 지출을 막기 위해 중앙예산기관의 장(기획재정부장관)이 각 중앙관서의 장에게 각 분기별로 집행할 수 있는 금액과 책임소재를 명확히 하는 절차

SEMI-NOTE

우리나라 예산심의 개선방안
- 충분한 심의 기간으로 합리성 있는 삭감기준 제시
- 예산전담기관을 국회직속 상설기관으로 설치
- 국회위원의 민주적 가치관의 확립
- 국민들의 예산에 대한 비판·통제 의견을 수렴
- 예산결산특별위원회와 상임위원회의 연계 및 국회와 감사원의 연계 강화

예산집행
예산서에 담긴 계획을 현실로 옮기는 행위를 말하는 것으로, 단순히 예산으로 정해진 금액을 국고에 수납하고 국고로부터 지불하는 것만을 말하는 것이 아니라 지출원인행위와 국고채무부담행위도 포함

예산의 배정
일반적으로 배정은 통제적 성격을 지닌 정기배정(연간배정계획에 따른 배정)을 말하며, 예외적으로 통제성보다 관리수단성에 중점을 두는 신축적 배정이 있음

SEMI-NOTE

　　ⓒ **예산의 재배정** : 각 중앙관서의 장이 배정받은 예산액의 범위 내에서 다시 산하 재무관(부속기관 또는 하급기관)에게 월별 또는 분기별로 예산액을 다시 배정해주는 것
　② **지출원인행위의 통제** : 지출원인행위란 국가 지출의 원인이 되는 계약이나 기타 행위를 말하며, 이를 담당하는 회계기관은 원칙상 중앙관서의 장(실제로는 재무관)이며, 담당기관은 그 실적을 월별로 기획재정부장관에게 보고해야 함
　③ **우리나라 행정부의 예산집행 통제장치**

공무원 정원과 보수통제	공무원의 보수는 국가예산에서 큰 비중을 차지하고 있으므로, 예산한도액을 초과하지 않으려면 각 기관의 정원과 보수 등을 법정화하여 통제해야 함
예비타당성 조사제도	기존 타당성조사의 문제점을 보완하기 위하여 1999년에 도입된 제도로서, 대규모 재정사업에 대한 담당 부처의 본격적인 타당성조사 이전에 기획재정부가 객관적이고 중립적으로 타당성에 대한 개략적인 사전조사를 통해 재정사업의 신규투자를 우선순위에 입각하여 투명하고 공정하게 결정하도록 함으로써 예산낭비 방지, 신규 사업의 신중한 착수, 재정 운영의 효율성 제고를 목적으로 하는 제도
회계기록 및 보고제도	각 중앙관서의 장은 월별로 기획재정부장관에게 사업집행 보고서를 제출해야 함
총사업비 관리제도	각 중앙관서의 장은 2년 이상 소요되는 사업 중 대통령령이 정하는 대규모사업에 대해 사업규모·총사업비·사업기간을 정해 미리 기획재정부장관과 협의해야 함

예비타당성조사제도의 대상사업
- 총사업비 500억 원 이상, 국가 재정지원 규모 300억 원 이상인 건설사업, 정보화 사업, 국가연구개발사업
- 국가재정법 제28조에 따라 제출된 중기재정지출이 500억원 이상인 사회복지, 보건, 교육, 노동, 문화 및 관광, 환경보호, 농림해양수산, 산업·중소기업 분야의 사업

재정민주주의의 저해
신축성 유지를 위한 제도인 예산의 전용 및 이용은, 국회의 통제를 강조하는 재정민주주의를 저해

(3) 예산집행상의 신축성 확보방안

① **이용(移用)** : 입법과목 간 융통을 의미하는 것으로, 예산 집행상 필요에 따라 미리 예산으로써 국회의 의결을 얻은 때에는 기획재정부장관의 승인을 얻어 이용할 수 있음
② **전용(轉用)** : 행정과목인 세항(細項)과 목(目) 사이에 서로 융통하는 것
③ **이체(移替)** : 정부조직 등에 관한 법령의 제정·개정 또는 폐지로 인하여 중앙관서의 직무와 권한에 변동이 있을 때 예산의 책임소관이 기획재정부장관(중앙예산기관장)의 승인으로 변경되는 것(국회 승인 불요)
④ **이월(移越)** : 해당 회계연도에 집행되지 않을 예산을 다음 회계연도에 넘겨서 다음 해의 예산으로 사용하는 것(회계연도 독립 원칙의 예외)
⑤ **예비비** : 지출항목 중에서 예측이 불가능한 예산 외의 지출 또는 회계연도의 모든 지출예산보다 필요한 경비가 증가할 때를 대비하여, 이를 충당하기 위해 용도를 결정하지 않고 미리 예산에 계상하는 항목
　㉠ **일반예비비** : 국가의 일반적 지출에 소용되는 경비(안전보장을 위한 예비비 포함)
　㉡ **목적예비비** : 특정 목적의 지출에 소요되는 경비(봉급예비비, 공공요금예비비, 재해대책예비비 등)
⑥ **계속비** : 완성에 수년도를 요하는 공사나 제조 및 연구개발사업에서 그 경비의

이월의 종류
- **명시이월** : 예산편성 과정에서 세출예산 중 연도 내에 그 지출하지 못할 것이 예측될 때에는 미리 국회의 승인을 얻어서 다음 연도에 사용할 수 있게 한 것
- **사고이월** : 천재지변, 관급자재의 공급지연 등 불가피한 사유로 인하여 연도 내에 지출하지 못한 경비와 지출원인행위를 하지 않은 부대경비 이월

총액과 연부액(年賦額)을 정하여 미리 국회의 의결을 얻은 범위 안에서 수년도에 걸쳐서 지출할 수 있는 경비
⑦ **국고채무부담행위** : 국가가 법률에 따른 것과 세출예산금액 또는 계속비의 총액의 범위 안의 것 외의 채무를 부담하는 행위를 말하며, 미리 예산으로써 국회의 의결을 얻어야 함
⑧ **수입대체경비** : 용역 및 시설을 제공하여 발생하는 수입과 관련되는 경비로서 지출이 직접 수입을 수반하는 경비를 말함
⑨ **총액계상예산제도** : 예산편성단계에서는 사업의 총액으로만 계상하고, 세부내역은 집행단계에서 각 중앙관서의 장이 자율적으로 결정하도록 하는 제도
⑩ **국고여유자금** : 기획재정부장관은 국고금 출납상 지장이 없다고 인정되는 때에는 그 회계연도 내에 한하여 정부 각 회계 또는 계정의 여유자금을 세입세출예산 외로 운용할 수 있음
⑪ **대통령의 재정·경제에 관한 긴급명령** : 국가가 재정·경제상 중대한 위기에 처하고 국회의 소집을 기다릴 여유가 없을 때 대통령은 긴급명령을 발할 수 있음 (다만 국회에 즉시 통보하여 승인을 얻지 못하면 그 때부터 효력을 상실)

(4) 정부회계

① **정부회계의 의의** : 정부조직의 경제적 정보를 식별·측정하여 정보이용자가 적절한 판단과 의사결정을 할 수 있도록 전달·보고하는 과정
② **현금주의와 발생주의**
  ㉠ **현금주의** : 현금이 수납될 때 수익이 발생하는 것으로 기록하고, 현금이 지급될 때 비용이 발생하는 것으로 보는 방식. 가계부, 비영리 공공부문
  ㉡ **발생주의** : 현금의 수납보다는 현금 이동을 발생시키는 경제적 사건이 실제로 발생한 시점에 거래를 인정하는 방식. 기업, 일부 비영리 공공부문
③ **정부회계의 회계처리방식 구분**
  ㉠ **단식부기**
    • 차변과 대변의 구분 없이 발생된 거래의 한쪽 면만 고려하여 기록하는 방식 (자기검증기능 없음)
    • 현금 수지 및 채권·채무, 즉 재산의 증감만을 기록하는 것
    • 현금주의에 주로 채택되며, 정부의 회계는 전통적으로 단식부기에 의함
  ㉡ **복식부기**
    • 자산·부채·자본을 인식하여 거래의 이중성에 따라 차변과 대변에 각각 계상하고 차변과 대변의 합계가 반드시 일치되도록 하여 자기검증기능을 가지는 기장방식(하나의 거래를 대차평균의 원리에 따라 차변과 대변에 기록하는 방식)
    • 발생주의에서 주로 사용

SEMI-NOTE

수입대체경비의 대상
등기소의 등기부 등본 및 사본 발행경비, 외교통상부의 여권발급경비, 교육과학기술부의 대학입시경비, 각 시험연구기관의 위탁시험연구비 등

복식부기의 구성항목

차변	대변
• 자산의 증가	• 자산의 감소
• 부채(차입금)의 감소	• 부채(차입금)의 증가
• 자본(순자산)의 감소	• 자본(순자산)의 증가
• 비용의 증가	• 비용의 감소
• 수익의 감소	• 수익의 증가

5. 결산 및 회계검사

(1) 결산

① **결산의 개념** : 1회계연도 동안의 국가의 세입·세출의 실적을 확정적 계수로 표시하여 검증하는 행위로, 세입·세출의 실적에 대한 정부의 사후적 재무보고이며, 정부재정활동에 대한 사후적 통제, 넓게는 회계검사를 포함
② **결산의 절차**

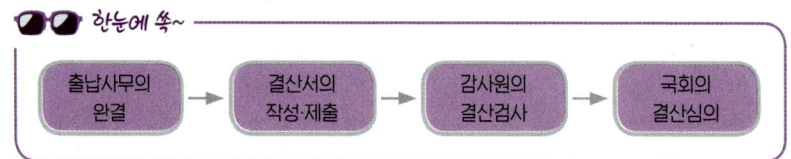

(2) 회계검사

① **개념** : 정부기관의 재정활동 및 그 수지결과를 제3의 기관이 확인·검증·보고하는 행위
② **회계검사의 방식**
  ㉠ 서면검사와 실지검사
    • 서면검사 : 각 기관으로부터 제출되는 서류에 의한 검사
    • 실지검사 : 직원이 현장에 직접 나가 확인하는 검사(파견검사)
  ㉡ 사전검사와 사후검사
    • 사전검사 : 지출이 있기 전 실시하는 회계검사
    • 사후검사 : 지출이 있은 후 실시하는 회계검사
  ㉢ 내부검사와 외부검사
    • 내부검사 : 당해 기관의 자체 회계검사
    • 외부검사 : 외부의 회계검사 담당기관이 실시하는 검사
  ㉣ 정밀검사와 표본검사
    • 정밀검사 : 모든 수입·지출을 상세하게 검사(전수검사)
    • 표본검사 : 검사의 일부를 표본 추출하여 선택적으로 검사
  ㉤ 감사초점에 따른 분류방식
    • 재무감사 : 가장 보편적인 방식으로, 재무기록의 확인과 통제에 초점을 둠
    • 합법성 감사 : 법령이나 규칙에 따라 수행했는가에 대한 감사로, 감사의 초점이 통제에 있으며 재무감사와 함께 가장 보편적으로 사용
    • 능률성 감사 : 경제적·능률적으로 관리되었는지를 감사
    • 성과감사(정책감사, 사업감사) : 오늘날 강조되는 것으로, 합법성 감사 외에 정부의 기능·사업·활동 등의 경제성·능률성·효과성 등까지 감사하는 것
  ㉥ 미국식 분류방식 : 일반검사, 상업식 검사, 종합검사(통합검사)
③ **우리나라의 회계검사기관(감사원)**
  ㉠ 성격 및 구성

SEMI-NOTE

결산의 기능
• 정부가 재정활동을 예산의 범위 내에서 했는지를 사후확인(소극적 기능)
• 차기의 예산운영에 반영하도록 참고자료를 제공하는 기능(적극적 기능)
• 입법부의 의도가 구현되었는가를 확인

회계검사의 특징
• 회계검사의 대상은 회계기록
• 회계기록은 타인(제3의 기관)이 작성한 것이어야 함
• 회계기록의 정부(正否) 및 적부(適否)에 관한 비판적 검증절차

전통적 회계검사의 문제점
• 지출의 합법성에만 치중하여 대국민 행정책임의 확보 곤란(현대적 회계검사는 경제성·능률성·효과성 중시)
• 법령에 대한 형식적 해석으로 소극적 법규만능주의 초래(적극적·능률적 행정 수행곤란)
• 불법에 이르지 않은 공금의 부당지출 방지가 곤란
• 정부지출의 전반적인 성과분석(효과성·합목적성 분석) 곤란(현대적 회계검사는 정책감사·성과감사에 중점)

- 감사원은 대통령 소속의 헌법기관이며, 필수적 독립기관
- 감사위원회와 사무처로 구성
- 감사위원회는 원장을 포함해 5~11인 이하의 감사위원으로 구성되는 의결기관이며, 사무처는 조사·확인기관

ⓒ 주된 기능

결산의 확인 및 검사	국회에 제출된 국가기관의 세입 및 세출의 결산을 매년 사전 검사하여 대통령과 차년도 국회에 보고. 입법부와 사법부도 대상이지만 국가기관이 아닌 지방자치단체나 공기업 등 공공기관은 제외
회계검사	• 필요적 검사사항 : 국가, 지방자치단체, 한국은행의 회계, 국가 또는 지방자치단체가 자본금의 1/2 이상을 출자한 법인의 회계, 다른 법률에 따라 감사원의 회계검사를 받도록 규정된 단체 등의 회계 • 선택적 검사사항 : 감사원이 필요하다고 인정하거나 국무총리의 요구가 있는 경우 감사원법에 규정한 사항
직무감찰	공무원의 비위를 시정 및 방지하고, 행정운영 개선을 위하여 공무원의 직무와 행정 기관의 사무를 감찰

ⓒ 부수적 기능

검사·감찰 결과의 처리	변상책임의 판정, 징계·문책·해임의 요구, 시정·주의요구, 개선요구, 형사고발, 대통령에 대한 수시보고 등
심사청구의 심리·결정	이해관계인의 심사청구가 있을 때 이를 심리하고 결정(행정심판기능에 해당)
의견진술	회계관계법령 제정·개폐 시 감사원의 의견을 구하여야 함

실력UP 세계잉여금

- 의의 : 매 회계연도 세입세출의 결산상 생긴 잉여금으로, 결산 시 수납된 세입액에서 지출된 세출액을 차감한 잔액. 일반회계, 특별회계가 포함되며 기금은 제외됨
- 발생원인 : 세입초과와 세출불용으로 구성

법령 국가재정법

제90조(세계잉여금 등의 처리) ① 일반회계 예산의 세입 부족을 보전(補塡)하기 위한 목적으로 해당 연도에 이미 발행한 국채의 금액 범위에서는 해당 연도에 예상되는 초과 조세수입을 이용하여 국채를 우선 상환할 수 있다. 이 경우 세입·세출 외로 처리할 수 있다.
② 매 회계연도 세입세출의 결산상 잉여금 중 세계잉여금은 교부세의 정산 및 교부금의 정산에 사용할 수 있다.
③ 제2항의 규정에 따라 사용한 금액을 제외한 세계잉여금은 100분의 30 이상을 공적자금상환기금에 우선적으로 출연하여야 한다.
④ 제2항 및 제3항의 규정에 따라 사용하거나 출연한 금액을 제외한 세계잉여금은 100분의 30 이상을 다음 각 호의 채무를 상환하는데 사용하여야 한다.
 1. 국채 또는 차입금의 원리금
 2. 국가배상금
 3. 공공자금관리기금의 융자계정의 차입금(예수금을 포함)의 원리금
 4. 그 밖에 다른 법률에 따라 정부가 부담하는 채무

SEMI-NOTE

감사원의 지위
- 직무상의 독립성 : 직무수행에 있어 정치적 압력이나 간섭이 배제됨
- 인사상의 독립성 : 감사원장은 국회의 동의로 감사위원은 원장의 제청으로 각각 대통령이 임명하며, 임기는 4년으로 1차에 한하여 중임 가능
- 예산상의 자주성 : 감사원의 세출요구액의 감액 시 감사원장의 의견 청취
- 규칙 제정상의 독립성 : 감사 사무처리에 관한 규칙 제정 가능

구매행정(조달행정)
구매(조달)행정이란 행정업무를 수행하는데 필요한 수단인 재화, 즉 소모품, 비품, 시설 등을 적기적소에 적재로 적량을 적가로 구입·획득·공급하는 활동을 말함

세계잉여금의 사용 우선순위
- 지방교부세 및 지방교육재정교부금의 정산
- 공적자금상환기금에 출연
- 채무상환
- 추가경정예산안의 편성
- 다음 연도 세입에 이입

9급공무원
행정학개론

나두공

06장 행정환류론

01절 행정책임

02절 행정통제

03절 행정참여(시민참여)

06장 행정환류론

SEMI-NOTE

행정책임 개념의 다의성(이종수)
- Responsibility : 공복이자 행정의 수임자로서의 광범위한 도의적·자율적 책임
- Accountability : 제도적·법률적·변명적 책임이라는 비교적 한정된 의미의 책임
- Responsiveness : 국민의 의사에 대한 응답으로서의 책임

행정책임의 필요성
- 행정의 전문화·기술화·복잡화로 인한 행정권한 강화와 재량권 증가로 인한 권력남용 가능성의 확대
- 위임입법 증가 등 행정의 자율성·다양성 증대에 따른 책임의 확보
- 정부주도형 경제발전의 추진과 행정부의 막대한 예산권의 행사
- 국민의 낮은 정치의식과 권위적 정치문화로 인한 민중통제의 취약성

01절 행정책임

1. 행정책임의 의의 ★ 빈출개념

(1) 행정책임의 개념
① 행정책임이란 행정인 또는 행정기관이 국민의 기대에 부응하여 윤리적·기술적·법규적 기준에 따라 행동해야 할 의무를 말함
② 공무원이나 행정조직이 직무를 수행할 때 일정한 행동기준인 행정이념, 법령, 공익, 국민의 기대 등에 부응해 행동해야 할 의무라 할 수 있음
③ 행정책임은 개인적 차원에서 공무원 개개인에 대한 의무이며, 동시에 국가적 차원에서 국민 전체에 대한 국가역할의 정당성을 확인하는 것

(2) 행정책임의 특징
① 행정상 일정한 임무를 수행할 의무와 권한을 전제로 함
② 행정인의 재량권과 자율성에 기인하여 발생
③ 개인적 요구보다 상위차원의 공익이나 수익집단·법령의 요구, 윤리성 등에 기인(외연성)
④ 대물적 관계가 아닌 대인적 관계에서 발생(국민과 공무원의 관계에서 발생)

2. 행정책임의 유형

(1) 행정책임에 대한 논의(책임유형론 논의)
① 파이너(H. Finer)의 외재적 책임론(19세기 입법국가 대변)
  ㉠ 외부기관의 통제가 미약하면 관료권력이 강화된다고 주장(외부적 제재에 의한 통제 강조)
  ㉡ 진정한 행정의 책임은 입법·사법·정당 등 외재적·객관적 통제에 의하여 확보될 수 있음을 강조
  ㉢ 관료는 대중이 선출한 대표자들에게 책임을 져야 하며 그 책임에 있어 관료는 스스로의 행동에 대한 심판관이 될 수 없음
② 프리드리히(C. Friedrich)의 내재적 책임론(20세기 현대국가 대변)
  ㉠ 외재적 책임의 한계를 지적하면서 관료들의 내재적·자율적·도덕적 책임을 강조
  ㉡ 행정책임 확보를 위해서는 행정인의 내재적·주관적·도덕적 통제가 효율적이라고 하여, 심리적·행태적 변화에 의한 통제를 강조
  ㉢ 책임 있는 행위는 기술적 지식과 대중의 감정에 응답하는 것이라고 정의하고 개인의 내재적 책임감이 스스로 유도되어야 함을 강조(정치적·기능적·도의적 책임 강조)

(2) 행정책임의 유형 구분

① 외재적 책임과 내재적 책임

외재적 책임 (H. Finer 등)	외부적인 힘, 즉 법률이나 입법부, 사법부, 국민(국민정사나 요구 등)에 대하여 지는 책임(합법적·제도적·응답적 책임 등)
내재적 책임 (C. Freidrich 등)	직업적 전문지식이나 기술에 따른 책임(직업적·관료적·기능적 책임) 관료나 공무원 자신의 마음속 양심이나 윤리에 따른 책임(주관적·자율적·재량적·심리적 책임 등)

② 제도적 책임과 자율적 책임

제도적 책임 (accountability)	법령 등에 위반되지 않아야 할 책임을 말하며, 위반 시 제재가 수반되고 결코 분담(공유)될 수 없는 책임(공식적·객관적·설명적 책임)
자율적 책임 (responsibility)	국민의 수임자 내지 공복으로서의 책임으로, 국민의 요구에 대한 대응성이 핵심을 이루며 타인의 행위로 인해 분담될 수 있는 책임(임무적·포괄적 책임, 응답적·윤리적 책임 등)

③ 롬젝(B. Romzek)과 듀브닉(M. Dubnick)의 행정책임 유형

구분		통제의 원천(통제의 소재)	
		조직 내부(내부통제)	조직 외부(외부통제)
통제 정도 (자율성 정도)	높은 통제수준 (낮은 자율성 부여)	위계적(관료적) 책임성 • 조직 내외 상급자의 지시사항 중시 • 조직 내부통제를 통한 책임성 담보 • 효율성 중심의 책임성	법률적 책임성 • 법률적 의무사항 이행을 중시 • 외부감사기관의 합법성 감사를 통한 책임성 담보 • 법치(합법성) 중심의 책임성
	낮은 통제수준 (높은 자율성 부여)	전문가적 책임성 • 개인적 전문성과 조직의 자율적 운영을 존중 • 개별관료와 조직단위의 성과관리를 통한 책임성 담보 • 전문성 중심의 책임성	정치적 책임성 • 고객집단, 일반대중 등 외부 이해관계자의 만족도를 중시 • 대통령·의회의 통제와 고객만족도를 통한 책임성 담보 • 대응성(반응성) 중심의 책임성

책임성의 하위 범주	강조 가치	관계의 토대	유사 관계(통제자 → 행정가)	행태적 기대
위계적(관료적) 책임성	효율성	감독	상관 → 부하	조직의 지침과 감독에 복종
법률적 책임성	합법성	신탁	법 제정자(주인) → 법 집행자(대리인)	외부로부터의 강제·명령·위임에 순응
전문가적 책임성	전문성	전문가에 대한 존경	비전문가 → 전문가	개인의 판단과 전문성을 존중
정치적 책임성	대응성	선거구민에 대한 대응성	선거구민(유권자) → 대표자	주요 외부 이해관계자에 대한 대응

SEMI-NOTE

제도적 책임성(accountability)
- 문책자의 외재화
- 제재수단의 존재(제재 가능)
- 공식적·제도적 통제
- 절차에 대한 준수 강조
- 판단기준 및 절차의 객관화
- **관련된 책임**: 외재적 책임, 객관적 책임, 법적 책임, 합법적 책임

자율적 책임성(responsibility)
- 문책자의 내재화 또는 부재
- 제재수단의 부재(제재 불가)
- 공식적·제도적 통제로 확보 불가
- 절차의 준수와 책임완수는 별개
- 객관적인 기준이 존재하지 않음
- **관련된 책임**: 내재적 책임, 주관적 책임, 도덕적 책임, 재량적 책임

롬젝과 듀브닉의 행정책임 유형
- 통제의 소재(내부·외부)와 자율성(통제)의 정도에 따른 구분
- 통제의 방향은 외부통제에서 내부통제로, 높은 통제수준에서 낮은 통제수준으로 이동

02절 행정통제

1. 행정통제의 의의와 원칙 ★ 빈출개념

(1) 행정통제의 의의
① 개념 : 행정이 국민과 입법부의 요구·기대, 공익, 법규 등의 기준에 합당하게 이루어지고 있는가를 확인·평가하고 적절한 개선방안을 강구하는 것
② 특징
  ㉠ 목표 달성 및 행정책임 확보를 위한 수단이자 장치(강제성을 수반함)
  ㉡ 정치발전과 밀접한 함수관계이며, 행정계획과도 불가분의 관계
  ㉢ 행정목표 달성의 수단이자 목표 달성까지의 계속적·다원적·환류적 과정

(2) 행정통제의 원칙
① 예외의 원칙 : 대규모 조직의 관리자가 조직 전체를 통제하기 어려우므로 통제의 효율성을 위해 일상적·반복적 업무보다 특별히 비일상적·예외적인 사항만을 통제
② 합목적성의 원칙 : 목표에 기여하는 가장 합목적적인 통제
③ 명확성(이해가능성)의 원칙 : 통제의 목적·동기, 기준, 방법 등에 대해 명확히 인식·이해할 수 있어야 함
④ 경제적 효용성의 원칙 : 경제적 효용성을 극대화할 수 있는 통제(적은 통제로 최대의 통제 효과 확보)
⑤ 적량성의 원칙 : 과다통제와 과소통제는 행정통제의 효율성을 저하시키므로, 통제의 효율성을 제고하는 적절한 통제수준 유지
⑥ 적응성(신축성)의 원칙 : 예측하지 못한 사태에 대한 신축적·적응적 대응 요구

2. 행정통제의 절차와 유형

(1) 행정통제의 절차(과정)

한눈에 쏙~
통제 기준 설정(확인) → 성과측정 및 평가·보고 → 시정조치

① 통제기준의 설정(확인)
  ㉠ 통제는 목표와 계획에 실적을 일치시키는 과정이기 때문에 조직목표가 통제의 기준으로 설정되는 경우가 많음
  ㉡ 조직운영 전부를 통제한다는 것은 불가능하므로 단시간 내에 전체 상황을 알 수 있는 전략적 통제지점이 선정되어야 함
② 성과의 측정과 평가 및 보고 : 업무 시행성과를 이미 설정된 기준과 비교·분석

SEMI-NOTE

행정통제의 원칙
- 즉시성의 원칙 : 통제는 기획이 실천단계에 들어가면서 신속히 시행되어야 함
- 일치의 원칙 : 피통제자의 권한과 책임이 일치하도록 통제
- 비교의 원칙 : 통제에 필요한 모든 실적자료는 본래의 명확한 기준과 비교해 판단
- 지속성의 원칙 : 일회성 있는 통제는 효과를 저해하므로 지속적인 통제 시스템 형성

전략적 통제지점 선정 시 고려사항
적시성, 포괄성, 사회적 가치성, 균형성, 경제성 등

하여 편차를 발견하고 평가 · 보고하는 과정
③ 시정조치 : 업무진행과정 중 잘못이 발견되거나 실적이 기준에 미달될 때 시정조치를 취하는 것으로, 가장 궁극적이고 본질적인 통제과정

(2) 행정통제의 유형

① 외부통제 ★ 빈출개념

공식적 통제	• 입법통제 : 입법 및 정책결정, 예산심의, 국정질의, 국정조사 · 감사, 임명동의, 탄핵소추권 등 • 사법통제 : 행정구제제도, 명령 · 처분의 위헌 · 위법 심사 • 옴부즈만제도(우리나라의 옴부즈만에 해당하는 국민권익위원회는 내부통제기관)
비공식적 통제	민중통제(선거 · 투표, 시민참여, 지식인의 영향력, 이익집단, 여론 및 언론기관, 정당 등)

② 내부통제

공식적 통제	행정수반(대통령), 감사원, 국민권익위원회, 행정조직 및 기관(계층제, 계선기관, 상급자 등)에 의한 통제, 행정절차나 운영에 따른 통제, 교차기능조직(참모조직), 내부평가(심사평가 등) 및 감사 · 감찰제도
비공식적 통제	행정윤리(직업공무원의 공직윤리 등), 대표관료제, 공익, 공무원단체, 정치적 중립

실력UP 옴부즈만(Ombudsman)제도

- 옴부즈만은 공무원(행정)의 위법 · 부당한 행위로 권리를 침해당한 시민이 제기하는 민원이나 불평을 조사하여 관계기관에 시정을 권고하는 기관을 말함(호민관, 행정감찰관이라 불림)
- 입법부나 사법부의 통제를 보완하여 신속 · 공정하고 저렴한 비용으로 국민의 권익을 구제하기 위해 등장한 제도로, 외부통제 · 공식적 통제유형에 해당
- 전통적으로 입법부에 의한 행정통제수단으로 발전해왔으며, 기능적으로는 입법부 및 행정부로부터 독립적 · 자율적으로 활동
- 1809년 스웨덴에서 최초로 명문화되어 많은 나라에서 채택하고 있음
- 옴부즈만을 임명하는 주체는 국가별로 상이하여 스웨덴이나 핀란드는 의회소속의 기관이지만 우리나라는 행정부소속의 기관

03절 행정참여(시민참여)

1. 행정참여

(1) 행정참여의 의의

① 개념 : 시민이 정책결정과정에 개인적 · 집단적으로 참여하여 영향력을 행사하는 것

SEMI-NOTE

시정조치
- 소극적 환류 : 행정개선을 위한 환류 기능으로 단순히 오차를 시정
- 적극적 환류 : 목표 자체를 수정

우리나라의 옴부즈만(국민권익위원회)
- 목적 : 고충민원의 처리 및 이에 관련된 불합리한 행정제도의 개선, 부패의 발생 방지 및 부패행위의 효율적 규제
- 소속 및 지위
  - 우리나라의 국민권익위원회는 국무총리 소속기관이며, 소속상 외부통제가 아닌 내부통제기관
  - 직무상 독립성과 자율성이 어느 정도 보장되나 미흡
  - 스웨덴과 달리 헌법상 기관이 아니라 법률(부패방지 및 국민권익위원회의 설치와 운영에 관한 법률)상 기관(조직 안정성 부족)
- 특징 및 한계
  - 기존의 결정이나 행위를 무효로 하거나 취소 · 변경할 수 없으며 대상기관에 대한 직접적인 감독권 · 제재권이 없음(간접적 통제 제도)
  - 직권에 의한 조사는 불가능하고 고충민원 등의 신청이 있는 경우에만 조사할 수 있음(우리나라의 경우 자발적 조사권 결여)

행정참여(H. Simon)
의사결정권이 없는 자가 결정권자의 행동이나 판단에 영향을 미치는 것

SEMI-NOTE

행정참여의 필요성
- 입법 및 사법통제의 무력화 극복
- 관료제의 비대화와 병리현상의 방지 및 해결
- 간접민주제(대의제)의 보완
- 공동생산기능의 촉진(선거 · 환경오염 감시 등)

행정참여(시민참여)의 단계(S. Arnstein)
정부에 대한 시민참여의 영향력을 다음과 같이 단계화함
- 1단계(하위단계) : 실질적 비참여단계
  - 조작(manipulation)
  - 치료(치유, therapy)
- 2단계(중간단계) : 명목적(형식적 · 상징적) 참여단계
  - 정보제공(informing)
  - 상담(consultation)
  - 회유(유화, placation)
- 3단계(상위단계) : 실질적 참여단계, 시민권력의 단계(실질적 영향력)
  - 쌍방협동(동업자 관계, partnership)
  - 주민권력위임(권한위양, delegated power)
  - 시민통제(citizen control)

주민투표에 부칠 수 없는 사항
- 법령에 위반되거나 재판 중인 사항
- 국가 또는 다른 지방자치단체의 권한 또는 사무에 속하는 사항
- 지방자치단체의 예산 · 회계 · 계약 및 재산관리에 관한 사항과 지방세 · 사용료 · 수수료 · 분담금 등 각종 공과금의 부과 또는 감면에 관한 사항
- 행정기구의 설치 · 변경에 관한 사항과 공무원의 인사 · 정원 등 신분과 보수에 관한 사항
- 다른 법률에 의하여 주민대표가 직접 의사결정주체로서 참여할 수 있는 공공시설의 설치에 관한 사항
- 동일한 사항에 대하여 주민투표가 실시된 후 2년이 경과되지 않은 사항

② 특성
  ㉠ 전통적 · 포괄적 참여가 아닌 현대적 · 실질적 · 구체적 참여
  ㉡ 정책결정 및 집행, 평가 등 전반적 행정과정의 참여
  ㉢ 의회를 통한 간접참여가 아닌 주민의 명백하고 직접적인 참여

(2) 행정참여의 유형
① 제도화 여부에 의한 유형구분
  ㉠ 제도적 참여방법 : 협찬(명목적 참여), 자치
  ㉡ 비제도적 참여방법 : 운동, 교섭(타협)
② 주도권의 소재에 의한 유형구분
  ㉠ 주민주도형 : 주민이 주도적 역할을 담당하고 행정이 이를 수용하는 유형
  ㉡ 행정주도형 : 행정이 주도권을 행사하고 시민은 이를 따르는 수직적 관계 유형
  ㉢ 수평형 : 행정과 시민이 주도권을 공유하는 유형
  ㉣ 균형형 : 행정과 시민 사이에 제3자가 개입하여 균형을 이루게 하는 유형

(3) 행정참여의 장단점
① 장점
  ㉠ 정책능력의 제고
  ㉡ 권력의 재배분
  ㉢ 시민협동 증진, 민주시민의 양성
  ㉣ 간접민주주의(선거 · 국민투표)의 단점 보완
② 단점
  ㉠ 지엽적 특수이익에 집착, 보상만을 노린 맹목적인 집단이기주의의 횡포
  ㉡ 책임의 불명확
  ㉢ 행정의 전문화와 기술화 저해
  ㉣ 결정권의 분산 및 다원화로 행정조직의 안정성 저해(명령체계에 혼란 초래)

2. 우리나라의 주민참여제도

① 주민투표

의의	지방자치단체의 중요 사안에 대해 주민이 직접 결정권을 행사하는 제도
주민투표권자	• 19세 이상의 주민 중 투표인명부 작성기준일 현재 다음 해당자 - 지방자치단체의 관할 구역에 주민등록이 되어 있는 사람 - 출입국관리 관계 법령에 따라 대한민국에 계속 거주할 수 있는 자격을 갖춘 외국인으로서 자치단체의 조례로 정한 사람
주민투표대상	주민에게 과도한 부담을 주거나 중대한 영향을 미치는 지방자치단체의 주요 결정사항으로서 조례로 정하는 사항
주민투표발의	• 주민투표의 요구나 청구는 중앙행정기관장, 주민, 지방의회가 할 수 있지만 주민투표 발의는 지방자치단체장만이 가능 • 관할구역 전부나 일부에서 공직선거법에 의한 선거가 실시되는 때에는 그 선거의 선거일 전 60일부터 선거일까지의 기간 동안에는 주민투표를 발의할 수 없음

② 주민소환 ★ 빈출개념

의의	선거에 의한 공직취임자의 파면을 유권자인 주민 일정 수가 요구하면 주민투표로 그 여부를 결정하는 제도
주민소환 투표권자	• 주민소환투표인명부 작성기준일 현재 다음에 해당하는 자 – 19세 이상의 주민으로서 해당 지방자치단체 관할구역에 주민등록이 되어 있는 자 – 19세 이상의 외국인으로서 출입국관리법 제10조의 영주 체류자격 취득일 후 3년이 경과한 자 중 해당 지방자치단체 관할구역의 외국인등록 대장에 등재된 자
대상	• 선출직 지방공직자에 한함 • 지방자치법상 지방자치단체의 장 및 지방의회의원(비례대표 선거구 지방의회의원은 제외) • 지방교육자치에 관한 법률상 교육감 • 제주특별자치도 설치 및 국제자유도시 조성을 위한 특별법상 제주특별자치도의 교육의원
주민소환 투표청구	• 소환투표청구자는 다음 주민의 서명으로 소환사유를 서면에 명시해 관할 선관위에 주민소환투표 실시를 청구할 수 있음 – 시·도지사 : 당해 지방자치단체의 주민소환투표청구권자 총수의 10/100 이상 – 시장·군수·자치구의 구청장 : 당해 지방자치단체의 주민소환투표청구권자 총수의 15/100 이상 – 지역구시·도의원 및 지역구자치구·시·군의원 : 해당 지방의회의원의 선거구 안의 주민소환투표청구권자 총수의 20/100 이상

③ 주민감사청구(지방자치법 2022. 1. 13. 시행)

의의		주민이 지방자치단체와 그 장의 권한에 속하는 사무의 처리가 법령에 위반되거나 공익을 현저히 해친다고 인정되는 경우 감사를 청구할 수 있는 제도
청구권자		• 18세 이상의 주민으로서 다음 해당자 – 해당 지방자치단체의 관할 구역에 주민등록이 되어 있는 사람 – 영주의 체류자격 취득일 후 3년이 경과한 외국인으로서 지방자치단체의 외국인등록대장에 올라 있는 사람
감사 청구요건	주민서명	시·도는 300명, 인구 50만 이상 대도시는 200명, 그 밖의 시·군 및 자치구는 150명 이내에서 그 지방자치단체의 조례로 정하는 18세 이상의 주민 수 이상의 연서(連署)
	청구사유	지방자치단체와 그 장의 권한에 속하는 사무의 처리가 법령에 위반되거나 공익을 현저히 해친다고 인정되는 경우
	제기기한	청구는 사무처리가 있었던 날이나 끝난 날부터 2년이 지나면 제기할 수 없음
청구절차	대표자	청구인의 대표자를 선정하여 청구인명부에 적어야 하며, 청구인의 대표자는 감사청구서를 작성하여 주무부장관 또는 시·도지사에게 제출하여야 함
	공표·열람	주무부장관이나 시·도지사는 청구를 받으면 청구를 받은 날부터 5일 이내에 공표하여야 하며, 청구를 공표한 날부터 10일간 청구인명부나 그 사본을 공개된 장소에 갖추어 두어 열람할 수 있도록 하여야 함

SEMI-NOTE

주민소환투표의 청구제한기간
• 선출직 지방공직자의 임기개시일부터 1년이 경과하지 않은 때
• 선출직 지방공직자의 임기만료일부터 1년 미만일 때
• 해당 선출직 지방공직자에 대한 주민소환투표를 실시한 날부터 1년 이내인 때

주민감사청구의 청구불가사항
• 수사나 재판에 관여하게 되는 사항
• 개인의 사생활 침해의 우려가 있는 사항
• 다른 기관에서 감사하였거나 감사중인 사항
• 동일사항에 대해 주민소송이 계속 중이거나 그 판결이 확정된 사항

주민감사청구의 청구기관
• 광역자치단체의 경우 → 주무부장관에게 청구
• 기초자치단체의 경우 → 시·도지사에게(광역자치단체장) 청구

SEMI-NOTE

조례 제정 및 개폐 청구의 청구불가사항
- 법령을 위반하는 사항
- 지방세·사용료·수수료·부담금의 부과·징수 또는 감면에 관한 사항
- 행정기구의 설치·변경에 관한 사항 또는 공공시설의 설치를 반대하는 사항

이의신청	주무부장관이나 시·도지사는 이의신청을 받으면 14일 이내에 심사·결정하되, 그 신청이 이유 있다고 결정한 경우에는 청구인명부를 수정하고, 그 사실을 이의신청을 한 사람과 청구인의 대표자에게 알려야 하며, 그 이의신청이 이유 없다고 결정한 경우에는 그 사실을 즉시 이의신청을 한 사람에게 알려야 함
감사	주무부장관이나 시·도지사는 감사 청구를 수리한 날부터 60일 이내에 감사 청구된 사항에 대하여 감사를 끝내야 함

④ **조례 제정 및 개폐 청구(주민발안)**

의의	주민들이 지방자치단체의 조례를 제정하거나 개폐할 것을 직접 제안하는 제도
청구권자	• 18세 이상의 주민으로서 다음 해당자 – 해당 지방자치단체의 관할 구역에 주민등록이 되어 있는 사람 – 영주의 체류자격 취득 후 3년이 경과한 외국인으로서 지방자치단체의 외국인등록대장에 올라 있는 사람
청구절차	주민감사청구와 동일

⑤ **주민소송제도**

의의	• 지방자치단체의 업무에 대해 감사청구한 주민이 감사결과에 불복이 있는 경우 지방자치단체장을 상대로 주민소송을 제기할 수 있는 제도 • 납세자소송의 일환이며 국가재정운영 관련 국민소송제도는 인정되고 있지 않음 • 주민은 공익적 소송이므로 소익(訴益)을 요건으로 하지 않음
소송제한	주민소송이 계속 중인 때 동일 사항에 대해 다른 주민이 별도의 소송을 제기하지 못함
문제점	주민감사청구 없이 직접 주민소송 불가능, 주민감사를 거친 뒤에도 비리당사자를 상대로 직접 주민소송을 못함(복잡한 절차와 감사청구전치주의)

07장 지방자치론

01절 지방자치와 지방행정

02절 지방자치단체

03절 지방재정

07장 지방자치론

01절 지방자치와 지방행정

1. 지방행정

(1) 지방행정의 개념

① **광의의 지방행정** : 행정의 주체나 처리사무에 관계없이 일정한 지역 내에서 수행하는 일체의 행정, 즉 자치행정과 위임행정, 관치행정을 포괄하는 개념(자치행정+위임행정+관치행정)

② **협의의 지방행정** : 일정한 지역 내에서 지방자치단체가 처리하는 행정(자치행정+위임행정)

③ **최협의의 지방행정** : 지방행정의 개념을 자치행정과 동의어로 파악하여, 일정 지역 주민이 자신의 자치사무를 국가(중앙정부)의 간섭 없이 자주적으로 처리하는 것으로 봄(위임사무 제외)(자치행정)

(2) 지방행정의 특성

① **지역행정** : 국가행정이 전국을 단위로 통일적·일원적으로 실시되는 행정임에 비해, 지방행정은 일정 지역단위를 대상으로 개별적·다원적으로 실시되는 행정임

② **자치행정** : 일정한 지역에서 주민이나 독립된 법인격을 가진 자치단체, 또는 주민이 선출한 기관이 지방 사무를 자기 의사와 책임에 따라 자주적으로 처리하는 행정

③ **종합행정** : 국가행정은 전문적인 기능별·분야별 행정을 강조하는 데 비해, 지방행정은 지역 내 행정수요 전반을 종합적·포괄적으로 처리·수행하는 행정임

④ **생활행정·급부행정** : 주로 주민들의 일상생활에 직결되는 주택, 복지, 재산 등의 사무를 처리·수행하는 행정

⑤ **일선행정·대화행정** : 지역주민들과 접촉하면서 대화를 통하여 주민들의 의견을 청취하고 정책을 결정·집행해 가는 행정

⑥ **집행적 행정** : 국가행정이 계획 수립 및 통제기능을 주로 하는 반면, 지방정부는 집행기능을 주로 수행

2. 지방자치

(1) 지방자치의 개념

① **지방자치** : 일정한 지역의 주민이 그 지역 내 사무를 자주재원으로 자기책임 하에 스스로 또는 그 대표자를 통해 처리하는 것

SEMI-NOTE

직접행정과 간접행정
- 직접행정(관치행정) : 국가 일선기관(특별지방행정기관)이 담당하는 행정
- 간접행정(자치행정+위임행정) : 자치단체가 고유사무만을 처리하는 자치행정과 위임사무를 처리하는 위임행정으로 구성

지방행정의 이념
- 자율성(자치행정)
- 경영성(경영행정)
- 봉사성(봉사행정)
- 형평성(복지행정)
- 대응성(생활행정·현장행정)
- 책임성(책임행정)
- 참여성(참여행정)
- 투명성·신뢰성(공개행정)

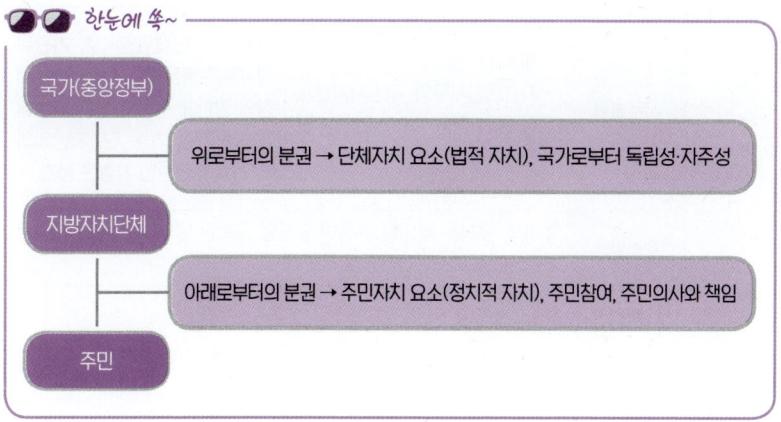

② **지방자치의 3대 구성요소** : 지역(구역), 주민, 자치권

(2) 자치권

① 의의
  ㉠ 개념 : 지방자치단체가 그 존립목적을 실현하기 위해 가지는 일정한 범위의 권리나 권한. 해당 지역의 문제를 그 주민들이 스스로 처리하도록 제도적으로 보장하고 있는 권리
  ㉡ 특성 : 예속성과 자주성의 양면성(국가로부터 일정한 감독과 통제 + 일정 범위의 자주성·독립성 보장), 포괄성(원칙적으로 해당 관할구역 내에 있는 모든 인적·물적 자원에 포괄적인 영향력 행사)

② 자치권의 본질
  ㉠ 고유권설(지방권설, 독립설, 확인설) : 주민자치와 관련. 지방자치단체는 독자적으로 고유한 정치적 지배권을 향유한다고 보는 이론으로 자연법사상과 역사적 유래관에 기반을 두고 있음
  ㉡ 전래권설(국권설) : 단체자치와 관련. 자치권은 국권으로부터 유래한 것으로 봄. 근대의 지방자치는 민족통일국가의 성립을 전제로 하므로, 지방자치단체는 국가 법률의 창조물이며 고유사무가 설정되어도 국가 법률에 의해 수탁된 결과이고, 사무집행 시 국가의 강력한 감독을 받음. 다만, 자치단체는 독립된 법인격을 가진 단체로서 자기이익을 위해 자기 권리로서 지배권을 행사할 수 있을 뿐임

③ 자치권의 내용
  ㉠ 자치입법권 : 사무처리에 필요한 법규를 자율적으로 제정할 수 있는 권한. 조례와 규칙제정권이 있음

자치입법	조례	규칙
의의	지방자치단체가 법령의 범위 안에서 권한에 속하는 사무에 관하여 지방의회의 의결로 제정하는 규범	지방자치단체장이 법령이나 조례의 범위 안에서 그 권한에 속하는 사무에 관하여 제정하는 규범
제정권자	지방의회	지방자치단체장, 교육감

SEMI-NOTE

지방자치의 4대 구성요소
지역(구역), 주민, 자치권, 지방사무

자연법사상
사람이 천부의 기본권을 가진 것처럼 지방자치단체도 고유한 지방권을 가지므로 국가권력으로 이 권리를 침범할 수 없음

역사적 유래관
지방자치단체는 국가의 성립 이전부터 형성된 것으로 지방자치단체가 국가로부터 권리를 부여받은 것이 아니라 오히려 국가가 지방자치단체로부터 권리를 인수한 것으로 봄

사무범위	• 자치사무, 단체위임사무에 대해 제정 가능 • 기관위임사무와 지방자치단체장 등의 집행기관의 전속적 권한에 속하는 것은 조례로 정할 수 없음이 원칙	자치사무, 단체위임사무, 기관위임사무를 불문하고 지방자치단체장의 권한에 속하는 모든 사항에 관하여 제정 가능. 단, 지방의회의 전속적 권한인 사항은 불가
효력발생	조례와 규칙은 특별한 규정이 없으면 공표한 날부터 20일이 지나고 효력 발생	

ⓒ 자치행정권
- 지방자치단체가 국가의 관여 없이 자신의 독자적 사무(자치사무)를 자주적으로 처리할 수 있는 권한
- 우리나라의 경우 주무부장관은 자치단체장의 명령·처분에 대한 취소·정지권과 위임사무 불이행에 대한 직무이행명령권 및 대집행권을, 행정안전부장관은 자치사무에 대한 감사권을 가지므로 자치행정권이 상당히 제한됨

ⓒ 자치재정권 : 지방자치단체가 사무수행에 필요한 재원을 자율적으로 조달·관리하는 권한. 지방자치의 실질을 보장하기 위한 핵심적 요건

ⓔ 자치조직권
- 개념 : 지방자치단체가 사무의 수행을 위해 필요한 조직(인사)을 자율적으로 구성할 수 있는 권한. 주요 내용은 행정기구설치권과 공무원 임용권한
- 우리나라 : 헌법은 지방의회의 설치를 규정하고 지방의회의 조직·권한·의원선거와 지방자치단체장의 선임방법 기타 지방자치단체의 조직과 운영에 관한 사항을 법률로 정하도록 규정하여 자치조직권 보장

(3) 지방자치의 효용과 폐해

① 티부(C. Tiebout)의 이주에 의한 투표권 행사(티부가설)

ⓐ 의의
- 각 지역에서 제공하는 공공서비스와 조세 간의 묶음을 주민선호에 따라 자율적으로 선택하게 하여, 자신이 원하는 공공서비스를 제공하는 자치단체로 진입·퇴장을 보장하면 지방정부 간 경쟁을 유도하고, 서비스 공급의 효율성을 높일 수 있다는 가설(지방분권 옹호). 지방공공재의 시장배분적 과정 중시
- 공공재는 분권적인 배분체제가 효율적이지 못하며 중앙정부에 의한 공급이 필요하다는 새뮤얼슨(P. Samuelson)의 공공재 공급 이론을 반박한 것. 지방공공재의 효율적 공급방법이 지방분권임을 주장한 것이지 지방공공재의 최적 공급규모 결정 이론은 아님

ⓑ 결론
- 지방정부가 독자적 조세징수와 지방공공재에 관한 의사결정을 하는 지방분권 시 효율적 자원배분(Pareto 효율) 달성
- 지방정부는 중앙정부와 달리 주민의 선호에 따른 선택이 가능하며, 시장처럼 주민들이 가장 저렴한 비용으로 큰 이득을 얻는 프로그램을 찾아 지방

SEMI-NOTE

국가의 관여·감독 범위
- 영·미법계 : 지방자치단체가 원칙적으로 자치(고유)사무를 처리, 입법적·사법적 관여 위주, 기술적·재정적 지원
- 대륙법계 : 국가위임사무가 큰 비중, 행정적 관여가 강하며, 자치행정권의 범위가 좁음

티부가설의 한계
- 형평성 저해 가능 : '지역 내 동질성'은 높아지지만 지역 간 빈부격차가 심해져 '지역 간 이질성'은 더욱 심해짐(효율성을 위해 형평성을 희생함)
- 전제조건의 비현실성 : 현실의 직장·문화시설·지역에 대한 감정적 정서·지가·입지조건 및 관련 이주비용, 불완전정보, 외부효과 등을 무시

정부를 선택하게 하면 비슷한 선호와 소득을 가진 주민이 모여 살게 되고 지방공공재 규모가 적정수준이 됨

② **지역이기주의(Local Egoism)**: 단순한 향토애나 지역의식이 아닌 배타적이고 편협한 부정적 지역주의의 형태로, 국가이익·공동이익보다는 자기지역의 이익만을 추구하고, 우선시하는 지역주민 또는 자치단체의 경향 또는 태도

㉠ 특징
- 지역주민들의 양면적 태도
- 다양한 원인과 이해 간의 마찰(복잡성)
- 해결곤란성(난해성)
- 불확실성으로 인한 두려움(시설의 위험성)

㉡ 형태
- PIMFY(Put In My Front Yard): 지역주민 또는 지방자치단체가 지역개발 촉진 등 자기지역에 이익이 되는 조치·시설을 적극 유치하려는 현상
- NIMBY(Not In My Back Yard): 지역주민 또는 지방자치단체가 어떤 시설과 정책의 성격과 기능 및 역할에 관계없이 이를 기피하는 현상

SEMI-NOTE

지역이기주의에 대한 관점
- 부정론(전통적 입장)
  - 공리주의적 윤리관에 기초
  - 지역이기주의는 협소한 국지적 합리성의 주장에 불과하다고 봄
- 긍정론(현대적 입장)
  - 정의론에 입각하여 소수의 정당한 권리는 다수의 이익과 상반되더라도 보호되어야 한다고 봄
  - 지역이기주의의 본질은 지역보호주의에서 출발

02절 지방자치단체

1. 지방자치단체의 계층

(1) 단층제와 중층제(다층제) - 중간자치단체의 존재 여부 기준

① **단층제**: 하나의 구역 안에 단일의 자치단체만 존재. 국가와 자치단체 사이에 중간자치단체가 없음. 지방행정의 종합화를 추구하며 주민자치 전통이 강한 영국에서 유래

② **중층제(다층제)**: 하나의 구역 안에 여러 자치단체가 중첩된 구조. 국가와 기초자치단체 사이에 중간자치단체가 있음. 광역행정을 통해 능률성을 제고하고자 하며 단체자치 전통이 강한 프랑스에서 유래

구분	단층제	중층제(다층제)
장점	• 행정계층 수가 적어 이중행정이나 이중감독의 폐단을 방지, 경유기관을 줄여 행정의 지연을 방지하고 신속한 행정, 거래비용·의사전달비용 감소 • 행정책임의 명확화 • 다층제보다 자치단체의 자치권, 지역의 특수성·개별성 존중	• 지방정부 간 수직적 분업체계, 행정기능의 적정관리규모에 맞도록 행정구역을 구획하여 전문성·효율성 제고 • 중간자치단체가 보완, 대행, 감독, 광역행정기능 수행 • 국토가 넓고 인구가 많은 대규모 국가에 적합
단점	• 광역적 행정·개발사무처리에 부적합 • 자치단체 간 갈등이 중앙의 이슈로 될 가능성이 많으며 사전조정 곤란	• 이중감독, 이중행정의 폐단으로 인한 비능률 • 중간자치단체와 기초자치단체 간 행정책임의 불명확성

우리나라 계층구조의 문제점
- 계층구조 중복에 따른 비효율성
- 책임성 확보 곤란
- 광역자치단체와 기초자치단체 간 협력행정의 부족과 갈등
- 도와 시·군의 기능 중복에 따른 행정 비효율, 도의 형식화와 경유기관화
- 계층을 법률에 획일적으로 정함에 따라 지역의 정치경제적 상황이나 지역사회의 특수성을 반영할 수 없음

SEMI-NOTE

- 계층 수 축소는 구역의 크기를 확대시켜 다층제보다 행정서비스에 대한 주민의 접근성 저하, 주민참여 곤란, 행정수요에 대한 지방정부의 대응성·민감성 둔화
- 지역별 특수성·개별성 경시
- 국가와 주민 간 상향적 의사전달과 하향적 행정침투의 왜곡·저해

(2) 외국의 자치계층

① 후진국은 관리능력의 미약으로 세밀한 감독을 위해 가급적 관할 구역을 좁게 하여 다층제로 발전되는 반면, 선진국은 교통통신이 발달되고 행정능력이 높으므로 관할구역을 넓게 함으로써 계층구조가 축소됨
② 오늘날 지방자치단체 계층 수는 축소하고, 기초적 행정구역은 넓어지는 경향. 계층이 줄어드는 것은 행정의 신속성 확보를 위함이고, 구역이 넓어지는 것은 교통·통신의 발달로 지역 간 연계성 증가에 따른 광역행정의 필요성이 커졌기 때문

2. 지방자치단체의 구역

(1) 지방자치단체별 구역 설정 기준

광역자치단체의 구역 설정 기준	기초자치단체의 구역 설정 기준
• 기초자치단체 행정기능의 효과적 조정 • 지역개발의 효과적 추진 • 도·농행정 기능을 동시에 효율적 수행 • 기초자치단체의 행정기능 보완	• 공동사회와 공동생활권 확대 • 민주성과 능률성 요구 • 재정수요와 재정조달능력의 관계 • 행정의 편의와 주민의 편의

(2) 명칭·구역 등 조정 절차

구분	지방자치단체	읍·면·동, 자치구가 아닌 구	행정시	리
명칭·구역 변경	• 주민투표를 실시한 경우가 아니면, 관계 지방의회의 의견을 들어 법률로 정함 • 단, 관할구역 경계변경 및 한자 명칭 변경은 대통령령으로 정함	해당 자치단체의 조례로 정하고 광역자치단체장에게 보고	도의 조례로 정하고 특별자치도 지사가 행안부장관에게 보고	해당 자치단체의 조례로 정함 (구역은 자연 촌락 기준)
폐치분합 (폐지·설치, 나누거나 합침)	• 주민투표를 실시한 경우가 아니면, 관계 지방의회의 의견을 들어 법률로 정함 • 단, 관할구역 경계변경 및 한자 명칭 변경은 대통령령으로 정함	행정부장관의 승인을 얻어 해당 자치단체의 조례로 정함		
사무소 소재지	해당 자치단체 조례로 정함(지방의회 재적의원 과반수의 찬성 필요)			—

국가별 계층구조

- 영국, 프랑스, 독일, 일본 등의 선진국은 대부분 중층제(점차 계층을 줄이는 추세)
- 미국의 경우 일반적으로 주(州)를 자치단체로 보지 않으므로 단층제로 봄
- 우리나라의 경우 자치계층은 2계층(광역·기초) 또는 1계층(세종특별자치시·제주특별자치도), 행정계층(자치층과 읍·면·동 및 행정구를 포괄)은 2~4계층

구역 설정 시 고려사항

- 광역자치단체의 구역은 광역행정기능, 보완·대행기능, 연락·조정기능, 지도·감독기능 등을 수행하기 용이해야 함
- 우리나라 시·읍의 설치기준은 인구를 가장 중요한 기준으로 함

구역 설정 기준 학설

- 훼슬러(J. Fesler)
  - 자연적·지리적 조건(특히 교통·통신 발달수준 고려)
  - 행정적 조건 : 행정처리의 능률성
  - 경제적 조건 : 자주재원 조달능력
  - 민주적 조건 : 자치행정에 대한 효과적인 주민통제(popular control)
- 밀스포우(A. Millspaugh)
  - 공동사회(community) : 자연발생적인 공동생활권과 일치시킴
  - 능률적 행정단위(service unit) : 주민의 행정수요 충족에 있어 최소의 경비로 행정효과를 올릴 수 있는 적정 인구규모와 행정량을 가진 구역
  - 자주적 재원조달단위(self-financing unit) : 자체수입으로 행정수요 감당
  - 주민의 행정편의(areas of convenience) : 주민이 집행기관에 접근이 용이하고 행정처리에 편리하도록 함

3. 우리나라의 지방자치단체의 기관

(1) 지방의회 - 의결기관

① **의의** : 지방자치단체의 최고 의사결정기관. 주민에 의하여 선출된 지방의회의원을 구성원으로 하는 합의제 의사결정기관. 지방이익을 추구하는 점에서 국가이익을 추구하는 국회와 다름. 지방의회는 단원제로 운영
② **지방의회의 의결권** : 지방자치법 제47조 제1항에 따라 다음 사항을 의결
  ㉠ 조례의 제정 · 개정 및 폐지
  ㉡ 예산의 심의 · 확정
  ㉢ 결산의 승인
  ㉣ 법령에 규정된 것을 제외한 사용료 · 수수료 · 분담금 · 지방세 또는 가입금의 부과와 징수
  ㉤ 기금의 설치 · 운용
  ㉥ 대통령령으로 정하는 중요 재산의 취득 · 처분
  ㉦ 대통령령으로 정하는 공공시설의 설치 · 처분
  ㉧ 법령과 조례에 규정된 것을 제외한 예산 외의 의무부담이나 권리의 포기
  ㉨ 청원의 수리와 처리
  ㉩ 외국 지방자치단체와의 교류 · 협력
  ㉪ 그 밖에 법령에 따라 그 권한에 속하는 사항

4. 지방자치단체의 사무

(1) 지방자치단체의 사무의 종류

① **지방자치법상 구분** : 자치사무와 위임사무(단체위임사무와 기관위임사무)
② 행정실무상 자치사무와 단체위임사무를 지방사무, 기관위임사무를 국가사무라 함
③ **지방자치단체의 사무 비교**

구분	자치사무	단체위임사무	기관위임사무
의의	주민의 복리증진과 지방자치단체 존립과 관련된 본래적 사무	국가나 상급자치단체가 지방자치단체에게 개별 법령에 의해 위임한 사무	국가나 상급자치단체가 포괄적 법령 근거에 의해 지방자치단체의 집행기관에게 위임한 사무
사무처리주체	지방자치단체	지방자치단체	지방자치단체장
결정주체	지방의회	지방의회	국가
지방의회의 관여	가능	가능	불가능
자치입법	조례, 규칙	조례, 규칙	규칙
배상책임	지방 책임	국가 · 지방 공동책임	국가 책임

SEMI-NOTE

지방의회의 지위
- **주민의 대표기관** : 주민이 선출한 의원으로 구성. 선출된 선거구 주민이 아닌 전체 주민을 대표하는 기관
- **의결기관(의사기관)** : 지방자치단체의 의사를 최종적으로 확정하는 권한을 지님
- **입법기관** : 자치법규인 조례 제정권은 지방의회의 전속적 권한
- **행정감시기관** : 의회의 결정사항이 집행기관에 의해 실현되는지 감시 · 확인
- **헌법기관** : 헌법 제118조는 지방자치단체에 의회를 두도록 함

자치사무의 예
지역소방, 상하수도, 오물처리 및 청소, 시장 · 병원 · 공원 · 도서관 · 운동장 설치, 초등학교교육, 학교급식, 도시계획, 도서관, 지방세 부과 · 징수 등

단체위임사무의 예
보건소 운영, 시 · 군의 도세 징수, 시 · 도의 국세징수, 도의 국도 유지 · 수선, 광역자치단체의 하천 보수 · 유지, 국유하천 점용료 및 사용료 징수, 국민기초생활보장사무, 전염병 예방접종, 재해구호 등

기관위임사무의 예
경찰, 징병, 민방위, 선거, 인구조사, 경제통계, 농업개발, 상공업 및 수산업 진흥업무, 공유수면매립면허, 지적, 국세조사, 병역자원관리

SEMI-NOTE

국가사무의 처리 제한(지방자치법 제15조, 2022. 1. 13. 시행)
지방자치단체는 다음에 해당하는 국가사무를 처리할 수 없다. 다만, 법률에 이와 다른 규정이 있는 경우 국가사무를 처리할 수 있다.
- 외교, 국방, 사법(司法), 국세 등 국가의 존립에 필요한 사무
- 물가정책, 금융정책, 수출입정책 등 전국적으로 통일적 처리를 요하는 사무
- 농산물·임산물·축산물·수산물 및 양곡의 수급조절과 수출입 등 전국적 규모의 사무
- 국가종합경제개발계획, 국가하천, 국유림, 국토종합개발계획, 지정항만, 고속국도·일반국도, 국립공원 등 전국적 규모나 이와 비슷한 규모의 사무
- 근로기준, 측량단위 등 전국적으로 기준을 통일하고 조정하여야 할 필요가 있는 사무
- 우편, 철도 등 전국적 규모나 이와 비슷한 규모의 사무
- 고도의 기술을 요하는 검사·시험·연구, 항공관리, 기상행정, 원자력개발 등 지방자치단체의 기술과 재정능력으로 감당하기 어려운 사무

우리나라 사무배분의 문제점
- 사무구분의 모호성
  - 계층 간 사무배분의 불명확
  - 단위사무의 계층 간 분할 배분
- 자치단체의 특성을 무시한 획일적 사무배분
- 중앙정부 주도 사무배분
- 사무범위배분 규정의 실효성 미흡
- 사무배분과 재정배분의 불일치
- 기관위임사무 우위와 자주성 약화

(2) 지방자치단체의 사무배분

① 사무배분방식의 유형

㉠ 포괄적 수권형과 개별적 수권형

구분	포괄적 수권형	개별적 수권형
의의	법률에 특별히 금지된 사항이나 중앙정부의 전속적 관할에 속하는 사항을 제외하고는 자치단체의 구별 없이 모든 자치단체에 사무를 포괄적으로 배분하도록 지방자치에 관한 일반법에 규정하는 방식	지방자치단체가 처리할 수 있는 권한 사항을 사무종류별, 개개 지방단체별로 그때그때 필요할 때마다 수시로 국가의 개별 특별법에 의해 지정해 주는 방식
국가	주로 프랑스, 독일 등 유럽대륙형 단체자치제 국가	주로 영국형의 주민자치제 국가(영국·미국·캐나다)
장점	• 권한배분 방법 간단, 통일성 확보 • 운영상 유연성·융통성 • 사무를 개별적으로 지정하지 않으므로 지방재정에 융통성을 부여하여 행정수요와 재정력이 다양한 각 자치단체가 그 행정수요·재정력에 적합한 행정 가능	• 사무분배의 종류·한계가 명확, 책임한계 명확 • 지방자치단체의 특수성·개별성 고려 • 개별적으로 주어진 사무에 대해 자치권을 폭넓게 보장하고 중앙정부의 간섭을 최대한 배제하므로 자치권 영역이 넓어짐
단점	• 각 단계 정부단위의 사무 간 구분 불명확, 사무배분의 중복·혼란 • 지방자치단체의 특수성·개별성 무시 • 지방자치단체의 권한사항까지 국가나 상급자치단체의 관할로 법률에 규정하여 무제한적 통제를 초래하고 지방자치단체 권한이 유명무실화됨	• 무수한 법률의 제정을 요하므로, 의회의 업무량 폭주 • 법률 제정이 정치 쟁점화되어 장시일이 소요되는 경우 행정수요에 신속한 대응 곤란 • 법률 제정 때마다 중앙과 지방 간 관계가 계속 변동됨 • 지나친 개별성으로 인해 통일성 저해 • 사무를 구체적으로 지정하므로 운영상 유연성 저해

㉡ **절충적 수권방식** : 개별적 수권방식의 단점(경직성)과 포괄적 수권방식의 단점(사무구분의 모호성, 중앙정부의 간섭)을 보완한 방식으로서 사무를 예시하되, 모든 지방자치단체에 포괄되는 사무를 배분. 일본과 우리나라의 경우

② **사무배분의 원칙**

㉠ 현지성 원칙

㉡ 보충성 원칙

㉢ 경제성 원칙

㉣ 공평성 원칙

㉤ 권한·책임 명확화 원칙

㉥ 지역종합성 원칙

㉦ 계획과 집행의 분업 원칙

㉧ 경비부담능력 원칙

㉣ 이해관계범위 원칙
㉤ 기타 : 포괄성의 원칙, 상호협력의 원칙, 행정수요의 특수성 적합 원칙, 자치단체의 규모 등 여건에 따른 차등 이양(차등 분권), 자치단체 능력한계 사무의 상급기관으로 이양, 민간부문에의 관여최소화 및 행정참여기회 확대

5. 광역행정

(1) 광역행정의 의의

① 기존 행정구역 또는 자치구역을 초월하여 발생되는 여러 행정수요를 통일적·종합적이고 현지성에 맞게 계획적으로 처리함으로써 행정의 능률성·경제성·효과성을 높이기 위한 현대행정국가 하의 지방행정 수행방식
② 국가행정의 효율성과 자치행정의 민주성이란 상반된 요구의 조화, 중앙집권과 지방분권의 조화를 위한 제도
③ 지방자치의 불신이나 지방자치의 필요성 소멸에서 나온 것이 아니며 행정구역이 새로운 사회환경에 부적합할 경우 더 넓게 처리하는 것으로 주민자치가 활성화된 영국·미국의 리저널리즘(regionalism ; 광역주의)이 시초. 신중앙집권화의 주된 요인이 되었으며 지방자치의 저해요인으로 작용
④ 분쟁조정과 광역행정
  ㉠ 분쟁조정 : 자치단체 간 타율적·소극적·수직적·하향적 협력. 분쟁 발생 후 상급기관·중앙정부가 해결
  ㉡ 광역행정 : 자치단체 간 능동적·적극적·수평적·자발적 협력. 분쟁 발생 전 지방자치단체 간 적극 협력

(2) 광역행정의 촉진요인

① 광역행정수요 증대에 대응
② 경제권·생활권의 확대에 따른 행정권과의 일치 요청
③ 급속한 도시화
④ 개발행정과 계획행정의 요청
⑤ 규모의 경제 실현(능률성의 요청)
⑥ 외부효과의 내부화
⑦ 지역 간 균형개발, 도·농간 서비스의 균질화·평준화 요청
⑧ 행정협력·조정 기능 보강, 지역갈등의 완화
⑨ 행정능력 향상의 요청
⑩ 집권(능률성)과 분권(민주성)의 조화, 중앙과 지방의 협력관계

(3) 우리나라의 광역행정 유형

① 지방자치법(2022. 1. 13. 시행)
  ㉠ 협력사업 : 지방자치단체는 다른 지방자치단체로부터 사무의 공동처리, 사무처리의 협의·조정·승인 또는 지원요청이 있는 경우 법령의 범위 내에서 협력하여야 한다(법 제164조).

SEMI-NOTE

광역행정의 장점
- 중앙집권과 지방분권의 조화
- 규모의 경제 실현
- 지역의 지리적·역사적 요인에 대한 고려
- 지방자치의 구역-계층-기능의 재편성 수단
- 제도와 사회 변화 사이의 괴리 완화
- 투자의 효율성 제고 및 자원의 효율적 이용
- 지방자치단체 간 협력을 촉진하여 자치단체 간 할거주의나 지역이기주의를 극복할 수 있음
- 자치단체의 행정적·재정적 격차를 완화하고 주민의 복지향상과 행정서비스 평준화 도모
- 막대한 자본 소요, 고도의 전문적 기술 요구 등 각 자치단체의 해결능력을 벗어나는 문제를 해결

광역행정의 단점
- 지방자치의 저해
- 지역주민의 접근성 및 자치의식 약화
- 지역별 특수성·개별성 경시
- 지역·지구제(zoning)와의 충돌
- 기타 : 재정적 책임부담과 이익형성 간 불일치 우려, 광역행정권 내 자치단체 간 동등한 권리·의무 확립 곤란, 거시적인 행정처리로 인해 행정의 말단 침투가 곤란해짐

SEMI-NOTE

　　ⓒ **사무위탁** : 지방자치단체나 그 장은 소관 사무의 일부를 다른 지방자치단체나 그 장에게 위탁하여 처리하게 할 수 있다(법 제168조).
　　ⓒ **행정협의회** : 지방자치단체는 2개 이상의 지방자치단체에 관련된 사무의 일부를 공동으로 처리하기 위하여 관계 지방자치단체 간의 행정협의회를 구성할 수 있다(법 제169조).
　　ⓔ **지방자치단체조합** : 2개 이상의 지방자치단체가 하나 또는 둘 이상의 사무를 공동으로 처리할 필요가 있을 때에는 규약을 정하여 지방의회의 의결을 거쳐 시·도는 행정안전부장관의 승인, 시·군 및 자치구는 시·도지사의 승인을 받아 지방자치단체조합을 설립할 수 있다(법 제176조).
　　ⓜ **지방자치단체장 등의 협의체와 연합체** : 지방자치단체의 장이나 지방의회의 의장은 상호 간의 교류와 협력을 증진하고, 공동의 문제를 협의하기 위해 전국적 협의체를 설립할 수 있다(법 제182조).
　② **지방공기업법**
　　㉠ **공기업조합** : 지방자치단체는 지방직영기업의 경영에 관한 사무를 광역적으로 처리하기 위하여 필요한 경우 규약을 정하여 다른 지방자치단체와 공동으로 지방자치단체조합을 설립할 수 있다(법 제44조).
　　ⓒ **공동기업** : 지방자치단체는 상호 규약을 정하여 다른 지방자치단체와 공동으로 공사를 설립할 수 있다(법 제50조).

6. 특별지방행정기관(특별일선기관)

(1) 의의

① 국가나 지방자치단체의 특정 행정기관에 소속되어 특수한 전문분야의 행정사무를 처리하는 지방행정기관으로 특별지방관서라고도 하며 대부분 시·군의 경계를 초월하는 광역권에서 업무를 수행
② 주로 국가업무의 효율적·광역적 추진을 위해 설치되며 중앙정부 부처에 소속되어 특정한 국가사무를 지역에서 대신 처리하는 것에 불과하므로 관치행정이며 지방분권과는 무관
③ 사무의 전문성이나 관할구역 통일성과 전문성의 요구 등에 따라 종합행정기관인 지방자치단체에 위임하여 처리하는 것이 적합하지 않을 경우 특히 필요한 경우에 한하여 예외적으로 설치
④ 특별지방행정기관 중 일부는 중앙정부의 소관 사무를 처리함과 동시에 지방자치단체의 소관 사무도 처리

(2) 특별지방행정기관의 장단점

① 장점
　㉠ 행정의 전문성·통일성
　ⓒ 기능적 분권화
　ⓒ 국가의 업무부담 경감
　ⓔ 지역별 특성 반영

기타 광역행정 유형
흡수합병(권한·지위흡수), 구역확장(편입·흡수통합), 시·군 통합, 연락회의, 직원파견, 특별지방행정기관 등

특별지방행정기관의 유형
- 소속별
  - 국가(중앙행정기관) 소속
  - 지방자치단체 소속
- 1차·2차 일선기관
  - 1차 일선기관 : 경찰서, 세무서 등 일선에서 직접 주민과 접촉하는 일선기관
  - 2차 일선기관 : 지방경찰청, 지방국세청 등 중앙과 1차 일선기관 사이에서 교량역할을 하는 일선기관
- 귤릭(Gulick)의 분류
  - 전지형 : 중앙과 최하위 특별지방행정기관 간에 중간기관이 없는 단층형
  - 단완장지형 : 중앙과 최하위 특별지방행정기관 사이에 관할구역이 광범위한 소수의 중간기관을 두어 다수의 최하위기관을 관할하도록 하는 유형
  - 장완단지형 : 중앙과 최하위 특별지방행정기관 간에 관할구역이 협소한 다수의 중간기관을 두어 소수의 최하위 기관을 관할하도록 하는 유형

ⓜ 근린행정
　　　ⓑ 공공서비스 제공의 형평성 제고
　　　ⓢ 현장에서의 신속한 업무처리
　　　ⓞ 협력 및 광역행정 수행
　② 단점
　　　㉠ 기능 중복에 따른 비효율성
　　　㉡ 집권화와 중앙통제 강화
　　　㉢ 지방행정의 종합성 제약
　　　㉣ 행정의 민주성·책임성 저해, 주민참여의 곤란과 지방자치의 저해
　　　㉤ 주민의 혼란과 불편 초래
　　　㉥ 기관 상호 간 수평적 조정 곤란
　　　㉦ 행정절차의 번잡하고 신속한 결정 곤란

SEMI-NOTE

특별지방행정기관의 특징
- 정치적이기보다는 관료적인 의미가 강함(중앙부처의 조직 구조와 계층의 일부분 구성)
- 중앙부처의 공식적 선발과정에 의하여 담당 행정관료를 충원
- 일선기관의 운영은 지역 사회에 의존하기보다 중앙정부의 의도에 의하여 운영됨

03절 지방재정

1. 지방재정체계

(1) 지방재정의 특성

① **다양성** : 지방자치단체의 여러 가지 여건에 따라 각각 재정규모나 성격이 다름
② **자주성에 대한 양면성** : 재정 면에서 자주성을 갖지만, 국가가 제정한 법규의 범위 안에서 이루어지며, 국가로부터 많은 통제를 받음
③ **재화의 성격 – 준공공재적 성격** : 국가재정은 순수공공재(국방·치안·사법 등)를 주로 공급하지만 지방재정은 비배제성과 비경합성이 약한 준공공재(상하수도·도로·교육 등)를 주로 공급
④ **재정의 기능 – 자원배분 기능 중심** : 국가재정은 자원배분(효율), 소득재분배(형평), 경제안정화, 경제성장 등 포괄적인 기능을 수행하는 반면, 지방재정은 주로 자원배분 기능을 중심적으로 수행
　㉠ **효율성 중시** : 지방재정은 국가재정에 비해 형평성(공평성)보다는 효율성(자원배분의 효율성)을 더 중시
　㉡ **생활관련성** : 지역 주민의 일상생활과 관련된 서비스를 제공하며 주민의 선호에 더 민감하게 반응
　㉢ 소득재분배기능이나 경기안정화기능은 국가재정에서 수행함이 더 적합
⑤ **다양한 세입원** : 국가재정은 주로 조세 의존적, 지방재정은 조세 외에도 세외수입, 지방교부세, 국고보조금 등 다양
⑥ **경쟁성** : 재정운영에서 타 지방정부에 비해 더 나은 서비스를 경쟁적으로 제공하려 함(티부가설의 적용 가능)
⑦ **양입제출성** : 국가재정은 양출제입(量出制入)성격, 지방재정은 양입제출(量入制出) 성격이 강함(세입결정권한 없음)

준공공재적 성격
- **가격원리의 적용** : 준공공재를 공급하므로 배제성을 지닐 수 있어 가격원리가 적용되는 경우가 많음
- **응익성, 개별적 보상관계** : 일반적으로 국가재정에는 응능주의가 지배적이지만, 지방재정에는 응익주의가 강하게 지배. 일반국민의 담세 능력에 따른 보편적인 부과인 일반적 보상관계보다는 개별 이용자에게 부담시키는 개별적 보상관계가 강함

SEMI-NOTE

⑧ **외부효과성** : 지방재정은 일정 구역을 배경으로 하므로 재정활동의 효과가 그 구역을 넘어서는 외부효과성을 지님

2. 자주재원 - 지방세

(1) 지방세의 원칙

① 재정 수입 측면

지방세
지방자치단체가 지방재정수요 충당을 위해 주민 또는 이와 동일한 지위에 있는 법인으로부터 특정한 개별적 보상이나 반대급부 없이 강제적으로 징수하는 재화

보편성 원칙	모든 자치단체에 세원(稅源)이 고르게 분포해야 함. 지역 간 경제력 불균형으로 인해 보편적으로 소재하는 세원 발굴이 어려우므로, 가능하면 보편성이 높은 세원을 지방세로 배분하고, 지방교부세 등 재정조정수단으로 보완
충분성 원칙	지방재정수요의 충족에 필요한 충분한 수입이 확보되어야 함
안정성 원칙	지방행정수요에 대처하는 재정이 일정수준으로 유지되어야 하고, 재정의 건전성을 유지해야 하므로, 지방세는 경기변동에 민감하지 않고 세수(稅收)가 안정되어야 함
신장성 원칙	세수가 지역경제 성장에 따라 증가되어야 함. 경제발전과 소득수준 상승에 따라 재정수요도 증가하므로, 이에 충당할 재원 확보를 위해 세수 증가가 필요. 소득과세나 소비과세는 세수의 신장성을 높임
신축성·탄력성 원칙	재정수요 변화에 따라 탄력적으로 대응하도록 법정 세목과 세율 외에 지방자치단체의 세목 결정 및 세율 조정권한 인정하는 것. 우리나라의 조세는 법률로써만 정하는 법정세주의이고, 세율의 경우 일부 지방세에 대해 예외적으로 지방세법상 표준세율 범위 내에서 조례로써 가감할 수 있는 탄력세율이 적용됨

탄력세율이 적용되는 지방세
레저세, 지방소비세, 담배소비세를 제외한 지방세

② 주민 부담 측면

응익성 원칙	지방자치단체의 서비스 제공으로 지역주민이 이익을 향유할 경우 일정 경비를 부담시킴
부담분임 원칙	가능한 한 모든 주민이 지방자치단체의 행정에 소요되는 경비를 부담해야 함. 응익성은 개별적 수익에 대응하는 개념이며 부담분임은 자치단체 구성원으로서 일반적 수익에 대응하는 개념
부담보편 원칙	동등한 지위에 있는 자에게는 동등하게 과세하며, 조세감면 폭을 너무 넓히면 안 됨. 부담분임은 가급적 많은 주민이 고르게 부담하는 것이며, 부담보편은 주민이 공평하게 부담하는 것
효율성 원칙	시장의 효율적인 선택행위를 침해하지 않아야 함

세외수입
자주재원 중 지방세 이외의 수입을 총칭하는 개념

세외수입의 구성
- 실질상 세외수입
  - 경상적 수입
  - 사업수입
- 명목상 세외수입
  - 임시적 수입
  - 사업 외 수입

③ 세무 행정 측면

정착성 원칙	과세대상(세원)은 자치단체 간 이동이 적고, 관할구역 내에 정착되어 있어야 함
귀속성 원칙	하나의 세원이 둘 이상의 자치단체와 관련된 경우 어느 특정 자치단체에게 귀속해야 하고, 해당 자치단체에서 징수할 것이 명백히 구분되는 세원을 지방세로 해야 함

자주성 원칙	지방세는 지방자치단체가 과세행정상 자치성을 보장할 수 있어야 함. 탄력세율의 적용, 과세시가표준액의 결정 및 적용 비율의 고시, 과세면제조례의 제정시행 등은 과세 자주성에 기인한 것
편의 및 최소 비용의 원칙	징세가 간편하고, 경비가 적게 들어야 함
확실성 원칙	징세가 확실히 실행되어야 함

(2) 과세주체별 지방세의 종류

과세주체		보통세(9개)		목적세(2개)
광역자치 단체	특별시세·광역시세	담배소비세, 자동차세, 지방소득세, 주민세	지방소비세, 취득세, 레저세	지방교육세, 지역자원시설세
	도세	등록면허세		
기초자치 단체	시·군세	담배소비세, 자동차세, 지방소득세, 주민세	재산세	—
	자치구세	등록면허세		

3. 지방교부세

(1) 의의
① 개념 : 지방재정의 지역 간 불균형을 시정하기 위하여 국가가 일정 내국세액 총액의 19.24%, 종합부동산세 전액, 담배부과 개별소비세 45%를 재원으로 하여 일정한 기준에 따라 각 자치단체에 배분하여 교부하는 금액
② 기능 : 재원의 균형화, 재원 보장, 자주성 보장

(2) 지방교부세의 종류
① 보통교부세 : 모든 지방지방자치단체가 일정한 행정수준을 유지할 수 있도록 표준수준의 기본적 행정수행경비를 산출하고 지방세 등 일반재원수입으로 충당할 수 없는 부족분을 일반재원으로 보전하는 재원
② 특별교부세 : 보통교부세 산정 시 반영할 수 없었던 구체적인 사정, 지방재정여건의 변동, 예기치 못한 재정수요 등을 고려하여 특별히 교부하는 교부세
③ 부동산교부세 : 부동산 보유세제 개편으로 기존 지방세이던 종합토지세와 재산세의 일부를 국세인 종합부동산세로 전환함에 따라 지방자치단체의 재원 감소에 대한 보전과 지역균형발전을 도모하기 위하여 2005년부터 교부. 2010년도에 시·도세인 지방소비세가 도입되면서부터는 보유세 및 거래세 감소분 보전을 폐지하고 전액을 균형재원으로 특별자치도·특별자치시·시·군·자치구에 교부
④ 소방안전교부세 : 행정안전부장관이 지방자치단체의 소방인력 운용, 소방 및 안전시설 확충, 안전관리 강화 등을 위해 교부

SEMI-NOTE

지방세의 특성
- 강제적 부과·징수 : 법률에 근거해야 하지만 주민의 개별적 승낙의 의사표시를 요하지 않음
- 직접적 반대급부 없는 징수 : 개별적 반대급부 없이 주민 또는 일정구역 안에서 일정행위를 하는 자로부터 징수
- 독립세주의 : 국세는 국가 단일 과세주체이지만 지방세는 지방자치단체가 각각 독립된 과세주체가 됨

보통교부세의 재원
일정 내국세 총액의 19.24%의 금액 중 97%

특별교부세의 재원
일정 내국세 총액의 19.24%의 금액 중 3%

부동산교부세의 재원
종합부동산세 총액

소방안전교부세의 재원
담배에 부과하는 개별소비세 총액의 45%

4. 조정교부금

(1) 시·군 조정교부금

① 의의 : 광역시·도가 그 관할구역 내 시·군의 재정을 보전해주기 위해 시·군이 징수한 광역시세·도세 수입 일부를 일정기준에 따라 시·군에 배분하는 제도
② 종류
  ⊙ 일반조정교부금
    • 시·군의 행정운영에 필요한 재원을 보전하는 등 일반적 재정수요에 충당하기 위한 교부금. 일반재원
    • 재원은 조정교부금 총액의 90%
  ⓒ 특별조정교부금
    • 시·군의 지역개발사업 등 시책을 추진하는 등 특정한 재정수요에 충당하기 위한 교부금. 특정재원
    • 재원은 조정교부금 총액의 10%. 특별조정교부금은 보조사업의 재원으로 사용할 수 없음

(2) 자치구 조정교부금

① 의의 : 특별시·광역시가 부과하는 시세 수입 중 일정액을 관할구역의 자치구간 재정력 격차를 조정하기 위해 자치구에 지원하는 제도
② 종류
  ⊙ **자치구 일반조정교부금** : 일반적 재정수요에 충당하기 위한 교부금. 재원은 조정교부금 총액의 90%
  ⓒ **자치구 특별조정교부금** : 특정한 재정수요에 충당하기 위한 교부금. 재원은 조정교부금 총액의 10%

5. 지방채

(1) 지방채의 의의

① **지방채의 개념** : 지방자치단체가 재정수입의 부족을 보충하기 위하여 지방자치단체의 '과세권'을 실질적인 담보로 하여 증서차입 또는 증권발행의 형식에 의해 외부로부터 조달하는 차입(借入)자금
② **지방채의 특징**
  ⊙ **장기차입금** : 2년 이상에 걸쳐 장기 분할 상환. 해당 연도의 수입으로 상환하는 일시차입금과 다름
  ⓒ **무담보 무보증** : 지방자치단체의 과세권을 실질적인 담보로 하며 별도의 담보는 없음
  ⓒ **자주재원인가 의존재원인가에 대해서는 견해 대립** : 정부의 지방재정 지표에서는 자주재원 및 의존재원과 별도로 구분하여 파악하고 재정자립도 계산에서도 지방채를 빼고 계산

시·군 조정교부금의 재원
다음 금액의 27%(인구 50만 이상의 시와 자치구가 아닌 구가 설치되어 있는 시는 47%)에 해당하는 금액
• 시·군에서 징수하는 광역시세·도세(화력발전·원자력발전에 대한 지역자원시설세, 소방분 지역자원시설세 및 지방교육세는 제외)의 총액
• 해당 광역시·도의 지방소비세액을 전년도 말 광역시·도의 인구로 나눈 금액에 전년도 말의 시·군의 인구를 곱한 금액

자치구 조정교부금의 재원
특별시·광역시의 시세 중 보통세(광역시는 주민세 재산분·종업원분 제외)

지방채의 특징
• 특정재원, 임시재원
• 기채행위(채권발행) 시 자금이전 발생
• **국채와의 구별** : 지방채는 국채보다 탄력성이 적고 자주적으로 발행 곤란. 경제정책상 필요성에서 발행하는 국채와 달리 지방채는 주로 재정수입액의 부족 보존을 위해 발행
• **지방세와의 구별** : 지방채의 매입여부는 응모자의 자유의사이므로 지방세와 달리 조건만 갖추면 단기간 내 많은 수입을 확보할 수 있지만 예외적으로 강제로 인수시키는 공채(매출공채)도 있음

(2) 지방채의 발행 절차와 요건

① **지방자치단체장의 지방채 발행**
  ㉠ **발행조건** : 지방자치단체장은 다음 사유를 위한 자금 조달에 필요할 때에는 지방채를 발행할 수 있음
    • 공유재산의 조성 등 소관 재정투자사업과 그에 직접적으로 수반되는 경비의 충당
    • 재해예방 및 복구사업
    • 천재지변으로 발생한 예측할 수 없었던 세입결함의 보전
    • 지방채의 차환(借換)
  ㉡ **발행 절차**

발행 한도액의 범위에서 발행	원칙	지방의회 의결(행정안전부장관의 사전 승인은 필요 없음)
	예외	외채(外債) 발행 시 행정안전부장관의 승인을 받고 지방의회의 의결을 거침
발행 한도액을 초과하여 발행	원칙	행정안전부 장관과 협의(승인×) + 협의한 범위에서 지방의회의 의결
	예외	재정책임성 강화를 위하여 재정위험수준, 재정 상황 및 채무 규모 등을 고려하여 대통령령으로 정하는 범위를 초과하는 지방채 발행 시 행정안전부장관의 승인 받은 후 지방의회 의결

② **지방자치단체조합장의 지방채 발행**
  ㉠ **발행조건**
    • 지방자치단체조합의 투자사업과 긴급한 재난복구 등을 위한 경비를 조달할 필요가 있을 때
    • 투자사업이나 재난복구사업을 지원할 목적으로 지방자치단체에 대부할 필요가 있을 때
  ㉡ **절차** : 행정안전부장관의 승인을 받은 범위에서 조합 구성원인 각 지방자치단체 지방의회의 의결 필요

SEMI-NOTE

지방채의 종류
• **증권차입채** : 지방재정법 시행령상 차입금. 지방자치단체가 (차입)증서에 의하여 차입하는 지방채. 외국정부·국제기구 등으로부터 차관(현물차관 포함)을 도입하는 경우를 포함. 실제적으로 장기차입금이며 지명채권(指名債權)이므로 유통성이 없음
• **증권발행채** : 지방재정법 시행령상 지방채증권(협의의 지방채). 지방자치단체가 증권발행 방식에 의해 차입하는 지방채. 외국에서 발행하는 경우(외채)를 포함. 무기명이며 유통성이 있음
  – **모집공채** : 신규 발행 지방채 증권에 대해 청약서에 의하여 불특정 다수를 대상으로 공채매입자를 모집한 후 현금을 받고 지방채 증권을 발행하는 방식
  – **매출공채** : 지방자치단체로부터 인·허가나 등록·등기 등 특정 서비스를 제공받는 주민·법인을 대상으로 원인행위에 첨가하여 이미 발행한 지방채 증권을 강제 구입하게 하는 방식
  – **교부공채** : 지방자치단체가 현금지급 대신에 차후 연도에 지급을 약속하는 증권을 채권자에게 교부하는 방식

지방자치단체조합 지방채의 연대책임
조합이 발행한 지방채는 조합과 그 구성원인 지방자치단체가 상환과 이자 지급의 연대책임을 짐

Money can't buy happiness, but
neither can poverty.
행복은 돈으로 살 수 없지만
가난으로도 살 수 없다.

- 레오 로스텐 -